Ullstein

ÜBER DAS BUCH:

Quedlinburg nimmt in der frühen Geschichte des Heiligen Römischen Reiches Deutscher Nation einen besonderen Platz ein. Erstmals 922 als sächsischer Königshof erwähnt, gelangte es unter den Ottonen zu seiner größten Blüte. Das Quedlinburger Stift, 966 von Otto I. gegründet, wurde von den Herrschern reich mit Gütern und Preziosen ausgestattet. Allerdings steht am Beginn der Geschichte des Stiftsschatzes ein Reliquienraub; höchstwahrscheinlich sind die ersten Stücke schon unter Heinrich I. nach Quedlinburg gekommen.

Nach dem Tod Heinrichs I. erfolgte Quedlinburgs langsamer Abstieg in die Provinzialität. Doch gelingt es einigen Äbtissinnen, den Stiftsschatz zu mehren.

Die Geschichte Quedlinburgs und seines Burgberges ist eng verknüpft mit den sich wandelnden politischen und territorialen Veränderungen im Reich. Nach Einzug der Reformation in ein Damenstift umgewandelt, gelangte es in den Besitz der Wettiner und wurde von August dem Starken an Preußen verkauft, dessen »Schutzherrschaft« 1698 begann.

Als nach Ende des Zweiten Weltkriegs in der Altenburg-Höhle, in die der Stiftsschatz zur Sicherheit gebracht worden war, Inventur gemacht wurde, fehlten die wertvollsten Stücke. Es sollte bis 1990 dauern, daß die Spur des Quedlinburger Domschatzes aufgenommen werden konnte. Der Quedlinburger Domschatz, mit seiner über tausendjährigen Geschichte, hat nach Deutschland zurückgefunden.

DER AUTOR:

Dr. Reinhard Heydenreuter ist leitender Museumsbeamter in München. Er hatte einen persönlichen Anteil an der Rückholung des Stiftsschatzes von St. Servatius in Quedlinburg.

REINHARD HEYDENREUTER

Geraubt von Anfang an

Die abenteuerliche Geschichte des
Quedlinburger Domschatzes

Ullstein

Sachbuch
Ullstein Buch Nr. 35510
im Verlag Ullstein GmbH,
Frankfurt / M – Berlin

Ungekürzte Ausgabe

Umschlagentwurf:
Vera Bauer
Unter Verwendung einer Abbildung
des Archivs für Kunst und Geschichte, Berlin
Alle Rechte vorbehalten
Fotos im Innenteil:
Lichtbildner Beyer, Weimar (1–5);
Archiv für Kunst und Geschichte, Berlin (6);
Dr. Willi Korte (7–14)
© 1993 by Bechtle Verlag, Esslingen, München
(Dort erschienen unter dem Titel: »Kunstraub«.)
Printed in Germany 1995
Druck und Verarbeitung:
Clausen & Bosse, Leck
ISBN 3 548 35510 2

Juni 1995
Gedruckt auf alterungsbeständigem Papier
mit chlorfrei gebleichtem Zellstoff

Die Deutsche Bibliothek – CIP-Einheitsaufnahme

Heydenreuter, Reinhard:
Geraubt von Anfang an: die abenteuerliche
Geschichte des Quedlinburger Domschatzes /
Reinhard Heydenreuter. – Ungekürzte Ausg. –
Frankfurt / M; Berlin: Ullstein, 1995
(Ullstein-Buch; Nr. 35510; Sachbuch)
ISBN 3-548-35510-2
NE: GT

Inhalt

Einleitung.. 9

Ortsbestimmung 11

Der Berg von Quedlinburg – heidnisches
    Heiligtum der Sachsen? 12

Heinrich der Vogler.. 15

Sächsische Heiratspolitik: Heinrich und seine
    Frauen Hatheburg und Mathilde 18

Ungarnabwehr.. 19

Quedlinburg, Gralsburg im Osten 21

Die hl. Lanze.. 22

Ein Reliquienraub als Grundlage für den
    Stiftsschatz? Der hl. Servatius zwischen
    Maastricht und Quedlinburg............................... 23

Der hl. Dionysius 27

Nachfolgeprobleme: Heinrich I. und Otto I. 29

Quedlinburg – Stillhalteprämie für die Witwe
    Mathilde? 31

Das Samuhel-Evangeliar, ein Geschenk Ottos I.? 35

Die erste Äbtissin Mathilde (966–999) 37

Byzanz in Quedlinburg: Kaiserin Theophanu............. 40

Äbtissin Mathilde als Reichsverweserin 42

Endzeit und Anfang: Äbtissin Adelheid I.
    (999–1044).. 45

Die Quedlinburger Kristallreliquiare 47

Die hl. Corona 49

Das Ende der Ottonen.. 50

Der Quedlinburger Stiftsschatz und die Ottonen.......... 52

Die Salier in Quedlinburg.. 55

Quedlinburg und das Ende des salischen Hauses.......... 60

Absturz in die Provinzialität: Die Quedlinburger
    Äbtissinnen des 12. Jh. 64

Das Geschlechtersterben – der »Fluch« von Quedlinburg?.. 67
Eine Künstlerin als Hüterin des Schatzes: Äbtissin Agnes II. von Meißen (1184–1203) 71
Der Quedlinburger Teppich – eine illustrierte heidnische Enzyklopädie.. 73
Kriegszeiten – Irrzeiten: Quedlinburg und die Welfen .. 75
Die Grafen von Falkenstein als Vögte und Feinde 77
Äbtissin Sophia von Brehna (1203–1224)...................... 78
Otto IV. im Glück und im Unglück................................ 79
Ottos IV. Endkampf im Harz....................................... 83
Das Quedlinburger Minnekästchen 84
Die Quedlinburger Wirren 85
Äbtissin Bertradis von Krosigk (1224–1229) 88
Äbtissin Bertradis und der Quedlinburger Schatz: Souvenirs aus Byzanz.. 89
Das Katharinenreliquiar 92
Äbtissinnen, Vögte und Bischöfe: Das Damenstift im 13. und 14. Jh. 93
Frauenfrömmigkeit und Frauenbildung: Eine neue Zeit kündigt sich an... 97
Existenzprobleme: Das Damenstift im 14 Jh. 99
Die Stiftsverfassung am Ende des Mittelalters............. 101
Die große Zeit des Hauses Wettin: Die unendliche Regierung der Äbtissin Hedwig von Sachsen (1458–1511, † 1519) 103
Äbtissin Hedwig und das Ende der städtischen Freiheitsträume in Quedlinburg (1477)..................... 105
Äbtissin Hedwig und das »illegale« Wappen des Damenstifts Quedlinburg.. 107
Zeitenwende: Äbtissin Anna I. Gräfin von Stolberg (1516–1574) und die Reformation............................ 109
Der erste Quedlinburger Kunstraub 114
Frauen verbrennen Frauen: Reformation und Hexenprozesse.. 117

Der Untergang der Grafen von Regenstein-Reinstein:
  Äbtissin Elisabeth II. (1574–1584) 120
Das Damenstift Quedlinburg im 17. Jh. – zwischen
  Wettin und Hohenzollern 124
Ausverkauf des Schatzes: Äbtissin Anna Sophia II.
  Landgräfin von Hessen 130
Der edle Geist der frühen Aufklärung: Äbtissin
  Anna Dorothea von Sachsen-Weimar (1684–1704) .. 131
1698: Die Hohenzollern greifen nach Quedlinburg 135
Die Gräfin Königsmarck als »Reichspröpstin«:
  Quedlinburg und das »galante Sachsen« 140
Das Quedlinburger Wahltheater: Äbtissin Maria
  Elisabeth, Herzogin von Holstein-Gottorp
  (1710–1755) 151
Quedlinburg als preußische Provinz oder: Ein
  weiteres Frauenunglück. Äbtissin Anna Amalie
  (1756–1787) 157
Schwedisches Intermezzo: Äbtissin Sophia Albertina
  (1787–1803) 163
Das Ende reichsstiftischer Herrlichkeit 166
König Jérôme – der glücklose Schatzräuber 168
Ein Romantiker auf dem Thron und seine
  Quedlinburger Träume vom deutschen
  Mittelalter: König Friedrich Wilhelm IV. von
  Preußen 172
1854: Schatz und Kirche kommen in die Hand der
  Hohenzollern zurück 175
Heinrich Himmlers Weihestätte 178
Der 2. Juli 1936 181
Das Heinrichsfieber oder: Wo ist Heinrichs Grab? 184
Die SS übernimmt St. Servatius 185
Götterdämmerung 189
Joe Tom Meador – der diebische Kunstfreund 192
Gab es ein SS-US-Agreement in Quedlinburg? 195
Kunstraub oder Kriegsbeute? 196

Whitewright/Texas 199
»Finderlohn« für einen gestohlenen Schatz – wie
    das Samuhel-Evangeliar nach Deutschland
    zurückkam 201
Die glückhafte »Auffindung« des Samuhel-
    Evangeliars 205
Die Ermittlung des Täters 210
Happy-End 216

Anhang:
Die Äbtissinnen des Stifts Quedlinburg 219
Zeittafel 223
Quellen und Literatur 227
Anmerkungen 233
Personenregister 237

Einleitung

Als im Jahre 1990 die seit 1945 verschwundenen Teile des Stiftsschatzes von Quedlinburg in den Vereinigten Staaten auftauchten, dachten die Erben des mutmaßlichen Diebes Joe T. Meador nicht daran, die Pretiosen entschädigungslos herauszugeben.

Um die Stücke für Deutschland zu sichern, wurde in Texas ein Prozeß gegen die sich auf ihr »Kriegsbeuterecht« berufenden Erben angestrengt.

Im Zusammenhang mit diesem Prozeß mußte auch die Frage geklärt werden, wer eigentlich 1945, zum Zeitpunkt des Raubes, Eigentümer des Stiftsschatzes gewesen war.

Diese schlichte juristische Fragestellung war der Auslöser für dieses Buch. Denn jeder, der sich gründlicher mit der Eigentumslage am Quedlinburger Stiftsschatz beschäftigt, macht die Entdeckung, daß der seit dem 10. Jh. im Damenstift Quedlinburg zusammengetragene Schatz eine seltsam faszinierende Geschichte hat und viele Rätsel aufgibt.

Der Schatz wechselte mehrfach in seiner Geschichte den Eigentümer. Von Bedeutung bis heute ist dabei, daß nach 1854 die preußischen Könige Stiftskirche und Stiftsschatz erwarben und daß schließlich nach 1936 die SS Heinrich Himmlers die Stiftskirche und den Stiftsschatz in ihre Gewalt brachte.

Ein Blick in die Geschichte Quedlinburgs zeigt auch, daß der Schatz 1945 nicht zum erstenmal Opfer eines Kunstraubs wurde. Wesentliche Teile des Schatzes sind schon im 16. Jh. verschwunden und wahrscheinlich vom Hause Nassau-Oranien zur Finanzierung des niederländischen Freiheitskampfes verwendet worden. Im Hintergrund stehen dabei zwielichtige Aktionen der Äbtissinnen des Stifts, die auch noch im 17. und 18. Jh. den Stiftsschatz als Finanzierungsquelle nutzten.

Faszinierend und vielfach mysteriös ist auch das Schicksal der »Hüterinnen des Schatzes«, der Äbtissinnen des Damenstifts. Im Mittelalter und in der frühen Neuzeit scheint sie ein Fluch zu verfolgen: Nicht lange, nachdem sie die Regierung im Damenstift antreten, sterben ihre Familien aus. Es sind in der Regel Familien, die aus dem Westen kamen, um im Osten des Reichs Karriere zu machen.

Der Quedlinburger Schatz ist seit 1992 wieder in Deutschland. Mit den Erben des Diebs wurde ein Vergleich geschlossen, der vor allem deswegen gerechtfertigt ist, weil die Dauer und die Kosten eines Prozesses in Texas nicht absehbar waren und weil dieser Schatz, von dem dieses Buch handelt, ein unersetzliches Denkmal deutscher Geschichte ist.

Dieses Buch wäre ohne die Hilfe von Herrn Dr. Willi Korte nicht zustande gekommen. Ihm danke ich besonders. Für die Hilfe bei Recherchen danke ich Frau Waltraud Büdenbender, Staatsbibliothek München, und Herrn Dr. Josef Henke, Bundesarchiv Koblenz.

Ortsbestimmung

Die Stadt Quedlinburg im Bundesland Sachsen-Anhalt liegt in einer landwirtschaftlich fruchtbaren Ebene an den nordöstlichen Ausläufern des Harzes.

Vom Krieg weitgehend verschont, gilt das 30 000 Einwohner zählende Quedlinburg heute als die größte Fachwerkstadt Deutschlands. Seine historische Bausubstanz und die Nähe des Harzes machen es zu einem idealen Touristenort.

Für jeden, der sich mit mittelalterlicher Geschichte befaßt, hat der Name Quedlinburg einen ehrfurchtgebietenden Klang: In der Zeit der Ottonen und Salier wurde hier, besonders aber auf dem Burgberg mit seiner Stiftskirche St. Servatius, deutsche Geschichte gemacht. Untrennbar mit dem Namen Quedlinburg verbunden ist der »Gründer des Deutschen Reiches«, König Heinrich I. Quedlinburg war seine Lieblingspfalz. Nach seinem Tode 936 wurde er in der Stiftskirche St. Servatius bestattet. Im gleichen Jahr rief seine Witwe Mathilde, unterstützt von ihrem Sohn, Kaiser Otto I., das Quedlinburger Damenstift als Familienkloster des ottonischen Kaiserhauses ins Leben. Es sollte bis 1803 Bestand haben.

Die Äbtissinnen und Stiftsdamen dieses vornehmen Stifts, dem im 10. und 11. Jh. nur Verwandte des königlichen Hauses vorstanden, haben im Mittelalter einen Stiftsschatz von unermeßlichem Wert angesammelt. Von diesem Schatz, von seinen Hütern und von seinen Plünderern und vom Fluch, der auf ihm lastete, erzählt dieses Buch.

Der Berg von Quedlinburg –
heidnisches Heiligtum der Sachsen?

Der südlich der Stadt aufragende Burgberg von Quedlinburg war seit der Altsteinzeit besiedelt und befestigt, diente in der Völkerwanderungszeit wahrscheinlich als heidnische Kultstätte, als Fluchtburg und möglicherweise als
Sitz eines thüringischen Fürsten namens Quitilinga; möglicherweise.

Das meiste, was über Quedlinburg vor dem 10. Jh. gesagt
wird und wurde, ist urkundlich nicht und archäologisch
nur mangelhaft belegbar. Doch sicher dürfte sein, daß die
ersten germanischen Herren in Quedlinburg zum Stamm
der Thüringer gehörten. Deren Nachfolger waren die
Sachsen, die 531 im Bündnis mit den Franken das Reich der
Thüringer zerschlugen und aufteilten.

Zweifellos hat auf dem Burgberg schon sehr früh ein
sächsisches Herrengeschlecht residiert. Vieles spricht dafür,
daß es die Billunger waren – und später dann die Liudolfinger.

Archäologisch sind auf dem Burgberg von Quedlinburg
Baureste aus der karolingischen Zeit nachweisbar. Falls nun
Quedlinburg, wie anzunehmen ist, ein sächsischer Adels-
sitz war, so gehörte Quedlinburg sicher auch zu den Zen-
tren des Widerstands gegen die fränkische Eroberung. Ver-
bindungen Quedlinburgs zum Kloster Hersfeld deuten auf
fränkische »Befriedungs«-Schenkungen an das für die
christliche und fränkische Sache wirkende Kloster hin.

Die Zwangschristianisierung der Sachsen durch Karl den
Großen ist eine der folgenreichsten Ereignisse der deutschen Geschichte gewesen.

Der fränkische Geschichtsschreiber Einhard schildert
den Beginn der Sachsenkriege wie folgt:[1]

»Denn die Sachsen waren – wie fast alle germanischen

Stämme – ein wildes Volk, das Götzen anbetete und dem Christentum feindlich gesinnt war; auch empfanden sie es nicht als ehrlos, alle göttlichen und menschlichen Gesetze zu verletzen und zu übertreten ... Die Grenzen zwischen unserem und ihrem Gebiet verliefen fast ausschließlich durch flaches Land. Nur an einigen Stellen bildeten große Wälder oder dazwischenliegende Berge deutliche Grenzlinien. Mord, Raub und Brandstiftungen nahmen daher auf beiden Seiten kein Ende. Schließlich waren die Franken so verbittert, daß sie für richtig hielten, nicht länger Gleiches mit Gleichem zu vergelten, sondern mit den Sachsen in offenen Kampf einzutreten ...«

Aber es waren nicht nur Grenzzwischenfälle, die Karl den Großen zum Einmarsch in das sächsische Gebiet bewogen. Der Sachsenkrieg war ein als Mission legitimierter Eroberungskrieg. Die Sachsen kämpften für ihre alten Götter und für die Unabhängigkeit, die Franken stritten für den christlichen Gottesstaat und die fränkische Oberherrschaft.

Die geringe Bereitschaft der Sachsen, das Christentum anzunehmen, ihr Trotz gegenüber den angelsächsischen Missionaren waren für Karl genug Grund zum Eingreifen, und dieses Eingreifen war von einer außerordentlichen Härte. Das Christentum wurde zwangsverordnet.

Durch drakonische Strafen mußte der Schutz der Kirchen und der christlichen Gebräuche im sächsischen Missionsgebiet gesichert werden:

»Wenn einer das heilige 40tägige Fasten aus Mißachtung des Christentums nicht hält und Fleisch ißt, so sterbe er des Todes. Jedoch soll der Priester darüber urteilen, ob ihn nicht etwa die Not dazu gebracht hat, Fleisch zu essen.

Wenn einer hinfort im Volk der Sachsen ungetauft sich verstecken und sich unter ihnen verbergen will, zur Taufe zu kommen unterläßt und Heide bleiben will, der soll des Todes sterben.«

Die Sachsengesetzgebung Karls macht auch deutlich, wie das Heidentum der Sachsen ausgesehen hat:

»Wenn einer vom Teufel verrückt nach heidnischer Weise glaubt, ein Mann oder eine Frau sei eine Hexe und esse Menschen, und sie deshalb verbrennt oder ihr Fleisch andern zum Essen gibt oder es selbst ißt, der soll mit dem Tode bestraft werden.

Wenn einer an Quellen oder Bäumen oder in Hainen ein Gelübde tut oder nach heidnischem Brauch opfert oder zu Ehren der bösen Geister ein Mahl hält, so muß er, wenn er ein Adliger ist, 60 Solidi entrichten ...

Die heidnischen Priester und Wahrsager befehlen wir den Kirchen und Geistlichen auszuliefern.«

Das Ende des Kriegs brachte die Bekehrung der Sachsen zum christlichen Glauben. Nach Einhards Mitteilung machte Karl unter der Bedingung Frieden, daß die Sachsen »dem heidnischen Götzendienst und den heimischen Religionsbräuchen entsagten, die Sakramente des christlichen Glaubens annahmen und mit den Franken zu einem Volke sich verbanden ...«

Doch gerade im Harz, nach den Mitteilungen alter Schriftsteller offensichtlich ein Kernland sächsischer Götzenverehrung, scheint diese Christianisierung nur oberflächlich gewesen zu sein.[2]

»Als nun in dieser Zeit Karl der Große die Sachsen zur Annahme des Christentums zwang, sollen diese ihren Götzendienst auf dem Brocken gefeiert und in der Walpurgisnacht der Ostera oder Hertha auf dem Hexenaltar und dem Kriegsgott Wodan, welcher auf der Teufelskanzel gestanden habe, Opfer gebracht ...«

Auf der Harzburg soll ein heidnisches Heiligtum der Sachsen gestanden haben, das einem Gott namens Crodo geweiht war. Unterhalb des Berges liegt das heute noch so genannte Krodotal. Der seit dem 17. Jh. so genannte »Crodo-Altar« aus der ehemaligen Stiftskirche St. Simon und

Judas zu Goslar (heute im Städtischen Museum) ist der Legende nach aus dem Metall dieses dem Crodo geweihten Heiligtums gefertigt.

Jede Beschreibung des Harzes bis ins 19. Jh. weiß von den heidnischen Ursprüngen vieler christlicher Heiligtümer und von der heimlich weiterlebenden Götzenverehrung der Harzbewohner. Da wird beispielsweise von einer weiblichen Muttergottheit namens Hera erzählt, die von den Sachsen verehrt worden ist. Nach Weihnachten brauste sie durch die Lüfte und hauchte der erstarrten Natur die Fruchtbarkeit des Frühlings und des Sommers ein.

Zu den germanischen Gottheiten gesellen sich im Harz und im östlichen Harzvorland auch slawische Gottheiten. Es ist erstaunlich, wie dann noch im 16. und 17. Jh. eine neue Welle des Aberglaubens gerade die Harzgegend überschwemmt. Altslawische Götzenidole, die man auf wundersame Weise aufgefunden hat, beschäftigen die Phantasie der Zeitgenossen. Um diese Zeit gewinnt der Brocken (Blocksberg) als zentraler deutscher Hexenberg seinen zweifelhaften Ruf.

Fest steht jedenfalls, daß der Harz im 9. Jh. noch eine fast heidnische Landschaft war. Und diese Landschaft, zu der auch der Burgberg von Quedlinburg gehört, der sehr wahrscheinlich auch ein heidnisches Heiligtum getragen hatte, rückt überraschend zu Beginn des 10. Jh. in den Mittelpunkt der deutschen Geschichte.

Heinrich der Vogler[3]

»Herr Heinrich sitzt am Vogelherd
Recht froh und wohlgemut;
Aus tausend Perlen blinkt und blitzt
Der Morgenröte Glut ...«

Wer kennt nicht die Ballade Johann Nepomuk Vogls und die Vertonung durch den Komponisten Carl Loewe? Wer kennt nicht die oft gemalte und beschriebene Szene: der aufrechte und schlichte Sachsenherzog Heinrich aus dem Geschlecht der Liudolfinger, der sich gerade mit dem Vogelfang die Zeit vertreibt, erhält von den Gesandten der deutschen Stämme zu seiner Überraschung die Königskrone angeboten.

Doch: Heinrich war weder ein schlichter Sachsenherzog, noch dürfte er überrascht gewesen sein, als man ihm 918 die Krone antrug.

Heinrich – aus dem Geschlecht der Liudolfinger – war ein mächtiger Herr. Er war der »König« des Harzes. Mit der von ihm und seinen Vorfahren geschickt zusammengebrachten »Bastion Harz« verfügte er über die größte und geschlossenste Grundherrschaft im fränkischen und sächsisch-thüringischen Raum.

So also ging 919 die Reichsgewalt vom Stamm der Franken auf die Sachsen über. Der nur sehr oberflächlich christianisierte Nordosten Deutschlands, dauernd im Eroberungs- und Verteidigungskampf mit fremden heidnischen Völkern, sollte nun das Zentrum des Reiches werden. Die Not der damaligen Zeit ließ niemandem Zeit, sich über diese so folgenschwere Verlagerung der Macht in den fast noch »barbarischen« Nordosten des Reichs Gedanken zu machen.

Gefragt war jetzt nur eine tatkräftige Person. Und das war Heinrich.

Seit dem 12. Jh. finden wir für Heinrich den Beinamen »Vogler«. Der Volksmund verlegt die Szene mit der Überreichung der Kroninsignien an den »Finkenherd« nach Quedlinburg. Stichhaltige Nachweise dafür, daß der Vorgang tatsächlich in Quedlinburg stattgefunden hat, gibt es nicht.[4] Fest steht nur, daß Quedlinburg ein Lieblingsaufenthalt des sächsischen Herzogs war.

Wie kam es zur Wahl des 40jährigen Heinrich? Am 23. Dezember 918 war König Konrad gestorben. Seine von Mißerfolgen geprägte Regierung hatte den Mächtigen im Reich gezeigt, daß das Königsheil nicht mehr bei den Franken lag; Normannen, Sarazenen, Slawen und Ungarn hinterließen eine breite Blutspur. Konrad wußte um den Stand der Dinge: Noch kurz vor seinem Tode designierte Konrad den Sachsen Heinrich zu seinem Nachfolger und ließ ihm die Reichskleinodien durch seinen Bruder Eberhard überbringen.

Gefragt war also jetzt nicht mehr karolingische Geblütsheiligkeit, sondern Organisationstalent und Durchsetzungsvermögen. Es mußte schnell gehandelt werden: Besonders die Streifzüge der Ungarn drohten das Land in eine Wüste zu verwandeln. Der Schrecken, den ihre immer häufiger werdenden Einfälle verbreiteten, war unvorstellbar. Ihren Gegnern an Schnelligkeit und Waffentechnik überlegen, führten die Ungarn reine Beute- und Vernichtungsfeldzüge. Wenn sie das Land verließen, trieben sie eine endlose Zahl von jungen Frauen und Kindern als Gefangene mit sich. Alles andere, Vieh und Mensch, wurde erbarmungslos niedergemetzelt.

Heinrich hatte seinen Königstitel weder erbettelt noch erkauft. Er war selbst davon überzeugt, daß es keine andere Wahl als ihn gab. Im Sattel und mit dem Schwert in der Hand aufgewachsen, war ihm die Wildnis und der Kampf vertrauter als höfisches Leben. In seiner Rücksichtslosigkeit und Gewalttätigkeit stand er seinen Gegnern in nichts nach.

Heinrichs Selbstbewußtsein war durch keinerlei Spuren christlicher Demut beeinträchtigt. Er war ein Heide, der im Kampf nicht nur die Bestimmung des Mannes, sondern auch eine den Göttern wohlgefällige Tätigkeit erblickte.

Das Heil in der Schlacht und das Königsheil erwartete er in den ersten Jahren seiner Regierung daher nicht von der

Kirche. Die Szene bei seiner Königswahl ist oft genug kommentiert worden: Als ihn der Erzbischof von Mainz nach seiner Wahl salben will, weist er dieses Anerbieten schroff zurück. Hatte nicht die Kirche seinen Vorgänger Konrad schon genug ins Unglück gebracht?

Sächsische Heiratspolitik: Heinrich und seine Frauen Hatheburg und Mathilde

Als Heinrich 919 auf dem Reichstag in Fritzlar zum deutschen König gewählt wurde, trat – wie erwähnt – keineswegs ein unbedeutender sächsischer Lokalfürst als Kandidat auf: Heinrich war einer der mächtigsten Männer Deutschlands. Seinen Besitz hat er sich nicht zuletzt durch geschickte Heiratspartien erworben.

Heinrich, seit 912 Herzog von Sachsen, war gleichzeitig zweimal verheiratet – und daher eigentlich Bigamist nach kirchlicher Rechtsauffassung!

In Sachsen hielten sich die Herren an das germanische Recht, wenigstens noch im 10. Jh., und da war es möglich, seine Frau zu verstoßen und eine andere zu nehmen. So hielt es auch Heinrich, bevor er König wurde.

Die erste Ehefrau Heinrichs hieß Hatheburg und war die Erbtochter des Grafen Erwin von Merseburg. Als sie ins Blickfeld Heinrichs kam, war sie eine junge und reiche Witwe, die nur einen Fehler hatte: Sie hatte sich eben entschieden, ins Kloster zu gehen.

Als Heinrich von der schönen Frau im Kloster erfuhr, begann er heftig zu werben. Der Chronist faßt die Motive Heinrichs treffend und kurz zusammen: »Er hörte von der Schönheit der jungen Witwe und nicht minder von der günstigen Lage ihrer ausgedehnten Besitzungen ...«

Hatheburg widerstrebte, aber Heinrich ließ nicht locker, und eines Tages wurde ein riesiges Hochzeitsfest ausgerichtet. Nach kirchlichem Recht war diese Ehe von Anfang an nichtig, aber es bedurfte zur Eheschließung keiner kirchlichen Genehmigung – und auch nicht zur Trennung.

Gegen alle kirchlichen Regeln betrieb Heinrich I. auch seine zweite Heirat. Nachdem Ehefrau Hatheburg ihm einen Sohn namens Thankmar geboren hatte, »verliebte« er sich in eine andere Frau: Er hatte von Mathilde gehört, der Tochter eines westfälischen Grafen, der angeblich in direkter Linie von Karl dem Großen abstammte. Heinrich ließ Mathilde im Kloster Herford besichtigen, wo sie erzogen wurde.

Und auch diesmal wieder packte ihn laut Mitteilung der Chronisten wegen Mathildes »Schönheit und ihres Besitzes« ein heftiges Verlangen. Nun griff er die alten Bedenken wegen der Rechtsgültigkeit der Ehe mit Hatheburg wieder auf, verstieß sie, behielt aber ihre Güter. Ansprüche des Sohnes Thankmar blieben unberücksichtigt.

Die Sage hat das Zusammentreffen zwischen Mathilde und Heinrich verklärt. Bezeugt ist aber, daß zumindest die Hochzeit feierlich und schön war. Sie fand in Wallhausen statt. Den Ort erhielt Mathilde als Morgengabe zugewiesen. Und sie erhielt später noch vieles mehr. Denn sie hatte Freude am Beschenktwerden und am Verschenken – sie verschenkte mit vollen Händen: eine heilige Verschwenderin.

Ungarnabwehr[5]

Erfolg macht den Erfolg: Heinrich war durch die Güter Hatheburgs und Mathildes zu einem der mächtigsten Männer Deutschlands geworden. Mit den Machtmitteln, die ihm zur Verfügung standen, konnte er sein Vermögen auch durch kriegerische Aktionen im Osten ständig erweitern. Die slawischen Gebiete lagen hier wie auf dem Präsentierteller. Noch im Auftrag seines Vaters Otto († 912) veranstaltete Heinrich einen als Strafexpedition beschönigten Eroberungskrieg gegen den slawischen Stamm der Dalemincier, lockte dabei aber angeblich die Ungarn ins Land, die von den Daleminciern um Hilfe gerufen wurden.

Die Ungarn, die seit 906 auch Sachsen verwüsteten, sollten die große Bewährung für Heinrich werden. Seine Ungarnsiege, insbesondere der Sieg, den er als König in der Schlacht bei Riade 933 errungen hat, gelten als der größte Erfolg seines Königtums. Vorausgegangen waren ein 926 mit den Ungarn abgeschlossener Waffenstillstand und die Burgenpolitik des Königs (»Burgenordnung« vom November 926). Während die Slawenkriege allein Sache des sächsischen Stammes waren, betrafen die Aktionen gegen die Ungarn das ganze Reich. Man geht davon aus, daß der Waffenstillstand von 926 für das ganze Reich galt und daß die Schlacht von Riade auch unter Beteiligung von Truppen geschlagen wurde, die von außerhalb Sachsens zuzogen. Die Schlacht von Riade war das einzig gesamtdeutsche Ereignis in der Regierungszeit Heinrichs I. Alle deutschen Stämme profitierten von diesem Sieg.

Wenn man auch den Ort Riade bis heute nicht genau lokalisieren kann, ist sicher, daß er nicht allzu weit vom Harz und von Quedlinburg entfernt lag. Als man 933 den Waffenstillstand mit den Ungarn kündigte, da hatte man sich im »Bollwerk Harz« eine günstige Verteidigungsstellung ausgebaut. Die Geologie des Landes erleichterte eine Verteidigung: Mit wenig Aufwand konnten Burgen auf frei stehenden Bergkuppen angelegt werden. Vielfach waren noch Reste von Fluchtburgen aus älterer Zeit vorhanden. Die besonders von Widukind von Corvey gerühmte Bur-

genpolitik Heinrichs[6] fand in der natürlichen Beschaffen-
heit der Harzgegend ideale Voraussetzungen vor.

Quedlinburg, Gralsburg im Osten[7]

Im Rahmen seines Verteidigungsprogramms gegen die
Ungarn dürfte Heinrich auch seine Pfalz in Quedlinburg
ausgebaut haben. Der Ort wird erstmals 922 in einer Urkunde des Königs für das Kloster Corvey genannt.[8] Damals
war Quedlinburg schon königliches Hausgut. In die Hand
der Liudolfinger kam der Burgberg wohl durch den Vater
Heinrichs, Herzog Otto von Sachsen. Dieser war im
»Nebenamt« auch Laienabt des Klosters Hersfeld, dem damals Quedlinburg gehörte. Er verstand es, sein von 901 bis
912 reichendes Engagement in Hersfeld zugunsten seiner
Familie zu nutzen: Hersfeld verlor viele seiner Güter an das
Haus der Liudolfinger.

In der Folgezeit diente die offensichtlich gutbefestigte
Quedlinburger »Pfalzburg«, die von einem Königshof im
Tal versorgt wurde, als bevorzugter Aufenthaltsort der
königlichen Familie. Reichstage und Synoden machten den
Ort zur Hauptstadt des Reiches. 929 wurde in Quedlinburg
Hochzeit gefeiert: Heinrichs 17jähriger Sohn Otto heira-
tete damals Edgith von England.

Heinrich und Mathilde und nach ihnen viele deutsche
Kaiser weilten oft zur Feier des Osterfestes in Quedlinburg.
Obwohl das karolingische Bistum Halberstadt keine 20 Ki-
lometer entfernt lag, entwickelte sich nun der Burgberg von
Quedlinburg durch das Engagement des Kaisers und seiner
zweiten Gemahlin Mathilde zu einem heiligen Berg, zu
einer Art Gralsburg im Osten.

Heinrich, der gegenüber der kirchlichen Hierarchie
und den Lehren der Kirche stets mißtrauisch blieb, ver-

traute um so lieber der magischen Kraft christlicher Heiligtümer und Reliquien. Die Magie und die Wirkungskraft eines Kultgegenstands, die ja nachprüfbar waren, faszinierten sein heidnisches Gemüt, das von der Laune und offenbaren Beeinflußbarkeit des Schlachtenglücks überzeugt war.

Es galt, den Berg von Quedlinburg gegen Ungarn und Slawen mit heilbringenden Gegenständen zu wappnen. Und die gab es für Heinrich vor allem im Westen und Süden des Reichs. Und da gelangen Heinrich drei ganz entscheidende Erwerbungen: die Reliquien des hl. Servatius, die des hl. Dionysius und vor allem – die hl. Lanze.

Die hl. Lanze[9]

Heidnisch war das Land, fast noch heidnisch die sächsischen Großen, Könige und Kaiser, die es unterwarfen.

Der Glaube an die siegverleihende Wunderkraft von Reliquien steigerte sich bei den sächsischen Herrschern zur Manie. Aus diesem Glauben bezogen sie viel von ihrer gewalttätigen Kraft. Es verwundert also nicht, daß sie im Osten, auf ihrem Hauptsitz Quedlinburg, alles zusammentrugen, was Wunder wirken konnte, was ihnen half, magische Kräfte zu erwerben, ihre Gegner zu überwinden. Die durch Zauber abgesicherte Überlegenheit im Kampf, das ist echtes germanisches Erbe in dieser noch fast heidnischen Zeit des 10. Jh. Es ist also vor allem die Hoffnung auf die ganz reale Zauber- und Wunderkraft christlicher Reliquien, die um diese Zeit in Quedlinburg einen Schatz entstehen läßt.

»Der gottesfürchtige König Heinrich habe auf die Kunde, daß der König Rudolf eine so unschätzbare Himmelsgabe besitze, ihren Erwerb angestrebt, um sich gegen seine sichtbaren und unsichtbaren Feinde unsichtbare Waffen und ewigen Sieg zu verschaffen«, berichtet uns der Geschichtsschreiber Liutprand. Heinrichs noch ganz germanischer Wunderglaube in eine siegbringende Reliquie, mit deren Hilfe er seine Feinde niederwerfen könne, führt dazu, daß er alle Mittel aufbietet, um König Rudolf von Hochburgund (917–937) zur Abtretung der Lanze zu veranlassen: Drohungen mit Krieg, Geldangebote, schließlich sogar Landabtretungen. Heinrich hat seine Lanze schließlich erhalten und wohl vorwiegend in Quedlinburg aufbewahrt.

Ein Reliquienraub als Grundlage für den Stiftsschatz? Der hl. Servatius zwischen Maastricht und Quedlinburg

Die Reliquien des hl. Servatius, des ersten Bischofs von Tongem-Lüttich, waren eine weitere wichtige »Waffe«, um den Berg von Quedlinburg gegen die Feinde im Osten zu rüsten.

Der Aufstieg des hl. Servatius zu einem der meistverehrten Heiligen im Karolingerreich hängt vielleicht damit zusammen, daß Aachen, die Reichshauptstadt, keinen eigenen bedeutenden Heiligen besaß. Dem in Maastricht, im Herzen des Karolingerreiches, bestatteten Servatius fiel daher die Würde eines karolingischen »Hausheiligen« zu.

Mit der Chronologie verfährt die Legende des Heiligen sehr großzügig:

Er gilt als Verwandter Christie und soll in Rom von Petrus einen Schlüssel erhalten haben. Noch heute wird dieser Schlüssel in der Schatzkammer von Maastricht gezeigt.

Wollte Petrus vielleicht den Servatius zum Papst machen, zu seinem Nachfolger oder Stellvertreter?

Die Legende berichtet weiter, Servatius habe den Einfall Attilas (im Traume) vorausgesehen und seine Mitbürger sowie den Papst gewarnt. Niemand freilich hätte auf ihn gehört, bis das Unheil zur Stelle war.

Von Attila sei er gefangengenommen worden, erzählt eine andere Geschichte. Ein Seher und Warner gegen die Gefahr aus dem Osten?

Der historische Servatius stirbt am 13. Mai 384 v. Chr. Also, ein halbes Jahrhundert bevor Attila den Schauplatz der Weltgeschichte betrat. Dagegen wird Servatius wahrscheinlich den Sturm der Vandalen miterlebt haben.

Bekannt ist er als Kämpfer gegen den Arianismus. Auf zwei Kirchenversammlungen ist er nachweisbar, in Sofia und in Rimini. Zweifellos gehörte er zur politischen Oberschicht des Römischen Reichs. Mehr Diplomat und Politiker als Seelsorger.

Servatius verdankt sein Ansehen bei den Karolingern und bei Heinrich nicht zuletzt seiner herausragenden Stellung während des Abwehrkampfes des Römischen Reichs. Die Legende hatte aus den Vandalen, mit denen sich Servatius auseinandersetzen mußte, die Hunnen gemacht. Attila galt im ganzen Mittelalter als der übelste aller historischen Bösewichter. Servatius war damit der geeignete Schutzpatron für die Abwehr anderer Reichsfeinde, insbesondere der Ungarn.

Begraben wurde der hl. Servatius in Maastricht, der alten, aus der Römerzeit stammenden Stadt am Maasübergang (Mosae Trajectum nannten sie die Römer). Servatius hat den Bischofssitz von Tongern hierher verlegt. Nach 700 wurde das Bistum nach Lüttich verlegt.

Das Grab des Heiligen in Maastricht scheint bald das Ziel von Wallfahrten gewesen zu sein. Man erzählte sich, daß es nie mit Schnee bedeckt sei und daß es auch im Winter grüne.

Über dem Grab errichtete man eine Kirche. Der Ort entwickelte sich zu einer der größten Wallfahrtsstätten des Karolingerreiches.

Der Heilige lockte die Mächtigen an: Die letzten Herrscher aus dem Stamm der Karolinger, die in Frankreich den Capetingern weichen mußten, ließen sich Ende des 10. Jh. in Maastricht beim hl. Servatius begraben.

Noch heute zeigt man in der berühmten Schatzkammer von Maastricht viele Gegenstände, die an Servatius erinnern: Da sind vor allem der Petrusschlüssel und der Bischofsstab, die man in seinem Grab gefunden haben will. Freilich – die meisten dieser Gegenstände sind erst 500 Jahre nach dem Tode des Servatius entstanden: so etwa der Schlüssel und das Brustkreuz des Heiligen. Der Bischofsstab und ein Pilgerstab des hl. Servatius dürften erst im 11. bzw. 12 Jh. verfertigt worden sein, zur Zeit der großen Reliquienfälschungen (Trier!). Auf römische Zeit geht einzig ein Trinkgefäß zurück, aus dem der hl. Servatius getrunken haben soll.

Wie die Reliquien des hl. Servatius, oder besser: wie ein Teil der Reliquien des hl. Servatius den Weg nach Quedlinburg fand, ist bisher nicht geklärt. Obwohl das Servatius-Patrozinium in Quedlinburg erst 937 genannt wird, so sind doch mit Sicherheit Reliquien des Heiligen, der im Frankenreich ein so hohes Ansehen genoß, schon unter Heinrich nach Quedlinburg gekommen. Vielleicht hat Heinrich sie seiner Verbindung mit Herzog Giselbert von Lothringen zu verdanken: 928 heiratet dieser nämlich in Maastricht Gerberga, die Tochter Heinrichs. Angeblich hat damals Giselbert auch die Abtei St. Servatius in Maastricht mit dem Grab des Heiligen erworben, um dort seine Residenz aufzuschlagen. Erst 919 hatte König Heinrich diese Abtei, auf die Giselbert offensichtlich schon immer ein begehrliches Auge geworfen hatte, dem Trierer Bistum zurückerstattet.

Es wird wohl bei dieser Gelegenheit gewesen sein, daß sich Herzog Giselbert, der vom Kaiser die Tochter und die Abtei St. Servatius erhalten hatte, mit einem Geschenk revanchierte. Was hätte da näher gelegen als eine Reliquie des hl. Servatius!

Möglicherweise erfolgte die Translation, über die es keinen Bericht gibt (auch keinen gefälschten!), im geheimen. Die Zustimmung der Maastrichter hat sie sicher nicht gefunden. Im Gegenteil:

Ende des 11. Jh. schrieb ein Maastrichter Priester namens Jucundus eine Heiligenlegende und einen Translationsbericht, in dem er behauptet, daß König Otto I. die Reliquien auf Bitten seiner Mutter nach Quedlinburg habe bringen lassen. Kaum aber seien die Translations-Festlichkeiten in Quedlinburg abgeklungen und alle Sachsen in tiefen Schlummer versunken, hätten die mitgekommenen Maastrichter, die offiziell der Translation nicht widersprochen hätten, die Reliquien wieder mit Hilfe Gottes entführen können.[10]

Ganz offensichtlich handelt es sich hier um eine Propagandaschrift, die den Zweck verfolgte, den »echten« Servatius für Maastricht zu reklamieren und vor allem die Salierhochburg Quedlinburg zu diskreditieren.

Jedenfalls steht am Beginn der Geschichte des Stiftsschatzes ein Reliquienraub – ob ein einfacher oder ein zweifacher, sei dahingestellt.

König Heinrich war es wohl auch, der den hl. Servatius zum zweiten Schutzpatron seiner auf dem Burgberg gegründeten Petruskirche gemacht hat.

In Maastricht hat man im Mittelalter den Quedlinburger Servatius nicht zur Kenntnis genommen. Man beanspruchte dort selbstverständlich den »ganzen« Servatius für sich und ließ für die Reliquien des Heiligen um 1160 den berühmten Servatiusschrein, ein einmaliges Meisterwerk des Kunsthandwerks, anfertigen.

Gleiches geschah in Quedlinburg. Auch dort scheint ein Servatiusschrein angefertigt worden zu sein. Zumindest deklarierte man den heute nach Heinrich benannten Reliquienkasten mit seinen reichen Elfenbeinarbeiten und Edelsteinen als Servatiusreliquiar. Neben diesem Kastenreliquiar besaß der Stiftsschatz bis ins 16. Jh. auch noch ein Armreliquiar des hl. Servatius.

Reichsrechtlich bedeutete die Transferierung des Heiligen nach Quedlinburg die Bestätigung und Vertiefung des Anschlusses Lothringens an das Ostreich. Heinrich hat diesen Anschluß 925 eingeleitet. Otto I. hat ihn vertieft und damit dem Imperium, dem Deutschen Reich, die zukünftige Gestalt gegeben. Der hl. Servatius als einer der Hauptheiligen Lothringens ist also zur Sicherung dieses Reichsgründungsanspruchs der Sachsenkaiser ins Ostreich, und zwar an die östlichste Grenze, »entführt« worden. Der Osten des Reichs gewann damit einen mächtigen Fürsprecher.

Der hl. Dionysius

Als einen der größten Erfolge der Regierungszeit Heinrichs I. nennen die Geschichtsschreiber den Erwerb von Reliquien des hl. Dionysius. Widukind von Corvey berichtet, daß dem Sachsenkönig Heinrich, als er 923 dabei war, in Lothringen einzugreifen, und eben den Rhein überschritt, ein Gesandter des in Gefangenschaft geratenen westfränkischen Königs Karl III. des Einfältigen entgegengekommen sei und ihm mit der Bitte um Hilfe die Hand des heiligen Märtyrers überbracht habe.[11]

Schon damals dürfte die Hand in einem mit Edelsteinen verzierten goldenen Reliquiar gefaßt gewesen sein. Mit solchen beweglichen Handreliquien konnten die Gläubigen gesegnet werden. Sie standen in hohem Ansehen.

Die Erwerbung war deswegen von so großer Bedeutung, weil der hl. Dionysius als der »Spitzenheilige« des Westreichs galt. Im 11. und 12. Jh. wird dann der hl. Dionysius (St. Denis) zum Patron Frankreichs. Das Ansehen des hl. Dionysius basiert auf der Identifizierung des ersten Pariser Bischofs und Märtyrers Dionysius mit dem berühmten Dionysius Areopagita, dem Schüler des Apostels Paulus und angeblichen Verfasser zahlreicher neuplatonisch beeinflußter Werke, die im Hochmittelalter eine ungeheure Verbreitung und Wirkung hatten. Die Wirkung des Heiligen wurde noch dadurch gesteigert, daß das berühmte Kloster St. Denis bei Paris seit Karl dem Kahlen Grablege der französischen Könige war.

Widukind von Corvey folgerte schon aus der Translation der Reliquien des hl. Veit aus St. Denis nach Corvey, die 836 stattfand, daß damit die Sache der Franken abwärts- und die der Sachsen aufwärtsging. Welcher Triumph muß es demnach für Heinrich gewesen sein, nun den hl. Dionysius als Fürsprecher der Sachsen in Quedlinburg zu wissen! Dort wird er neben dem hl. Servatius zum Hauptheiligen der Stiftskirche.

Welches Ansehen der hl. Dionysius auch in Deutschland genoß, zeigt die Tatsache, daß man im berühmten Reichskloster St. Emmeram in Regensburg im 11. Jh. mit Fälschungen versuchte, eine Translation des Heiligen von Paris nach Regensburg vorzuspiegeln.

In Quedlinburg feierte man das Fest der Reliquienübertragung am 21. April. Eine Münze, die der Äbtissin Adelheid (999–1045) zugeschrieben wird, trägt auf der Vorderseite eine Hand mit Krummstab und den Namen des hl. Dionysius. In Goldblech getriebene Darstellungen der Bischöfe Dionysius und Servatius zieren den Buchdeckel, den um 1200 die Äbtissin Agnes für das Samuhel-Evangeliar anfertigen ließ.

Das Reliquiar mit dem Arm des hl. Dionysius suchen wir

heute vergebens im Stiftsschatz. Sein Verbleib gehört zu den vielen ungeklärten Fragen der Quedlinburger Geschichte.

Nachfolgeprobleme: Heinrich I. und Otto I.[12]

929, auf dem Hoftag zu Quedlinburg, ging Heinrich daran, seine Nachfolge zu regeln. Er war nun 50 Jahre alt, und verschiedene Umstände nötigten ihn, klare Verhältnisse zu schaffen.

Vor allem galt es, den nun volljährigen Sohn Otto, der sich mit einer Slawin eingelassen hatte, auf den rechten Weg zu bringen. Es war eine schöne kriegsgefangene Fürstentochter, die es dem Königssohn angetan hatte.

Und was dem Vater vor allem Sorgen bereitete: Otto hauste mit seiner slawischen Schönheit wie ein braver Familienvater, hatte mit ihr einen Sohn gezeugt!

Das Kind wurde Wilhelm genannt, ein Name, der in der Familie gänzlich unüblich war. Wilhelm bestimmte man für den geistlichen Stand. Als Erzbischof von Mainz († 968) und treue Stütze seines Vaters sowie als Reichsverweser und Vormund Ottos II. sollte Wilhelm später noch von sich reden machen.

Die Liaison Ottos paßte dem Vater um so weniger, als er gerade 929 einen neuen Krieg gegen die Slawen führte, mit all jener Grausamkeit, die Heinrichs Kriege gegen die Völker im Osten auszeichnete.

Der zukünftige Thronfolger mußte anständig verheiratet werden, und so suchte Heinrich das Beste an Rang und Namen, was es in Europa damals gab: die englische Königstochter Edgith. Die Wahl einer ausländischen Gemahlin war Absicht. Ansprüche einheimischer Geschlechter auf den Thron konnten damit weitgehend ausgeschaltet werden. Eine Praxis, die sich in Zukunft einbürgerte.

Heinrich hatte mit Mathilde drei Söhne. Neben Otto noch Heinrich und Brun. Der jüngste Sohn Brun mußte die geistliche Laufbahn ergreifen, um etwaige Thronfolgeprobleme von dieser Seite auszuschalten.

Nachfolgeprobleme waren aber von seiten Heinrichs zu erwarten, dem Liebling der Mutter. Er konnte sich darauf berufen, daß man zur Karolingerzeit das Erbe zu teilen pflegte. Die Nachfolge des ältesten Sohnes, die König Heinrich 929 festlegte, war demnach eine Abweichung vom bisherigen fränkischen Reichserbrecht.

Hinzu kam, daß Heinrich, wiewohl jünger als Otto, nach Ansicht mancher Großen des Reichs, auch nach Meinung seiner Mutter, bessere Thronfolgerechte hatte, da er als Königssohn (um 920/21) geboren worden war!

Otto dagegen war bei seiner Geburt nur der Sohn eines sächsischen Großen gewesen, eines sächsischen Großen, von dem niemand ahnen konnte, daß er einst deutscher König sein würde! Heinrich war nach römischer und byzantinischer Rechtsauffassung ein »Purpurgeborener«, Otto dagegen nicht.

Ein Grund mehr für König Heinrich, sein Haus klar zu bestellen.

Was 929 in Quedlinburg geschah, war richtungweisend für die deutsche Geschichte. Heinrich stellte nicht nur die Versorgung seiner Gemahlin für den Fall seines Todes sicher, er designierte auch seinen Sohn zum Nachfolger und verheiratete ihn mit der englischen Königstochter Edgith. Damit und durch die gleichzeitige Heirat der älteren Tochter Gerberga mit Herzog Giselbert von Lothringen wurden auch verwandtschaftliche Beziehungen Richtung Frankreich und Lothringen geknüpft.

Noch kurz vor seinem Tode proklamierte König Heinrich I. erneut auf dem Reichstag in Erfurt Otto als seinen Nachfolger – und sicherte diese Nachfolge durch weitere Zugeständnisse an seine Gattin Mathilde. Das Kloster Wendhausen bei Thale soll nach Quedlinburg verlegt werden, damit dort eine »Vereinigung gottgeweihter Jungfrauen« gegründet werden kann.

Am 2. Juli 936 stirbt König Heinrich mit 60 Jahren in der Pfalz Memleben an der Unstrut. Sein Leichnam wird sofort in die Quedlinburger Pfalzkapelle auf den Burgberg überführt und dort bestattet.

Welche Magie der Burgberg schon um diese Zeit auf die Gemüter der Menschen ausübte, zeigt die Nachricht, die uns der Geschichtsschreiber Widukind überliefert: Beim Tode Heinrichs seien aus dem Burgberg an den verschiedensten Stellen Flammen herausgebrochen und Rauchsäulen aufgestiegen.

Quedlinburg – Stillhalteprämie für die Witwe Mathilde?[13]

Otto konnte ohne Probleme die Nachfolge im Reich antreten. Sein Bruder Heinrich hielt still. Jetzt zahlte sich aus, daß Heinrich seiner Gemahlin 929 eine immense »Abfindung« gegeben hatte. Mathilde war für ihren Ehemann ein Unsicherheitsfaktor in der Nachfolgefrage: Ganz offensichtlich bevorzugte sie den jüngeren Sohn Heinrich – seine Nachfolge wäre ja, wie wir gehört haben, auch rechtlich durchaus begründbar gewesen.

König Heinrich wußte, wie er seine Gemahlin für sich und Otto gewinnen konnte: mit einer reichen Ausstattung, die ihren Stolz und ihre Leidenschaft für Schenken und Wohltätigsein befriedigte.

Diese reiche Ausstattung war der Grund dafür, daß die Gemahlin des heidnischen Königs eine Heilige geworden ist – eine Heilige, die nicht nur in Quedlinburg geistliche Genossenschaften stiftete, sondern auch in Nordhausen am Südende des Harzes, in Pöhlde im westlichen Harz und im westfälischen Enger (wo wahrscheinlich ihr berühmter Urahn Widukind begraben lag!).

Die freigebige Mathilde hatte wohlwollende Biographen. Die sächsischen Geschichtsschreiber, etwa Widukind von Corvey (925–973) und Thietmar von Merseburg (975–1018), die alle um und in Quedlinburg groß wurden und tätig waren, lieferten den Stoff für Mathildes Heiligengeschichte. Von Thietmar wissen wir, daß er im Damenstift bei einer Großtante erzogen wurde, die an Lähmungserscheinungen litt. Der ältere Widukind von Corvey war ein Zeitgenosse der Mathilde. Er widmete seine Sachsengeschichte der königlichen Witwe. Er konnte ihr sein Werk noch bei Lebzeiten überreichen. Nach dem Tode Mathildes 968 verfaßte ein uns nicht bekannter Geschichtsschreiber ihre Lebensbeschreibung (um 974). Ein Lobgesang, garniert mit Motiven aus zahlreichen Heiligenlegenden, aber immerhin die erste mittelalterliche Biographie einer Frau!

Wer aber war sie wirklich, diese heilige Mathilde? War das umfangreiche Erbe, das ihr Heinrich hinterlassen hatte, nicht ein gefährliches Machtpotential in der Hand einer Witwe, die noch Lust am Politisieren oder Intrigieren hatte?

Für Otto war seine Mutter, die er offensichtlich sehr verehrte, zweifellos ein gewisses »Sicherheitsrisiko«, und zwar weniger wegen ihrer politischen Ambitionen, sondern vor allem wegen ihrer Neigung zur Großzügigkeit, ja zur Verschwendung. Er hatte alle Hände voll zu tun, die Freigebigkeit der Mutter und damit den Verlust sächsischen Hausvermögens zu bremsen.

Der Geschichtsschreiber Thietmar von Merseburg berichtet, daß am 30. Tage nach dem Tode König Heinrichs, am 30. Juli 936, am Tage der 30. Seelenmesse, Mathilde das Damenstift Quedlinburg ins Leben rief. Sie konnte sich dabei auf die Zusicherung ihres Mannes auf dem Reichstag von Erfurt berufen.

Was wie ein frommes Werk für das Seelenheil des Gemahls, wie ein frommes Gedenken an den verstorbenen »Stifter« aussieht, war nicht zuletzt auch ein juristischer Schachzug. Bis zum 30. Tag nach dem Tode ihres Mannes kann die Witwe nach germanischem Recht noch ohne Beschränkung über ihr Witwengut verfügen: Mathilde bringt all ihr Vermögen in eine unangreifbare Stiftung ein, über die sie sich das Verfügungsrecht vorbehält.

Der 23jährige König Otto, von der Krönung in Aachen zurückgekehrt, zeigt sich als braver Sohn: Die erste seiner uns überlieferten Urkunden (vom 13. September 936)[14] galt der Sicherung des (offiziell vom Vater, de facto aber von der Mutter) gegründeten und verschwenderisch ausgestatteten Damenstifts. Dieses erhält das Recht der freien Äbtissinnenwahl und wird von allen weltlichen und geistlichen Gewalten befreit. Es erhält die sogenannte Immunität und untersteht damit direkt dem Kaiser und dem Papst – bildet in Sachsen also eine Art »Staat im Staate«. Die Ordnung, Sicherheit und Rechtspflege bei den Damen auf dem Burgberg von Quedlinburg wird unmittelbar dem sächsischen Haus, der Königsfamilie, übertragen. Dieser allein sollte in alle Ewigkeit die Vogtei (= advocatia), also die rechtliche Vertretung der neuen Gründung, der »Congregatio sanctimonialium« auf dem Burgberg von Quedlinburg zustehen.

Diese Vogtei, die in der Geschichte des Stifts eine zentrale Rolle spielen wird, sollte – so bestimmte Otto – auch dann dem sächsischen Geschlechte zustehen, wenn eine andere Dynastie die deutsche Königswürde erlangte, wenn ein anderer König aus dem Volke gewählt würde (»alter e populo eligatur rex«).

Die Ausstattung des Stifts, dem da Mathilde vorstand, ohne geistliche Äbtissin zu sein, ermöglichte den Stiftsdamen ein fürstliches Leben. Die »congregatio« erhielt den Burgberg samt Wirtschaftsgebäuden, den neunten Teil der Erträgnisse des Haupthofes (der ansonsten die Pfalz versorgte), Einkünfte aus 18 Ortschaften bis in das Unstrut- und Saalegebiet, 15 Slawenfamilien, dazu Naturalienlieferungen unterschiedlichster Art. Diese Gründungsausstattung sollte in den nächsten Jahrzehnten noch um das Mehrfache erweitert werden.

Für ihr Damenstift mußte Mathilde auf dem Burgberg keine grundlegenden Neubaumaßnahmen durchführen. Neben der Pfalz bestand schon eine Pfalzkirche, die dem Apostelfürsten Petrus geweiht war und die von Kanonikern betreut wurde. Mathilde ließ nun diese Kirche erweitern und neue Altäre für den hl. Dionysius und den hl. Servatius weihen: zwei Heilige von höchster Reputation im damaligen Reich! Die Kanoniker mußten nun den Stiftsdamen weichen und ins Tal hinabziehen, in den dortigen Königshof bei der Wipertikirche. Die Stiftsdamen hatte man aus dem nahen Kloster Wendhausen bei Thale geholt.

Aus den Zeiten der Mathilde hat sich bis heute in der Stiftskirche die sogenannte »Confessio« erhalten, ein kleiner, hufeisenförmiger und mit Nischen versehener Raum, der sich unterhalb der Krypta befindet. Dieser auch durch seine Ausgestaltung äußerst bemerkenswerte Raum wurde wahrscheinlich um das Grab des Königs Heinrich herumgebaut. Dort konnten Mathilde und ihre Stiftsdamen um das Seelenheil des heidnischen Heinrich beten.[15]

Der Stuckdekor des Baus weist nach Meinung der Kunsthistoriker ravennatische Einflüsse auf. Bekannt ist, daß Kaiser Otto I. ravennatische Architekturteile nach Magdeburg bringen ließ. Es liegt also nahe, auch das Quedlinburger Oratorium mit den Italienzügen Ottos und mit italienischen Kunsthandwerkern in Verbindung zu bringen.

Aus Italien ließ der Kaiser in den Jahren zwischen 962 und 965 eine große Zahl bedeutender Reliquien nach Quedlinburg bringen. Damals schenkte Otto I. seiner Mutter Reliquien des Papstes Fabian, des Jägerheiligen Eustachius und des Märtyrers Pantaleon (aus dessen Wunde Milch floß, als er enthauptet wurde). Er schenkte ihr auch die vollständigen Reliquien zweier weiblicher Heiliger: der Laurentia und der Stephania. Laurentia und Stephania, die für ein Frauenkloster natürlich die geeigneten weiblichen Pendants zu Laurentius und Stephan darstellten, hatten zwar noch keine passende Heiligengeschichte, als sie von Otto übersandt wurden. Aber ihre Herkunft aus Rom machte sie allein schon wertvoll.

Alle diese Reliquien fanden möglicherweise ihren Platz in den heute noch erhaltenen acht Apsisnischen des Oratoriums. So hätten wir in diesem Oratorium der von Mathilde erweiterten Kirche auch die erste Schatz- und Reliquienkammer der Stiftskirche vor uns!

Dort wo Mathilde mit ihren Stiftsdamen am Grab ihres Mannes gebetet hatte, fand sie dann wohl auch nach ihrem Tode 968 ihre Ruhestätte. Als sie starb, weilte ihr Sohn Otto in Italien, wohin er 966 gezogen war. Erst 972 sollte er wieder nach Deutschland zurückkommen.

Das Samuhel-Evangeliar, ein Geschenk Ottos I.?[16]

Wenn auch Otto sich durch seine Förderung Magdeburgs bewußt von seiner Mutter in Quedlinburg emanzipierte, so versäumte er es doch nicht, seiner Mutter die nötige Reverenz in Quedlinburg zu erweisen.

Besonders gern weilte er zum Osterfest in Quedlinburg. Thietmar von Merseburg erzählt uns, wie Otto nach der

Schlacht auf dem Lechfeld (955) zuerst seiner ängstlichen Mutter Mitteilung über den guten Ausgang des Unternehmens machen ließ. Dann zog er selbst nach Sachsen: »Seine ehrwürdige Mutter umarmte den Langersehnten unter Freudentränen.«

Einiges spricht nun dafür, daß Otto bei dieser Gelegenheit seiner Mutter ein Evangeliar für den Domschatz von Quedlinburg zum Geschenk gemacht hat: das berühmte Samuhel-Evangeliar.

Otto hätte seiner frommen Mutter keine größere Freude machen können als mit diesem wertvollen, in Gold geschriebenen und mit kunstvollen Malereien versehenen Evangeliar.

Ein solches Evangeliar war im rauhen Sachsen des 10. Jh. eine Offenbarung aus einer fremden Welt: Es war in der großen Blütezeit der karolingischen Buchmalerei Anfang des 9. Jahrhunderts wahrscheinlich in einer Augsburger Schreibstube entstanden. Vielleicht war es im Besitz der Augsburger Bischöfe gewesen, und es fasziniert der Gedanke, daß dieses Evangeliar nach der Lechfeldschlacht des Jahres 955 vom Augsburger Bischof, dem hl. Ulrich, an König Otto gegeben wurde – als Dank für die Rettung Augsburgs!

Geschichte und wahre Herkunft des grandiosen Samuhel-Evangeliars werden sich nie mehr genau aufklären lassen. Wir kennen lediglich den Namen des Schreibers, da er sich am Ende des Textes selber nennt: »In nomine Dei ego Samuhel indignus vocatus presbyter scripsi istum evangelium.« Wer war dieser Presbyter Samuhel, von dem wir noch ein anderes, heute in Brüssel aufbewahrtes Evangeliar kennen? Nach den Forschungen Bernhard Bischoffs[17] ist er wahrscheinlich in der Umgebung des Augsburger Bischofs Hanto (807–816) zu suchen, stammt also aus Süddeutschland.

Die bemerkenswerten Evangelistendarstellungen des

Samuhel-Evangeliars orientieren sich zwar an Darstellungen der karolingischen Hofkunst, sind aber eigenständige Weiterentwicklungen. Ihre Gedrungenheit und ihre sonstigen »bayerisch-schwäbischen« Eigenheiten vermögen durchaus die Zuschreibung nach Augsburg zu decken.

Die Quedlinburger Äbtissinnen haben das Evangeliar immer in höchsten Ehren gehalten. Um 1200 ließ Äbtissin Agnes von Meißen einen neuen, sehr aufwendigen Buchdeckel anfertigen, der zwei Bischöfe zeigt: den hl. Servatius und den hl. Dionysius.

Die erste Äbtissin Mathilde (966–999)[18]

Noch zu Lebzeiten der Königinwitwe Mathilde erhielt das Damenstift in der Person der Äbtissin Mathilde eine geistliche Leitung. Die Königinwitwe hatte zwar die Pflichten einer Äbtissin erfüllt, nannte sich aber nie so. Sie blieb bis zu ihrem Tod nichts anderes als die verwitwete Königin. Daher mußte das Stift 30 Jahre auf seine erste Äbtissin warten. Äbtissin Mathilde war die zweite Tochter des Kaisers Otto des Großen und das dritte Kind aus seiner Ehe mit Adelheid, der Tochter des burgundischen Königs Rudolf II. Wahrscheinlich 955 geboren, im Jahr der Schlacht am Lechfeld, wuchs sie unter der Obhut ihrer Großmutter in Quedlinburg auf. 966, mit elf Jahren, wird sie dann vom Konvent zur Äbtissin gewählt und vom Papst bestätigt.

Das Sagen hatte in Quedlinburg natürlich nach wie vor die Königinwitwe Mathilde, die Großmutter der Äbtissin. Als diese dann am 14. März 968 – fast schon als Heilige – stirbt, hütet die Äbtissin Mathilde mit viel Klugheit die Familienstiftung weiter.

Es wird nun üblich, daß die königlichen Familienmitglieder in Quedlinburg das Osterfest feiern. Kurz vor seinem

Tode hat im März 973 Otto I. Quedlinburg zur Feier des Osterfestes besucht. Gleichzeitig fand ein Hoftag statt – der glanzvollste, den Otto I. jemals einberufen hat.[19] Damals beschloß man die Gründung des Bistums Prag. Wenig später, am 7. Mai 973, starb Otto I. im Alter von 60 Jahren wie schon sein Vater in der Pfalz Memleben, nicht allzu weit von Quedlinburg.[20] Begraben wurde Otto I. jedoch nicht in Quedlinburg bei Vater und Mutter: Er wollte in Magdeburg neben seiner Frau Edgith seine letzte Ruhe finden!

In den Jahren 974 und 978 feierte Kaiser Otto II. (973–983), der Bruder der Äbtissin, das Osterfest in Quedlinburg. Ihm war ein früher Tod in Italien beschieden.

Als sich der 28jährige 980 in Verona auf den Weg nach Süden machte, hatte ihn der Abt von Cluny gewarnt: »Geh nicht nach Rom! Wenn du es tust, wirst du die Heimat nicht mehr wiedersehen!« Die Prophezeiung des Abtes sollte sich erfüllen: Am 7. Dezember 983 starb Kaiser Otto II. in Rom, wo er auch begraben wurde.

Vor seinem Tode hatte er noch ein Testament gemacht und dabei auch seine geliebte Schwester Mathilde, die mit ihm nach Italien gezogen war, bedacht. Thietmar von Merseburg berichtet: »Wie er nun sein Ende nahen fühlte, teilte er sein Geld in vier Teile: einen schenkte er den Kirchen, einen zweiten den Armen, den dritten seiner geliebten Schwester Mathilde, die als ergebene Dienerin Christi die Abtei Quedlinburg innehatte, den vierten seinen trauernden Dienern und Kriegsleuten.«[21]

Am 25. Dezember 983 hatte man den dreijährigen Kaisersohn Otto in Aachen auf Befehl des Vaters eben zum König geweiht, als die Todesnachricht aus Rom eintraf.

Jetzt sah der Vetter des dreijährigen Thronfolgers, Heinrich v. Bayern (»der Zänker«), seine Stunde gekommen. Er kam aus der Haft, in der er seit 978 saß, frei und bemächtigte sich des Königs. Er beanspruchte die Vormundschaft über Otto und erneut die Macht im Reiche.

Glaubt man Thietmar von Merseburg, so griff Heinrich nun sogar nach der Königskrone. Im März 984, auf einem Fürstentag zu Quedlinburg, ließ sich der Unruhestifter als König huldigen: »Während dieses Festes wurde er von den Seinen öffentlich als König begrüßt und durch kirchliche Lobgesänge ausgezeichnet ...«

Doch die meisten sächsischen Großen machten nicht mit und mieden den Verräter, der bald wieder Sachsen verließ und aus Quedlinburg offensichtlich die älteste Tochter Ottos II., Adelheid, die spätere Äbtissin, entführt hatte. Sie wurde wenig später von den sächsischen Feinden Heinrichs auf einer Burg bei Goslar wieder befreit.

Heinrich verbündete sich in der Folgezeit mit dem böhmischen Herzog. Heinrichs Aufstand schuf Raum für die geplagten Slawen. Sie gewannen die Mark Meißen zurück, oder aus deutscher Sicht: die Mark Meißen ging wieder verloren. Markgraf Rikdag, ein berühmter sächsischer Haudegen, fiel bei diesem slawischen Angriff im Jahre 985. Seine Tochter Gerburg († 1022) treffen wir später als Dekanissin in Quedlinburg wieder.[22]

Im Juni 984 mußte Herzog Heinrich den jungen Otto an seine Mutter Kaiserin Theophanu, seine Großmutter Kaiserin Adelheid und seine Tante, die Äbtissin Mathilde, herausgeben. Alle drei waren sie aus Italien herbeigeeilt. Quedlinburg war der erste Ort, wohin der »befreite« König gebracht wurde.

Theophanu übernahm die Regentschaft. Nun bestimmten Frauen die Geschicke Deutschlands. Kaiserin Theophanu, Kaiserin Adelheid und nicht zuletzt Äbtissin Mathilde.

Diese empfing 986 Otto zum prunkvoll gefeierten Osterfest in Quedlinburg. Damals huldigten die böhmischen und polnischen Herzöge dem König. Hinter allen Regierungsmaßnahmen stand natürlich die »Griechin« Theophanu.[23]

Wahrscheinlich hat damals Äbtissin Mathilde das Kloster St. Marien auf dem Münzenberg als Gedächtnisstiftung für ihren verstorbenen Bruder Otto II. ins Leben gerufen.[24]

Damals oder wenig später ist das Kloster in Besitz jener Königskrone gekommen, die wohl die älteste deutsche Königs- oder Kaiserkrone gewesen ist und die dann im 16. Jh. unter Äbtissin Anna II. auf mysteriöse Weise verlorenging.

Byzanz in Quedlinburg: Kaiserin Theophanu[25]

Bis zu ihrem Tode 991 führte die Kaiserinwitwe Theophanu die Vormundschaft über den minderjährigen Otto III. Quedlinburg hat dieser Frau viel zu danken, die sich sehr rasch den Respekt der Großen im Reich verschafft hat. Voller Lob für Theophanu ist auch der Geschichtsschreiber Thietmar von Merseburg gewesen, der sie wie folgt charakterisiert:

»Wohl war sie vom schwachen Geschlecht, doch eignete ihr Zucht und Festigkeit und ein trefflicher Lebenswandel, was in Griechenland selten ist; so wahrte sie ihres Sohnes Herrschaft mit männlicher Wachsamkeit in ständiger Freundlichkeit gegenüber Rechtschaffenen, in furchtgebietender Überlegenheit gegenüber Aufsässigen. Von ihres Leibes Frucht brachte sie Gott ihre Töchter als Zehnten dar: die älteste, Adelheid, zu Quedlinburg, die zweite, Sophia, zu Gandersheim.«[26]

Wer war diese außerordentliche Griechin, die von allen Geschichtsschreibern einträchtig als eine der bedeutendsten Frauengestalten der deutschen Geschichte geschildert wird?

Eigenartigerweise ist bis heute die Herkunft der Theophanu nicht geklärt. Fest steht nur, daß sie eine Verwandte

40

des byzantinischen Kaisers Johannes I. Tzimiskes war und daß Kaiser Otto I. für seinen Sohn lieber eine Kaisertochter gehabt hätte.

Mit der 972 in Rom durchgeführten Trauung und der Krönung der Theophanu zur Kaiserin konnte Otto I. trotz der nicht erstklassigen Herkunft der Theophanu einen großen Erfolg verbuchen: Zehn Jahre nach seiner römischen Kaiserkrönung hatte er nun die Anerkennung durch das oströmische Kaisertum erhalten. Ein Friedensschluß schuf Ruhe in dem zwischen Otto I. und Byzanz strittigen Unteritalien.

Otto I. und sein 18jähriger Sohn Otto II., der schon ein Jahr später seinem Vater nachfolgte, ließen sich die Heirat etwas kosten. In der berühmten purpurgefärbten Heiratsurkunde für Theophanu, die sie später ihrer Tochter Sophia, Äbtissin von Gandersheim, zur Aufbewahrung gab, wird die umfangreiche Morgengabe und vor allem die »Teilhabe am Reich« für Theophanu festgeschrieben. Dieser Ehevertrag verrät byzantinische Rechtstradition; in Sachsen waren derartige Zugeständnisse an Ehefrauen unüblich.

Aber auch Theophanu kam nicht mit leeren Händen. Die Geschichtsschreiber Widukind von Corvey und Thietmar von Merseburg berichten von großen Reichtümern, die Theophanu mitgebracht haben soll.[27]

Obwohl man die mitgebrachten Stücke im einzelnen nicht kennt, darf man davon ausgehen, daß ein großer Teil des Brautschatzes seinen Weg in die deutschen Schatzkammern fand. Die bisher unbekannte hochstehende griechisch-byzantinische Kunst verbreitete nun vor den staunenden Augen der Deutschen ihren Zauber. Konnte man die Meisterwerke, etwa die Elfenbeinschnitzereien, auch nicht so schnell nachahmen, so fügte man sie doch sehr kunstvoll in Buchdeckel oder in Reliquiare ein.

Auch im Stiftsschatz von Quedlinburg befindet sich wahrscheinlich ein Stück aus dem Brautschatz der Theophanu, nämlich die Elfenbeintafel auf dem reichverzierten Deckel des zwischen 1000 und 1002 entstandenen Evangeliars der Äbtissin Adelheid.[28]

Die griechisch beschriftete Elfenbeintafel mit vier Szenen aus der Geschichte Christi (Geburt, Taufe, Kreuzigung und Kreuzabnahme) dürfte um 970 geschaffen worden sein und war wohl Teil eines Triptychons.

Wie das Kunstwerk nach Quedlinburg gelangt ist, wissen wir nicht. Vielleicht hat Theophanu dieses Tryptichon dem Damenstift Quedlinburg 991 bei ihrem letzten Aufenthalt drei Monate vor ihrem Tode geschenkt. Wahrscheinlicher ist es aber, daß die Elfenbeinschnitzereien, die ja als eine Art Hausaltar gedient haben dürften, von Theophanu an ihre Tochter Adelheid, an ihre frömmste Tochter, vererbt wurden.

Diese hat dann das Erinnerungsstück in den Deckel des um 1000 entstandenen Evangeliars einarbeiten lassen.

Äbtissin Mathilde als Reichsverweserin[29]

Nach dem Tode der Theophanu 991 führte Großmutter Adelheid, unterstützt vor allem vom Mainzer Erzbischof Willigis, die Vormundschaft über Otto III. Diese Vormundschaftsregierung kam auch Quedlinburg zugute: Am 6. Januar 992 erhielt das Stift den Königshof zu Walbeck mit 24 Ortschaften unter der Bedingung, dort ein Frauenkloster nach der Regel des hl. Benedikt zu gründen.[30] Von Quedlinburg aus regiert, sollte es dem Andenken der verstorbenen Familienmitglieder dienen. Am 7.5.997, am Todestag Ottos I., wurde das Kloster (St. Andreas) eingeweiht.

Dank der rührigen ottonischen Frauen zählte man in Sachsen inzwischen mehr Frauenklöster als in allen anderen Teilen des Reiches! Freilich darf nicht vergessen werden, daß sich die verschiedenen klösterlichen Gemeinschaften in ihrer inneren Organisation erheblich unterschieden. Während die Stifte wie Quedlinburg ihren Stiftsdamen ein recht freies Leben ermöglichten, herrschte in den Klöstern, die nach der Benediktinerregel lebten, in der Regel strengere Disziplin.

Mit der »Schwertleite« auf dem Reichstag von Sohlingen (bei Corvey) im September 994 nahm der 14jährige Otto III. die Regierung selbst in die Hand.

Im November 994 weilt er in Quedlinburg, und dort erhält seine Tante, Äbtissin Mathilde, ein bedeutendes Geschenk: Der König verpflichtet sich, in Quedlinburg einen Markt mit Münze und Zoll zu errichten. Die Einkünfte daraus sollen der Äbtissin zustehen, und zwar so, wie es in Köln, Mainz und Magdeburg üblich sei. Die Errichtung neuer Märkte in der Umgebung wird verboten.[31]

Damit war der Grundstein für die Entwicklung der Stadt Quedlinburg gelegt.[32]

Im Oktober 995 tritt Adelheid, die Schwester Ottos III., in das Damenstift Quedlinburg ein. Heiratswerbungen selbst königlicher Kandidaten habe die fromme Adelheid standhaft zurückgewiesen, berichten die Quedlinburger Annalen.[33]

Unter Äbtissin Mathilde entwickelte sich das Damenstift Quedlinburg zum Herz der Reichsverwaltung. So wollte es Kaiser Otto III. Seit er Ende 997 nach Italien abgereist war, leitete seine Tante Mathilde in seinem Auftrag mit viel weiblicher Klugheit und starker Hand die Geschicke des Reichs. Die »Hauptstadtfunktion« Quedlinburgs wird auch äußerlich sichtbar gemacht: 997 beginnt die Äbtissin mit dem Bau einer großen dreischiffigen Kirche.

Mit der Ernennung Mathildes zur »Reichsverweserin« machte Otto III. die Pläne eines ehrgeizigen Politikers zunichte, des Bischofs und Kanzlers Willigis von Mainz.

Willigis war seit längerem eifrigst darum bemüht, sich

mit Hilfe von Ottos Schwester Sophia einen festen Platz in der Umgebung des Kaisers zu sichern. Durch seine penetrante Besserwisserei war er Otto III. aber immer lästiger geworden. Als Otto 997 nach Italien zog, ernannte er daher nicht, wie erwartet, Willigis zum Reichsverweser, sondern seine Tante, die Äbtissin Mathilde.

Willigis und Sophia, mit denen sich der Kaiser nach dieser Brüskierung auf Dauer entzweite, verschwanden nach 997 aus dem Zentrum der Macht; in wichtigen Urkunden tauchen sie nicht mehr auf. Schwester Sophia konnte bei Otto III. nun nichts mehr für sich oder ihre Günstlinge erreichen.

Tante Mathilde, die ihrem Neffen Otto durch ihre vermittelnde Art schon früher viel geholfen hatte, war ein Glücksfall für das Reich. Ihre Verdienste um die Leitung des Reichs und um die Wahrung der kaiserlichen Macht können nicht hoch genug eingeschätzt werden.

Zu Beginn des Jahres 999 lud sie die geistlichen und weltlichen Großen Sachsens sowie die Gesandten der deutschen Herzogtümer zu einem Reichstag nach Magdeburg. Die durch die Slawenkriege arg mitgenommene Stadt bot keinen besonders erfreulichen Anblick. Mathilde wies ihre sächsischen Stammesgenossen auf dieser Versammlung deutlich auf ihre Verpflichtungen für das Reich hin.

Große Tage für die Stadt an der Ostgrenze des Reiches: Magdeburgs zukünftige Rolle als »Vorort« der Ostsiedlung begann sich damals abzuzeichnen.

Nach dem Ende dieses Reichstags kehrte Mathilde wieder nach Quedlinburg zurück. Dort erkrankte sie plötzlich und starb am 7. Februar 999 im Alter von nur 44 Jahren.

Die Seele Sachsens und des Reiches war dahin. Bernhard, der große Bischof von Halberstadt und Hildesheim, den sie zu sich gerufen hatte, stand ihr in ihrer letzten Stunde bei.

Für den Kaiser, den die Nachricht in Rom auf dem Aventin erreichte, war der Tod seiner treuen Tante Mathilde eine Katastrophe.

Endzeit und Anfang: Äbtissin Adelheid I.
(999–1044)

Für Quedlinburg und seine stolzen Stiftsdamen kam es nun entscheidend darauf an, die enge Bindung zum Kaiser zu wahren. Adelheid, die 22jährige Schwester Ottos III., war noch von Mathilde selbst als Nachfolgerin designiert worden. Otto kam dem Wunsch seiner verstorbenen Tante umgehend nach und schickte seiner Schwester durch einen eigenen Boten einen Äbtissinnenstab als Zeichen der Belehnung nach Quedlinburg.

Dies wird uns ausdrücklich von Thietmar von Merseburg berichtet. Der Stab ist möglicherweise mit dem früher als Bischofsstab des hl. Servatius bezeichneten Stab im heutigen Stiftsschatz identisch, einem leicht gekrümmten 132 cm hohen Stab aus Eichenholz, der ursprünglich ganz mit Purpurseide überzogen und mit feinem Goldfiligran beschlagen war.

Otto III. machte dem Kloster von Rom aus reiche Schenkungen, darunter am 26. April 999 die ganze Provinz Gera (= Vogtland). Ganz offensichtlich war er gewillt, Quedlinburg in der Hand seiner Familie zu einem der größten und einflußreichsten Klöster Deutschlands zu machen. Am 29. September 999, am Tag des hl. Michael, wurde Adelheid in Anwesenheit vieler Kirchenfürsten zur Äbtissin geweiht.

Für das Jahr 1000 erwartete das christliche Abendland den Weltuntergang und die Wiederkehr Christi. In den Mauern der Quedlinburger Klosterkirche scharten sich die Kanonissinnen um ihre geistlichen Schätze. Vor den Reliquien ihrer Stiftsheiligen baten sie um Vergebung ihrer Sünden.

Nichts geschah. Wie betäubt nahm man die Alltagsgeschäfte wieder auf. Der fromme und beschauliche Weg ins Innere des Herzens war augenblicklich vergessen. Eine hektische äußerliche Betriebsamkeit ergriff die Menschen.

In Deutschland begann man zu bauen. Überall. Kirchen, Burgen, Städte. Und plötzlich war Geld da. Die am Ende der Regierungszeit Ottos I. entdeckten Silbergruben des Harzes (besonders die am Rammelsberg bei Goslar) lieferten enorme Mengen an Edelmetall, mit denen man sich billige Arbeitskräfte, Grund und Boden im Osten, slawische Sklaven, aber auch italienische Handwerker kaufen konnte. Der Münzumlauf gerade in Sachsen stieg zwischen 970 und 1030 ungeheuer an, und die sächsischen Silberpfennige wurden zum entscheidenden Zahlungsmittel im Osten.

Die Äbtissinnen waren beim wirtschaftlichen Aufbruch im Osten dabei: 994 verlieh Otto III. seiner Tante neben dem Zollrecht für den zu errichtenden Markt in Quedlinburg auch ein Münzprivileg. Ab wann es genutzt wurde, wissen wir nicht. Erst seit dem Jahre 1063, seit Äbtissin Adelheid II., sind uns eindeutig auf Quedlinburg beziehbare Münzprägungen überliefert.

Der zunehmende Reichtum Sachsens und die steilen Adelskarrieren hier im Osten waren sicher auch mitverantwortlich für die explosionsartige Vermehrung der klösterlichen Gemeinschaften, insbesondere der Frauenkonvente. Um 1000 gibt es über 40 Frauenkonvente im sächsischen Raum, das sind mehr als in jedem anderen vergleichbaren Gebiet des Reichs. Erstaunlich ist dabei vor allem, daß in diesen klösterlichen Gemeinschaften eine große Zahl gebildeter Frauen heranwuchs, die in seltsamem Gegensatz zu der rauhen und kriegerischen sächsischen Adelsgesellschaft gestanden haben dürfte. Gleichzeitig waren diese Konvente auch materielle und gesellschaftliche Stützpunkte der jeweiligen Gründungsfamilie bzw. des Königshauses. Der Gründung dieser Klöster liegen also weniger religiöse als vielmehr politische und gesellschaftliche Motive zugrunde.

Im Jahre 1000 kam Kaiser Otto III. nach Deutschland zurück. Im März weilte er am Grab des hl. Adalbert in Gnesen, begründete das Erzbistum Gnesen und machte damit die polnische Kirche unabhängig. Mit der Gründung eines ungarischen Erzbistums in Gran und der Erhebung des Landes unter Stephan zum Königreich legte Otto III. in einem imperialen Gewaltakt die Grundlagen für eine Neuordnung des Ostens.[34]

Das Osterfest des Jahres 1000 feierte Otto mit seiner Schwester in Quedlinburg. Der Ort war ihm aus seiner Kindheit vertraut. Oft war er hier bei seiner Tante Mathilde zu Gast gewesen. Nun ließ er auf deren Bleisarg eine (heute noch erhaltene) Inschrift anbringen.

Die Quedlinburger Annalen berichten uns ausführlich über die Feierlichkeiten anläßlich des kaiserlichen Besuches.[35]

Der Aufenthalt des Kaisers war sorgfältig inszeniert, wie alles, was Otto III. in seinen letzten Lebensjahren tat. Zuerst hielt sich der Kaiser drei Tage auf dem Burgberg bei seiner Schwester zur Feier des Osterfestes auf. Dann schritt er in einer feierlichen Prozession »unter der Krone«, begleitet von Adel und Volk, hinunter in den Königshof (St. Wiperti), der jetzt als Pfalz diente. Dort erledigte er dann eine Woche lang Regierungsgeschäfte.

Die Quedlinburger Kristallreliquiare[36]

Wahrscheinlich hat Otto III. bei diesem Besuch seiner Schwester die Reliquienflaschen zum Geschenk gemacht, die heute noch Teil des Stiftsschatzes sind.[37]

Es handelt sich dabei um äußerst kunstvoll geschnittene Bergkristallflaschen. Solche Bergkristallflaschen konnte man in Deutschland nicht herstellen. Man bezog sie aus dem Orient, vorzugsweise aus dem fatimidischen Ägypten.

Die erste der Bergkristallflaschen ist 10,5 cm hoch, als Fisch gestaltet und trägt auf einem in gotischer Zeit angebrachten Silberband die wie folgt zu lesende Inschrift: »CAPILLUS MARIE OTTO TERTIUS IMPERATOR« (Haar der Maria – Kaiser Otto III.). Gemäß einem Schatzverzeichnis von 1812 soll es sich dabei um Haare der hl. Maria Magdalena handeln.

Ein zweites Kristallreliquiar in Flakonform mit Palmettenmotiven und Vögeln an den Seiten (17 × 19,6 cm) war offensichtlich zum Aufhängen bestimmt. Die einfassenden Silberbänder sind ohne Inschrift, so daß wir den damaligen Inhalt nicht kennen. Das Schatzverzeichnis von 1812 spricht von einer kristallenen Flasche, mit Silber beschlagen, »worin 3 Röhren, in welchen Reliquien von den Windeln und Kleidern Christ befindlich gewesen sein sollen«. Vielleicht handelt es sich dabei um unser Reliquiar.

Ein weiteres Bergkristallreliquiar, das bis heute vermißt wird, ist in Form einer Mitra mit eingeschnittenen Rankenmustern gestaltet (9,2 × 7 cm). Es birgt u. a. eine Hl.-Blut-Reliquie. Ein Blutreliquiar des hl. Stephan ist uns wohl im Fragment eines anderen Fläschchens erhalten geblieben. In einem Schatzinventar, das um 1544 entstanden ist, wird es aufgelistet: »Ein cristal dareinn sanct Steffes Blut mit Silber beschlagen.«

Erzmärtyrer Stephan war der Schutzpatron der Domkirche in Halberstadt. 980 feierte man dort die Translation einer Blutreliquie aus der Stephanskirche in Metz. Eine noch erhaltene Armreliquie soll schon im 9. Jh. nach Halberstadt gekommen sein. Kein Wunder, daß man auch in Quedlinburg Reliquien des hl. Stephan zu erwerben suchte: Als 1021 die Stiftskirche in Anwesenheit von Kaiser Heinrich II. geweiht wird, legt man in einem der Altäre auch Reliquien des hl. Stephan nieder.

Die hl. Corona

Ein weiterer wichtiger Trumpf im Heiligenarsenal Quedlinburgs war die hl. Corona. Als weibliche Heilige, die schon in Rom hohes Ansehen genoß, stand sie dem Quedlinburger Stift natürlich besonders gut zu Gesicht. Die Reliquien soll Kaiser Otto III. aus Italien mitgebracht haben.

Die hl. Corona hat angeblich zur Zeit des Kaisers Antoninus in Ägypten gelebt. Als 16jährige Frau eines Soldaten soll sie, vom hl. Viktor zum Christentum bekehrt, das Martyrium erlitten haben, ein außergewöhnlich grausames Martyrium, wie uns die Heiligenlegende erzählt: Sie wurde an zwei zu Boden gebogene Palmen gebunden und dann auseinandergerissen. Zwei goldene Kronen sollen in diesem Augenblick vom Himmel gefallen sein.

Das Fest der hl. Corona wurde am 24. April gefeiert. Corona galt als Schutzheilige in Geldangelegenheiten. Möglicherweise wegen der goldenen Kronen, die nach der Legende bei ihrem Tode vom Himmel fielen. Wahrscheinlicher ist aber, daß ihre Wertschätzung auf ihrem Namen beruht: Die Herrscherkrone (= corona) fand sich seit dem Mittelalter oft auf Geldstücken!

Als Fürsprecherin in Geldangelegenheiten wurde Corona dann bis in die Neuzeit herauf das Objekt zahlreicher Aberglaubenspraktiken. Vor allem beim Schatzsuchen betete man um ihre Hilfe: Um fündig zu werden, mußte man drei Zauberkreise, die sogenannten »Coronen«, auf dem Boden ziehen. Dann rief man im Gebet die hl. Corona als »Erzschatzmeisterin über die verborgenen Schätze, Fürsprecherin der armen Leute und Gebieterin der bösen Geister«.

Reliquien der hl. Corona befinden sich auch im Aachener Münster. Auch diese Reliquien sollen von Otto III. stammen. Kaiser Karl IV. brachte noch im 14. Jh. Corona-Reliquien aus Italien in den Prager Dom.

In Quedlinburg fertigte man für die Coronareliquien unter Äbtissin Adelheid IV. (1405–1435)[37a] einen neuen Reliquienschrein. Er zeigt das Martyrium der hl. Corona sowie König Heinrich I. und Mathilde.

Als Fürbitterin in Vermögensfragen war Corona nicht nur das Ziel der Wallfahrer in der Quedlinburger Stiftskirche. Corona hütete auch den Quedlinburger Schatz!

Das Ende der Ottonen

Nach seinem Besuch in Quedlinburg begleitete Äbtissin Adelheid ihren Bruder auf eine Reise durch das Reich, bis nach Mainz und seinen Lieblingsaufenthalt Aachen, wo Otto III. das Grab Karls des Großen öffnen ließ. Die Frühlingstage in Aachen gehörten zu den Höhepunkten im Leben des jungen Kaisers. Hart war dann die Trennung von der Schwester. Adelheid versprach ihrem Bruder, ihm bald nach Rom zu folgen. Mit dunklen Vorahnungen ging der Kaiser nach Italien zurück. Wie viele hatte dieses Land schon dahingerafft! Seine Vorahnungen trogen nicht. Ohne seine Schwester wiedergesehen zu haben, starb Otto am 24. Januar 1002 in Rom. In feierlichen Zug wurde er nach Deutschland zurückgebracht. In Aachen trug man ihn am 5. April zu Grabe, dort, wo er sich von seiner Schwester verabschiedet hatte.

Wer sollte nach dem Tode des kinderlosen Otto III. das Reich erben? Wer kam überhaupt als Kandidat in Frage? Die Meinungen unter den Großen des Reiches gingen da weit auseinander. Im Westen plädierte man für eine freie Wahl unter den Reichsfürsten. Nur von Karl dem Großen mußte der Kandidat abstammen. Im Osten des Reichs, insbesondere in Sachsen und Thüringen, war man der Meinung, daß ein zukünftiger Kandidat von König Heinrich, dem Begründer des Reichs, abstammen müsse. Unter allen Abkömmlingen Heinrichs sollte der das Reich erben, der mit dem letztverstorbenen Kaiser, also mit Otto, am nächsten verwandt war.

Da kam nur Herzog Heinrich von Bayern in Frage. Für ihn war nun wichtig, daß er die Großen Sachsens gewann.

Die entscheidende Rolle als Königsmacherinnen spielten dabei die Schwestern Ottos III.: Adelheid, Äbtissin von Quedlinburg, und ihre jüngere Schwester Sophia, die spätere Äbtissin von Gandersheim. In der Pfalz Werla hatten sie die Großen des Reichs um sich versammelt, als der Abgesandte Heinrichs die Kandidatur vortrug.

Als Mitglieder des Königshauses hatten die beiden Schwestern wohl keine Mühe, die Mehrheit der Versammelten, fast alles ehemalige Anhänger des sächsischen Hauses, auf ihre Seite zu bringen, obwohl sich um die Nachfolge im Reich auch Markgraf Ekkehard von Meißen beworben hatte.

Der Gesandtschaft Heinrichs gaben die sächsischen Großen einen fast begeisterten Bescheid: »Heinrich möge mit Hilfe Christi und nach Erbrecht als König herrschen. Sie seien zu allem bereit, was für ihn rechtens sei. Und sie gelobten dies mit erhobener Rechten.« So berichtet es der Geschichtsschreiber Thietmar, der es nicht versäumt, die Bedeutung der beiden Schwestern für diese Wahl hervorzuheben. [37b]

Der am 7. Juni 1002 zum König gekrönte Heinrich II. (973–1024), der Urenkel Heinrichs I., weilte oft in Quedlinburg bei seiner Nichte. 1003 und 1005 feierte er hier das Osterfest. Am 24. September 1021 nahm er mit seiner Gemahlin Kunigunde auch an der feierlichen Einweihung der Kirche teil, deren Bau 997 von Äbtissin Mathilde begonnen worden war.

Damals weihte man sechs Altäre durch mehrere Bischöfe. Über 100 namhafte Reliquien soll die Kirche um diese

Zeit schon besessen haben, und nun vermehrte der Kaiser den Stiftsschatz durch kostbare neue Weihegeschenke: einer der großen Tage in der Geschichte des Stifts!

Der Quedlinburger Stiftsschatz und die Ottonen

Wie reich die Ottonen ihre Stiftung Quedlinburg mit Schätzen bedachten, zeigt schon die Erwähnung einer eigenen Aufseherin (»Kimiliarche«) für den Stiftsschatz im Jahre 984.[38] Das Amt hat sich das ganze Mittelalter hindurch unter dem Namen »thesauria« gehalten.

So war die Schatzkammer des Stiftes das Schmuckkästchen der Stiftsdamen, denen es zweifellos Freude machte, beschenkt zu werden.

Ein erstes Schatzverzeichnis bringt schon das um 1000 entstandene Adelheid-Evangeliar. Es nennt über 80 Gegenstände, ohne sie allerdings genauer zu beschreiben.[39] Von den genannten drei elfenbeinernen Reliquienkästchen sind uns wahrscheinlich noch zwei erhalten: das Heinrichsreliquiar (Arnulfusreliquiar) und das Servatiusreliquiar.

Stifter, Herkunft und ursprüngliche Verwendung der heute noch erhaltenen Stücke im Stiftsschatz sind in der Regel nicht mehr zu ermitteln, vor allem auch deswegen nicht, weil seit dem 16. Jh. auch die Schätze des Wipertiklosters und des Liebfrauenklosters auf dem Münzenberg in den Stiftsschatz gelangten.

Mit König Heinrich werden noch zwei Gegenstände im heutigen Stiftsschatz in Verbindung gebracht: ein Reliquienkasten (das sogenannte »Heinrichsreliquiar«) und ein Haarkamm.

Das Heinrichsreliquiar gehört zu den 1945 entwendeten Kunstgegenständen: Sehenswert an diesem Reliquienkasten sind vor allem die Elfenbeinschnitzereien auf dem Deckel und an den Schmalseiten. Auf dem Deckel sind die drei Marien am Grabe und der segnende Christus (Aussendung der Apostel), auf den Schmalseiten Christi Fußwaschung und Christi Verklärung dargestellt. Es handelt sich wohl um sächsische Arbeiten des 10. Jh.: Die Figuren haben derbe Gesichter mit dicken Lippen – die Mundwinkel sind in der Regel unfreundlich herabgezogen.

Auf den Langseiten befinden sich Walroßzahnschnitzereien des 11. Jh.: Auf einer langen Bank sitzen jeweils sechs Apostel, alle mit Buch, die freie Hand ist meist erhoben oder weist auf das Buch.

»Die Gesichter haben einen eigenartigen glotzäugigen Typus, der etwas jüdisch anmutet; meist bärtig mit dünnem Haupthaar, einige Male das Haupt bedeckt mit einem Käppchen ...«, schreibt 1922 Prof. Dr. Adolf Brinkmann.[40]

Weniger bedeutend und aus späterer Zeit sind die getriebenen Figuren auf den Lang- und Schmalseiten, die die Elfenbeinplastiken umrahmen. Sie sind nach einheitlichen Vorlagen schematisch gearbeitet und stellen Heilige dar. Der in der Mitte des Deckels befindliche Christus in der Mandorla sowie die übrigen Goldschmiedearbeiten werden in die 1. Hälfte des 13. Jh. datiert. Der ganze Kasten ist mit zahlreichen Edelsteinen besetzt.

Unklar ist, für welche Reliquien der Kasten bestimmt war. Ein Verzeichnis des Stiftsschatzes von 1540 nennt neben dem Servatiusreliquiar als zweite Elfenbeinarbeit ein Arnulfreliquiar: »Sanct Arnolvus elffernebeinene Kestgen met vergulten Blechen und Stein beschlagen.«

Sehr wahrscheinlich barg also dieser Reliquienkasten – vielleicht zusammen mit anderen Reliquien – solche des hl. Arnulf. Der hl. Arnulf, Bischof von Metz († um 640), genoß als Mitbegründer des Karolingerhauses in Lothringen besondere Verehrung. König Heinrich hat 923 Metz belagert und erobert und sich 925 zum endgültigen Herrn von

Lothringen gemacht. Es ist also sehr gut möglich, daß wir hier das Behältnis für schon unter König Heinrich nach Quedlinburg transferierte Reliquien des hl. Arnulf vor uns haben. Die Datierung der Elfenbeinplastiken würde dem nicht entgegenstehen.

Besondere Wertschätzung genoß im Stiftsschatz ein anderes Andenken an König Heinrich: sein angeblicher »Bartkamm«. Nach Meinung von Kötzsche ist dieser zwischen dem 7. und dem 10. Jh. entstandene Elfenbeinkamm möglicherweise als Steckkamm bei Königskrönungen verwendet worden. [40a]

Besonders spektakulär ist im Stiftsschatz der Wasserkrug von Kanaa; zweifellos das älteste Stück.[41] Er soll an Ostern 973 dem Stift von Kaiser Otto I. geschenkt worden sein. In Magdeburg und in anderen Klöstern wurden früher ähnliche Krüge gezeigt. Kanaakrüge werden heute noch im Kirchenschatz der Reichenau und in St. Ursula in Köln aufbewahrt. Der Krug besteht aus gelblichem orientalischem Marmoralabaster und ist möglicherweise im 1. Jh. n. Chr. entstanden.

Das wertvollste der noch vorhandenen Reliquiare ist das Servatiusreliquiar.[42] Seine Elfenbeinfiguren auf den Lang- und Schmalseiten, die elf Apostel mit Christus und die zwölf Sternzeichen, sind weitaus eleganter gearbeitet als die Figuren auf dem Heinrichsreliquiar, doch hat der Künstler erkennbar mehrmals die gleichen Figuren wiederholt bzw. die Vorlage mehrfach kopiert.

Die silberne Bodenplatte mit 18 Brustbildern von Heiligen ist datiert: Sie ist im Auftrag der Äbtissin Agnes († 1203) gefertigt worden, die wohl das ganze Reliquiar neu fassen ließ. Bei dieser Gelegenheit ist vermutlich auch der antike Amethyst mit Dionysoskopf auf die Langseite des Reliquiars gesetzt worden.

Auf dem Deckel befand sich bis ins 16. Jh. anstelle des heutigen Glasflusses angeblich ein riesiger Smaragd.

Die Salier in Quedlinburg

Nach dem Tode der Äbtissin Adelheid setzte Kaiser Heinrich III. (1039–1056), der mächtigste und stolzeste unter den Kaisern aus dem Hause der Salier, am Pfingstfest 1045 seine erst achtjährige Tochter Beatrix auf den Äbtissinnenstuhl von Quedlinburg. Als sie mit nur 24 Jahren starb, wurde ihre Halbschwester Adelheid II. (1063–1095), Tochter Kaiser Heinrichs III. und der Agnes v. Poitou, ihre Nachfolgerin. Sie war erst 15 Jahre alt, als sie als Äbtissin in Quedlinburg einzog.

An Weihnachten 1064 besuchte sie ihr Bruder, der erst 14jährige Heinrich IV. Dort in Quedlinburg wurde dann Heinrich im nächsten Jahr mit 15 Jahren für mündig erklärt. Sein Erzieher, Erzbischof Adalbert von Bremen, verwies bei der Zeremonie auf die Ahnen des Kaisers, zu denen ja auch König Heinrich I. gehörte:

»Weil du jetzt zu dem Jahre der Reife gelangt bist, so zeige dich würdig bei der Verteidigung der väterlichen Erbschaft.« – Ein schicksalhaftes Wort im Herzland der sächsischen Großen, die dem Salier das Leben so schwer machen sollten.

Heinrich versuchte nämlich seit etwa 1070, das Reichsgut aus dem Erbe der Ottonen (Liudolfinger), das während seiner Vormundschaft weitgehend an die sächsischen Großen verlorengegangen war, wieder zu gewinnen. Dazu ließ er besonders in den Gebieten nördlich und südlich des Harzes die alten Burgen wiederherstellen, die als Verwaltungsmittelpunkte dienen sollten. In diese Burgen setzte er vor allem schwäbische Ministerialen, die zum großen Mißfallen der sächsischen Adeligen mit Gründlichkeit und Energie die Rückübereignungsmaßnahmen einleiteten.

Zum Eklat kam es, als Heinrich auch Güter des mächtigen Otto von Northeim als Reichsbesitz zurückforderte.

Otto von Northeim hatte am Südrand und Westrand des Harzes während der Vormundschaftsregierung auf Kosten des Reichs riesige Länder vereinnahmt und dabei Karriere gemacht. Er brachte es sogar zum Herzog im fernen Bayern.

1070 gerät Otto von Northeim in den sicher nicht unbegründeten Verdacht, in Sachsen eine Verschwörung gegen Heinrich angezettelt zu haben.

Als Heinrich daraufhin dem Otto von Northeim das Herzogtum Bayern entzieht, stehen die Zeichen in Sachsen auf Kampf.

1070 mußte Äbtissin Adelheid miterleben, wie die 1021 geweihte Stiftskirche und viele Gebäude niederbrannten. Damals scheint auch das Grab Heinrichs verschüttet und sein Sarg zerstört worden zu sein. Möglicherweise steht diese folgenschwere Zerstörung des Gebäudes im Zusammenhang mit den Auseinandersetzungen zwischen Heinrich IV. und Otto von Northeim, auch wenn sich die Geschichtsschreiber darüber ausschweigen.

Die energische Äbtissin Adelheid scheint sich umgehend an den Wiederaufbau gemacht zu haben. Sie läßt Münzen prägen, auf denen der (geplante?) dreitürmige Neubau abgebildet ist.

Adelheid blieb zeit ihres Lebens offenbar eine treue Parteigängerin ihres Bruders Heinrich IV., obwohl uns der sächsische Geschichtsschreiber Bruno wenig Erfreuliches über das Verhältnis der beiden berichtet: »... nur dieses eine möge noch hier am Ende ausgeführt werden, was der gerechte Richter nicht ohne Strafe lassen möge, die Schmach nämlich, welche er seiner Schwester angetan hat, daß er sie mit seinen Händen festhielt, bis ein anderer auf seinen Befehl in Gegenwart des Bruders sie entehrt hatte. Es half ihr nichts, daß sie die Tochter eines Kaisers, daß sie des Königs einzige rechte Schwester von beiden Eltern war, daß sie durch den heiligen Schleier Christus zu ihrem Bräutigam erwählt hatte.«[43]

Seit 1070 entwickelte sich Quedlinburg mehr und mehr zum umkämpften Vorposten der salischen Sache in Sachsen.

1073 kam es unter Führung des Otto von Northeim († 1083) zum offenen Aufstand der Sachsen. Nach Siegen, Niederlagen, Friedensschlüssen setzten sich die Sachsen unter Otto von Northeim in den Schlachten von Mellrichstadt 1078 und Flarchheim 1080 (Schlacht an der Elster) gegen Heinrich IV. durch. In dieser Schlacht verlor allerdings der Gegenkönig Rudolf von Schwaben (Rheinfelden) seine rechte Hand und starb noch am gleichen Tag in Merseburg. Mit der rechten Hand hatte er dem Kaiser Treue geschworen! Man sah darin ein schreckliches Gottesurteil gegen den Abtrünnigen.

Die Sachsen bestatteten ihren Gegenkönig in Merseburg, wo er ein aufwendiges Bronzegrabmal erhielt. Es zeigt ihn im königlichen Ornat mit Zepter und Reichsapfel, die er zu Lebzeiten nie in der Hand hatte. Diese als Siegesdenkmal (mit einer entsprechend trotzigen Beschriftung) ausgestaltete Grabplatte ist nicht nur ein einmaliges Kunstwerk, sondern auch die älteste uns erhaltene Bildnisgrabplatte des deutschen Mittelalters.[44]

Eine ähnlich trotzig-stolze Demonstration unerfüllter sächsischer Ansprüche im mittelalterlichen deutschen Kaiserreich bietet vielleicht nur noch das ein Jahrhundert ältere Braunschweiger Löwendenkmal.

Merkwürdigerweise hat Heinrich IV., als er in späteren Jahren nach Merseburg kam, nie eine Beseitigung der »Königsgrabplatte« seines Gegenspielers verlangt. In richtiger Einschätzung ihres Symbolwertes für die sächsischen Großen soll er gesagt haben: »Ach wenn doch alle meine Feinde so ehrenvoll bestattet lägen!«[45]

Nach dem Tode Ottos von Northeim 1083 wurde Markgraf Ekbert von Meißen Führer der sächsischen Opposition. Er war auch der größte Feind der Äbtissin Adelheid von

Quedlinburg: 1088 belagerte er das Damenstift und die Stadt!

Ekbert geriet seit 1089 zunehmend unter Druck und verlor einen Bundesgenossen nach dem anderen. Fast völlig isoliert, zog er als Marodeur in Sachsen herum und hinterließ eine blutige Spur.

Am 3. Juli 1090 geriet Ekbert in der Nähe von Quedlinburg, bei der Rast in einer Mühle, in einen Hinterhalt und wurde getötet. Wahrscheinlich hat Adelheid den Plan zu diesem Unternehmen ausgeheckt.

Die Geschichtsschreiber lassen die Äbtissin aus dem Spiel und berichten von einer seltsamen oder aber gottgewollten Fügung des Schicksals; je nachdem, welche Partei sie ergreifen. In der literarisch anspruchsvollen, aber historisch nicht unbedingt zuverlässigen Lebensgeschichte Heinrichs IV., die ein unbekannter Anhänger des Kaisers nach dessen Tode verfaßt hat, liest sich der Vorfall wie folgt:

»Die Glut der Mittagssonne brannte auf Roß und Reiter, und die Schwüle regte, wie es zu geschehen pflegt, den Durst an. Nicht ferne erblickten sie [Ekbert und seine Begleiter] in Waldeinsamkeit eine allein stehende Mühle. Hier kehrten sie ein und überließen sich dem Schlafe, nachdem sie den Müller entsandt hatten, damit er ihnen, den Durst zu stillen, einen Trunk aus dem Dorfe holte. Dieser beeilte sich mit dem Schlauch auf den Schultern, als ihm einige zur erwähnten Belagerung ziehende Schildknappen begegneten, die im Stillen Freunde des Königs waren, obwohl sie zur Gegenpartei zählten. Von ihnen gefragt, woher er komme, wohin er gehe, weshalb er sich so außer Atem laufe, sagte er, da er keinen Grund hatte, zu verheimlichen, was er wußte ...« Nun eilten die Knappen zur Mühle, und nach hartem Kampf wurde der Markgraf mit Begleitern überwältigt und getötet: »... das Glück des Königs siegte, und sein wildester Feind lag darnieder, nicht im Felde, sondern schimpflich in einer Mühle getötet. Glückliche Mühle, ewig werden die Menschen zu dir wandern, ewig werden deine Räder von jenem Kampfe erzählen!«[46]

Mit Ekbert starb das Geschlecht der Brunonen aus. Die Mark Meißen, die auf einem Fürstentag in Quedlinburg dem geächteten Ekbert abgesprochen worden war, hatte schon 1089 Heinrich von Wettin erhalten. Ekberts Fall war der Anfang vom Aufstieg des Hauses Wettin!

Der zweitgrößte Feind der Äbtissin neben Ekbert war ihr geistlicher Nachbar, Bischof Burchard II. von Halberstadt (1059–1088). Burchard war einer der führenden Köpfe des Sachsenaufstands von 1073 und ein Beispiel dafür, wie unerbittlich und blutig in Sachsen Interessengegensätze ausgefochten wurden. Diese allgemeine Verrohung auch der Geistlichkeit ist sicher auch das Ergebnis der in Sachsen herrschenden »Frontmentalität«. (Burchard ließ sich als Sieger über die slawischen und heidnischen Liutizen feiern!)

Es verwundert also nicht, wenn in keinem Raum des deutschen Reiches um diese Zeit so viele Bischöfe zu Tode kommen wie in Halberstadt und Magdeburg: »In Magdeburg sind die beiden aufeinanderfolgenden Erzbischöfe Werner (1063–1078) und Hartwig (1079–1102) ermordet worden; den genannten energischen Diözesanbischof Burchard II. von Halberstadt (1059–1088) durchbohrte in Goslar der Pfeil eines Bürgers, und auch Burchards Nachfolger Thietmar I. starb (1089) keinen natürlichen Tod; man sprach von Selbstmord.«[47]

In Sachsen wurde es nach dem Tode Ekberts ruhiger, und in den folgenden Jahren unterwarfen sich alle Großen des Reichs dem Kaiser. Adelheid, falls sie an Ekberts Ende beteiligt war, hatte ihrem Bruder einen großen Dienst erwiesen.

Quedlinburg und das Ende
des salischen Hauses

Fast zwei Jahrhunderte lang war Quedlinburg eng mit dem Schicksal der deutschen Kaiser und Könige verknüpft: als Äbtissinnen residierten auf dem Klosterberg immer nur nahe Verwandte des Reichsoberhaupts. So war Quedlinburg zwei Jahrhunderte lang ein Ort, wo entweder die Geschicke des Reichs mitbestimmt wurden oder wo man zumindest über die Geschicke des Reichs und seiner Stämme gut unterrichtet war.

Mit Beginn des 12. Jh. wird das alles anders.

Der Untergang des salischen Hauses läßt auch Quedlinburg herabsinken zur politischen Bedeutungslosigkeit. So wie das Reich, das Reichsvermögen und die Reichsrechte mehr und mehr der Auszehrung verfallen, so verfällt auch das Ansehen und die alte Macht der Abtei Quedlinburg. Der reiche Grundbesitz der Abtei beginnt mehr und mehr den Begehrlichkeiten der Landesherren in der Umgebung zum Opfer zu fallen.

Die letzte Äbtissin aus echt kaiserlichem Geblüt ist die seit 1103 in Quedlinburg regierende Agnes I., deren Mutter die Schwester Kaiser Heinrichs IV. war. Eine Verwandtschaft, die Quedlinburg kein Glück bringen sollte.

Die salische Götterdämmerung hat nicht ihresgleichen in der deutschen Geschichte: Die letzten Salier versuchen sich gegenseitig umzubringen: Heinrich IV. wird von seinem Sohn Heinrich V. 1104 abgesetzt. Ein blutiger Bürgerkrieg entbrennt.

Die Äbtissin befindet sich in einer unangenehmen Lage. Wen soll sie unterstützen, ihren Onkel Heinrich IV. oder ihren Cousin Heinrich V.?

1105 kommt Heinrich V. im schlichten Büßergewand nach Quedlinburg. Er feiert dort das Osterfest und versucht mit seinem frommen Auftritt die sächsischen Großen gegen seinen Vater zu gewinnen, was ihm auch gelingt.

Heinrich IV. stirbt 1106 – aber nun ereilt den Sohn das gleiche Schicksal wie den Vater: Heinrich V. gerät in Streit mit Papst und Fürstenopposition.

Das blutige Ringen um die Macht in Deutschland hat seinen Schauplatz wieder einmal in Sachsen: Seit 1112 versucht Heinrich V. im südöstlichen Harz gegen den Widerstand der sächsischen Großen eine aktive Krongutpolitik zu betreiben, d. h., er will das alte Ansehen und die alte Macht des Reiches im »Bollwerk Harz« wiederherstellen.

Im Harz gilt es auch ganz vordergründige materielle Interessen zu verteidigen: Heinrich V. will von der in Schwung gekommenen Kupfergewinnung profitieren und beginnt Burgen zur Sicherung seiner Ansprüche zu bauen.

Am 11. Februar 1115 kommt es zwischen der königlichen Partei und der Adelsopposition zur Entscheidungsschlacht: Am Welfesholz bei Hettstedt erleidet Heinrich V. die entscheidende Niederlage gegen die sächsischen Großen. Der Anführer der kaiserlichen Truppen, Graf Hoyer von Mansfeld, fällt durch die Hand des Wiprecht von Groitzsch. Der Anführer des sächsischen Aufgebots war Herzog Lothar, der spätere Kaiser Lothar III. von Supplinburg!

Mit der Schlacht am Welfesholz hatte das Reich in diesem Teil Deutschlands abgedankt. Bis ins 19. Jh. sollte dieses Gebiet zwischen zahlreichen Herrschaftsträgern zerrissen bleiben – der Harz wird zum klassischen Gebiet der Partikulargewalten. Selbst größere Territorialherren wie die Welfen, die Hohenzollern, die Wettiner können im Harz nicht großräumig Fuß fassen. Sie neutralisieren sich gegenseitig.

Das Scheitern der Salier in Sachsen hat auch für das Damenstift Quedlinburg unmittelbare Folgen, da ja Äbtissin Agnes in Sachsen noch die salische Sache – die Sache ihrer Familie – verfocht. Nach der Niederlage des Kaisers wird sie in Quedlinburg vom Halberstadter Bischof und anderen Fürsten belagert und muß sich ergeben.

Nicht die salischen Kaiser und ihr Anhang, sondern die sächsischen Großen haben das Sagen in diesem Teil des Reiches. Fechtend erwerben sie sich neue Gebiete im Osten. Mit unfaßbarer Brutalität führen sie ihre Kriege gegen die heidnischen Slawen. Der Kreuzzugsgedanke, durch eine geschickte Propaganda genährt, und die Aussicht auf Land und Reichtum – beides im Westen knapp geworden – lockten die Menschen auf den Kriegsschauplatz im Osten.

Den Kreuzzugscharakter der Slawenkriege macht ein Aufruf des Magdeburger Erzbischofs Adelgoto von 1108 deutlich:

»Es haben sich wider uns erhoben und sind übermütig geworden die grausamsten Heiden, Männer ohne Mitleid, die sich ihrer Unmenschlichkeit noch rühmen. Durch ihren Götzendienst haben sie die Kirche Christi entweiht, die Altäre niedergerissen ... Sehr oft brechen sie in unser Gebiet ein, schonungslos rauben sie, morden, zerstören und peinigen sie die Christen mit ausgesuchten Quälereien. Einzelne enthaupten sie und opfern die Köpfe ihren Götzen ... Vielen ziehen sie bei lebendigem Leibe die Haut ab, und nachdem sie sich mit der abgezogenen Kopfhaut vermummt haben, fallen sie in das Land der Christen ein, und gleichsam als Christen erscheinend, machen sie ungestraft Beute ...«

Agnes, die letzte Äbtissin kaiserlichen Geblüts auf dem Äbtissinnenstuhl von Quedlinburg, war die Tochter eines Slawen (Herzog Wladislaus von Polen) und einer Salierin. Was wird sie von diesem Propagandabild des slawischen Wesens gehalten haben, das Erzbischof Adelgoto da ausmalte?

Agnes dürfte die Slawenkreuzzüge und die damit verbundene allgemeine Gewalttätigkeit mit Sorge zur Kenntnis genommen haben. Die Slawensieger waren auch diejenigen, die sich ohne Skrupel Quedlinburger Besitz aneigneten.

Nach seiner Niederlage von 1115 läßt sich Heinrich V. nur noch selten in Sachsen blicken. Doch ganz vergißt er den Harz und seine in Quedlinburg und Gandersheim residierende Verwandte Agnes nicht.

Im Oktober 1121 kommt er nach Quedlinburg, um mit den Fürsten und dem päpstlichen Legaten über alte Streitfragen zu beraten. Es ging um das Recht der Investitur, also um die Frage, wie weit der Kaiser bei der Ernennung von Geistlichen mitwirken durfte. Im Wormser Konkordat von 1122 findet man dann einen für Kaiser und Papst annehmbaren Kompromiß.

Wie Heinrich V., so wird auch Äbtissin Agnes von Papst Calixtus II. gebannt (1119). Damals scheint sie bereits das unsichere Quedlinburg verlassen zu haben. Sie residiert um diese Zeit als Äbtissin in Gandersheim. Dort stirbt sie 1125. Dieses Jahr 1125 ist auch das Todesjahr ihres Cousins, des Kaisers Heinrich V. – das Todesjahr der salischen Dynastie!

Agnes, die letzte Salierin in Quedlinburg, hat ihren salischen Vorgängerinnen, den Kaisertöchtern Adelheid I. († 1044), Beatrix († 1062) und Adelheid († 1095) in der nach dem Brand von 1070 neuerbauten Krypta um das Jahr 1100 drei Grabdenkmäler gesetzt. Sie zeichnen sich zwar nicht durch eine überragende Gestaltung aus, doch sind sie deswegen von Bedeutung, weil Bildgrabsteine um diese Zeit außerordentlich selten sind.

Diese Grabsteine sind erst bei den Renovierungsarbeiten Ende des 19. Jh. gefunden worden und stehen heute an der Nordwand der Krypta.

Agnes, die letzte Salierin in Quedlinburg, wollte mit diesen drei Grabsteinen wohl vor allem ein Erinnerungsdenkmal an die salische Zeit Quedlinburgs errichten.[48]

Bei diesen Grabmälern, die vom gleichen Meister vielleicht um 1100 aus Stuck modelliert wurden, dürfen wir natürlich keine individualisierenden bildlichen Auskünfte über die drei Äbtissinnen erwarten: Alle drei Damen haben – soweit noch erkennbar – den gleichen Gesichtsausdruck, sind weitgehend gleich gekleidet und tragen als Ausdruck der Gelehrsamkeit ein Evangeliar in der Hand. Jede der drei Grabplatten ist von einem Ornamentband und einem Psalm umrandet, der auf die Vergänglichkeit des Lebens hinweist. Die Grabplatte der Äbtissin Adelheid († 1044) ist etwas breiter gestaltet. Sie hebt die rechte Hand, die beiden anderen Äbtissinnen halten dagegen ihr Evangeliar mit beiden Händen.

Das Todesjahr der jeweiligen Äbtissin suchen wir auf den Grabplatten vergebens, dagegen ist der Todestag genannt, der ja im Stift durch eine Gedenkmesse zu feiern war.

Absturz in die Provinzialität:
Die Quedlinburger Äbtissinnen des 12. Jh.

Nach dem Tode des letzten Saliers, Heinrich V., wählte man auf Betreiben des Mainzer Kurfürsten Adalbert Herzog Lothar von Sachsen zum deutschen Kaiser. Lothar v. Supplinburg, der Anführer der sächsischen Großen in der Schlacht am Welfesholz, war der Totengräber der salischen Macht in Sachsen, aber auch einer der großen Organisatoren der Ostsiedlung. Er begünstigte Albrecht den Bären (1100–1170), der als erster Markgraf von Brandenburg von sich reden machte.

Mit dem Ende der Salier senkt sich ein dunkler Schleier über das ehemals so stolze Stift Quedlinburg. Nichts ist bezeichnender für den Niedergang Quedlinburgs als die Tatsache, daß wir ab 1126 als Äbtissinnen in Quedlinburg Frauen antreffen, deren Herkunft sich heute kaum mehr feststellen läßt. Sie kommen wohl meist aus »Aufsteiger«-Familien, die jetzt in Sachsen das Sagen haben. Glücksritter aus dem Westen, die im Osten des Reichs ihr Heil suchen.

Die Nachfolgerin der Salierin Agnes war eine gewisse Gerburg (Gerberga). Ungewiß ist, ab wann sie den Platz von Agnes in Quedlinburg einnimmt, ungewiß ist auch bei ihr, woher sie kommt.

Wahrscheinlich stammt Gerburg aus Westfalen, aus dem Haus der Grafen von Cappenberg. Dann würde sie ihre Äbtissinnenwürde dem hl. Norbert von Xanten (1080–1134), dem berühmten Gründer des Prämonstratenserordens, zu verdanken haben:

Norbert von Xanten war es nämlich 1122 gelungen, einen westfälischen Grafen zu seinem Armutsideal zu bekehren: den später heiliggesprochenen Grafen Gottfried von Kappenberg. Dieser wandelte seine Stammburg in das erste Prämonstratenserkloster Deutschlands um. Seine Gattin Jutta und seine Schwestern traten in das mit der Propstei verbundene Frauenstift ein: Und eine dieser Schwestern war wohl unsere spätere Quedlinburger Äbtissin Gerburg.

Als dann Norbert von Xanten 1126 von dem ihm sehr gewogenen Kaiser Lothar III. von Supplinburg zum Erzbischof von Magdeburg ernannt worden war, zog – so dürfen wir annehmen – auch Gerburg mit nach Osten.

Mit Gerburg, der Schwester des hl. Gottfrieds und dem Protektionskind des hl. Norbert von Xanten, zog ein neuer Geist in Quedlinburg ein. Die Residenz der Kaisertöchter und Kaiserverwandten verwandelte sich in ein echtes Kloster, in einen Hort der Frömmigkeit.

Drei Ereignisse unterstreichen diese Wandlung: Erstmals führt nun Gerburg für die Stiftsfrauen klostermäßige Kleidung und eine strenge Klosterdisziplin ein. Ihre Erfahrungen aus dem Damenstift Kappenberg kamen ihr hier zugute. In St. Wiperti, der ehemaligen Königspfalz südwestlich des Burgbergs, versucht die Äbtissin ihrem geliebten

Prämonstratenserorden eine Heimstätte zu schaffen, und schließlich gelingt es ihr, die Kirche, an der seit dem Brand von 1070 gebaut wird, fertigzustellen. In Anwesenheit Kaiser Lothars wird am 2. Juni 1129 die feierliche Weihe vollzogen.[49] Geweiht wird der Kirchenbau in der Form, wie wir ihn heute kennen, mit seinen wunderschönen Kapitellen und Friesen und mit dem typischen »sächsischen Stützenwechsel«. Freilich: das meiste dürfte schon weit vor 1129 gebaut worden sein, und wir gehen nicht fehl, wenn wir wie bei anderen salischen Bauten (Dom zu Speyer) italienische Handwerker als Schöpfer der Steinmetzarbeiten vermuten. Die Kunsthistoriker verweisen auf die Comasker Steinmetze und auf das reiche Kloster San Abbondio in Como, das Ende des 11. Jh. mit ähnlichen Steinmetzarbeiten geschmückt wird.

Gerburg ist aber nicht nur die fromme, betende Äbtissin. Sie kümmert sich zupackend auch um das Wohl ihrer Untertanen in der Stadt Quedlinburg selbst.

Dort unten waren Bevölkerung, Handel und Wandel seit den Privilegienverleihungen von 994 gewaltig angestiegen. Dieses Bevölkerungswachstum war allerdings keine Quedlinburger Besonderheit. Im ganzen Deutschen Reich wuchs seit der 1. Hälfte des 12. Jh.die Bevölkerung sprunghaft an. Neue Städte und Märkte werden gegründet, erfolgversprechende Investitionen für Adel und Landesherren! Viele Herren ziehen auch selbst in die Stadt, beginnen Handel zu treiben und werden dadurch reicher als ihre Verwandten draußen auf den Burgen.

Auch in Quedlinburg siedeln sich jetzt vermehrt Kaufleute an. Neben der Altstadt um die Pfarrkirche St. Blasius entsteht im 12. Jh. eine regelmäßig angelegte Neustadt um die Nikolaikirche.

Auf Bitte der Äbtissin erhalten die Quedlinburger Kaufleute 1134 von Kaiser Lothar III. wichtige Privilegien. Sie dürfen nun die Einnahmen aus den Gerichtsbußen zum großen Teil für städtische Investitionen verwenden, vor allem für die Stadtmauer.

Die Stadtmauern schützen auch das Damenstift. Auf den von ihr geprägten Münzen läßt Gerburg eine Kirche und eine Mauer abbilden. Will sie damit den von ihr geförderten Mauerbau versinnbildlichen?

Das Geschlechtersterben – der »Fluch« von Quedlinburg?

Im September 1137 stirbt Äbtissin Gerburg. Wenig später, im Dezember 1137 stirbt auch Kaiser Lothar von Supplinburg auf dem Weg von Italien nach Deutschland in Reutte in Tirol. In Deutschland beginnt sich wieder der Himmel zu verfinstern. Die staufischen und die welfischen Parteigänger rüsten auf.

1138 zieht in Quedlinburg unter dramatischen Umständen eine neue Äbtissin ein: Beatrix II. (1138–1160).

Wie bei der Vorgängerin, so sind sich auch bei Beatrix II. die Historiker nicht einig, aus welchem Haus sie stammt. Die einen behaupten, daß Beatrix eine Tochter des Herzogs Friedrich von Staufen († 1105) – und damit die Schwester König Konrads III. und die Tante Kaiser Friedrich Barbarossas – gewesen sei, andere hingegen – und diese Version ist die wahrscheinlichere – halten sie für eine Gräfin von Winzenburg (bei Alfeld in Niedersachsen).

Fest steht jedenfalls, daß Beatrix eine unbedingte Anhängerin der staufischen Sache war. Wir wissen auch, daß Beatrix von 1125 bis 1138 als Äbtissin im Kloster Neuenheerse bei Paderborn lebte und daß ihre Schwester Sophia mit Herzog Albrecht dem Bären verheiratet war.

Falls nun, wie zu vermuten, die Schwestern Beatrix und Sophie Gräfinnen von Winzenburg waren, so haben sie den

Untergang ihres Hauses miterlebt. Dieser Untergang des Hauses Winzenburg begann mit einer Bluttat. Der Bruder der Äbtissin, Hermann II. von Winzenburg, hatte sich nach einem Totschlag an Burkhard von Loccum 1130/31 dem Kaiser ergeben müssen und damit die Landgrafschaft in Thüringen und seine Zukunft im Osten des Reiches verspielt.

Ein vom Kaiser geächteter Totschläger in der Familie – eine schwere Belastung für eine fromme Äbtissin! Doch unter König Konrad konnte Hermann II. von Winzenburg als Gegner der Welfen wieder Fuß fassen.

Ihre Äbtissinnenwürde verdankt Beatrix II. wahrscheinlich Herzog Albrecht dem Bären, dem Gemahl ihrer Schwester.

Im Februar 1138 hatte nämlich Albrecht der Bär, der sich als Anwärter auf das Herzogtum Sachsen betrachtete, Quedlinburg besetzt. Dort wollte Richenza, die ehrgeizige Witwe des Kaisers Lothar, die sächsischen Großen zusammenrufen, um ihren Schwiegersohn, den Welfen Heinrich den Stolzen, als Bewerber für den Kaiserthron zu präsentieren.

Albrecht der Bär hatte den Auftrag, dies zu verhindern. Dies gelang auch, und am 7. März 1138 wählte man Konrad von Staufen in Koblenz zum König. Konrads Wahl war nur das Werk einer Minderheit, doch fand der neue König bald allgemeine Anerkennung. Heinrich der Stolze lieferte ihm die Reichsinsignien aus.

Als Albrecht der Bär die Kaiserinwitwe aus Quedlinburg vertrieb, hatte er sicher noch Zeit, sich um den verwaisten Äbtissinnenstuhl zu kümmern. Er hat dann wohl seine fromme Schwägerin dort plaziert. König Konrad III., der wenig später (1139) einen Fürstentag nach Quedlinburg einberief (aber vergeblich auf die sächsischen Großen wartete), dürfte Beatrix II. damals in ihrem Amt bestätigt haben.

Nun aber wandte sich Heinrich der Stolze, der 1138 in die Reichsacht gefallen war, gegen Konrad III. Der Stauferkönig mußte wieder aus Quedlinburg weichen, und auch Albrecht der Bär wurde vertrieben. Auf dem Quedlinburger Schloßberg erschien Heinrich der Stolze. Unbekannt ist, ob er mit Beatrix II. zusammentraf. Wenn ja, dürfte das für die staufertreue Äbtissin keine angenehme Begegnung gewesen sein.

Von Quedlinburg aus wollte Heinrich nach Süden ziehen, um Bayern, das König Konrad III. den in Österreich regierenden Babenbergern übertragen hatte, wiederzugewinnen. Doch Quedlinburg sollte dem Welfen zum Verhängnis werden. Ganz unerwartet und unter mysteriösen Umständen starb Heinrich der Stolze, der damals erst 40 Jahre alt war, am 20. Oktober 1139. War er vergiftet worden? War Äbtissin Beatrix in die Sache verwickelt? Beweise gab es keine, aber ein Verdacht bleibt.

Eigenartigerweise geht Beatrix II. kurze Zeit nach dem Tode Heinrichs des Stolzen daran, in Michaelstein bei Blankenburg, in unmittelbarer Nähe von Quedlinburg, ein Kloster zu gründen. Um 1141 kommen Zisterzienser aus Altenkamp am Niederrhein nach Michaelstein, und 1159 wird das Kloster durch Papst Eugen II. privilegiert. War Michaelstein ein Sühnekloster? Hatte die Äbtissin ein schlechtes Gewissen?

Die Gewalttätigkeit der Zeit und der »Fluch« von Quedlinburg spiegeln sich auch im Schicksal der Familie der Äbtissin wider. Ihr Bruder, Hermann II. von Winzenburg, der geächtete Totschläger und staufische Parteigänger, der wegen seines herrischen Wesens verhaßt war, wird am 30. Januar 1152 zusammen mit seiner Gemahlin von Angehörigen seiner Dienstmannschaft ermordet. Hermann, mit dem das Geschlecht der Grafen von Winzenburg ausstarb, hinterließ eine bedeutsame Erbschaft. Beatrix und ihre Schwester, die Gemahlin Albrechts des Bären, gehörten zu den Erben. Doch sollte ihnen ein gewalttätiger Herr dieses Erbe streitig machen: Herzog Heinrich der Löwe. Er war es, der sich schließlich (im Kampf gegen Albrecht den Bären) den »Löwenanteil« am Erbe der Winzenburger sicherte.

Beatrix war nicht die erste und bei weitem nicht die letzte Äbtissin von Quedlinburg, die das Ende ihres Geschlechts zu betrauern hatte. Wer die Geschichte des Damenstifts verfolgt, muß geradezu an einen »Fluch« von Quedlinburg glauben. Denn auch die nächste Äbtissin, Adelheid III. (1161–1184), erlebte das Ende ihrer Familie: Sie stammte aus dem Hause der Pfalzgrafen von Sachsen-Sommerschenburg, die im Umkreis des Harzes die Reichsinteressen zu verwalten hatten. Die Sommerschenburger besaßen u. a. Güter um Quedlinburg und vor allem die Vogtei über Quedlinburg und Gandersheim. Diese Vogteien waren offensichtlich Teil des pfalzgräflichen Amtes.

Im Jahre 1179 starb mit Adalbert, dem Bruder der Äbtissin, das Haus der Pfalzgrafen von Sachsen-Sommerschenburg aus. Äbtissin Adelheid war die einzige Erbin ihres Bruders. Auch auf dieses Erbe machte ohne jeden Grund Herzog Heinrich der Löwe Ansprüche geltend. Adelheid stand auf verlorenem Posten. Sie verkaufte deshalb kurzerhand das brüderliche Erbe an das Erzstift Magdeburg, an Erzbischof Wichmann. Dieser handelte sich dadurch im Jahre 1179 einen Angriff Heinrichs des Löwen auf sein Gebiet ein.

Herzog Heinrich der Löwe machte das Jahr 1179 für die Bewohner des Gebiets um Quedlinburg zu einem Schreckensjahr. Besonders tragisch war das Schicksal des Bischofssitzes Halberstadt, wo Bischof Ulrich, einer der Erzfeinde des Herzogs, residierte. Heinrich der Löwe überfiel die Stadt an einem Sonntag (23. September), ohne ernstlichen Widerstand zu finden. Die Bürger flüchteten sich in die Kirchen. Man weiß bis heute nicht warum, aber plötzlich stand die Stadt in Flammen. Auch der Dom und mehrere Kirchen brannten nieder. Die Bewohner gingen in den Flammen zugrunde oder wurden von den Feinden niedergemacht. Aus dem brennenden Dom werden mit Mühe die halbverkohlten Reliquien des hl. Stephan gerettet. Der greise Bischof Ulrich wurde von Heinrich gefangengenommen und nach Braunschweig gebracht.[50]

Die Zerstörung von Halberstadt war eine der letzten größeren Untaten Heinrichs des Löwen. Auf dem Reichstag von Gelnhausen 1180 wurde ihm schließlich der Prozeß gemacht. Er wurde abgesetzt und seiner Herzogtümer für verlustig erklärt.

Eine Künstlerin als Hüterin des Schatzes: Äbtissin Agnes II. von Meißen (1184–1203)

Auf einem Porphyrfelsen über der Saale bei Halle liegt die Burg Wettin. Der Name des Ortes ist slawisch, slawisch sind auch die Ursprünge der Siedlung. Seit dem 10. Jh. ist der Ort in sächsischer Hand, wird befestigt. Er bewacht den Übergang über die Saale. Von hier aus greifen die deutschen Ritter nach dem Osten.

Nach Burg Wettin nennt sich ein Geschlecht, das in der deutschen Geschichte ebenso große Bedeutung gewinnt wie die Hohenzollern oder die Wittelsbacher. Die Wettiner, die späteren Kurfürsten und Könige von Sachsen, datieren ihr Geschlecht ins 9. Jh. zurück. Der angebliche Stammvater Burchard erhält 892 die sorbische Mark übertragen. Burchard hat entweder thüringisches oder fränkisches Blut in sich. So genau läßt sich das im Osten des Reiches nicht unterscheiden.

Die Wettiner sind bis ins 12. Jh. nur ein Geschlecht unter vielen, die im Osten groß werden wollen und Grenzmarken, Grafschaften, Kirchenvogteien und Dörfer hamstern.

Das ändert sich mit Markgraf Konrad, der sich erstmals

nach der Burg Wettin nennt. Er ist es, der die Stellung der Wettiner als dominierende Macht im Osten begründet. Seine Erwerbungen verdankt er dem Aussterben von Geschlechtern und seiner Kunst, sich zur rechten Zeit beim jeweiligen deutschen Kaiser nützlich zu machen. Konrad gehörte zu den Gewaltmenschen, die unbeirrbar und voll von sich überzeugt ihren Weg gehen. Er legte sich schon den Titel eines Markgrafen von Meißen zu, als er noch nicht über die Markgrafschaft Meißen verfügte. Er sollte sie aber bekommen.

Die Hausgeschichtsschreibung nannte Markgraf Konrad »den Großen«. Er hatte seine Länder so gut unter Kontrolle, daß er noch 1145 ins Hl. Land pilgern konnte. 1147 beteiligte er sich am Wendenkreuzzug. 1156 trat er in ein von ihm gestiftetes Hauskloster, Petersberg bei Halle, ein, wo er ein Jahr später starb.

Dieser bemerkenswerte Markgraf Konrad der Große hatte auch bemerkenswerte Söhne und Töchter. Eine seiner Töchter, Agnes, wurde 1184 Äbtissin von Quedlinburg.

Erzbischof Wichmann von Magdeburg (1152–1192), einer der engsten Mitarbeiter Friedrich Barbarossas, war ihr Vetter und Vertrauter. Wichmann hatte 1177 den Frieden von Venedig zwischen Barbarossa und Papst Alexander III. vermittelt.

Wichmanns Blick und Ambitionen gehen aber vor allem nach Osten. Unter ihm wird Magdeburg der Ausgangspunkt der Slawenmission – oder besser gesagt, der Landnahme im Osten: Im Kampf gegen die Wenden erweiterte er den Territorialbesitz des Erzstifts fast um die Hälfte. Er ließ das Magdeburger Recht kodifizieren, das sich als »Mustersatzung« im kolonisierten Gebiet, vor allem in den deutschen Städten des Ostens, durchsetzen sollte. So wurde Wichmann zu einem der wichtigsten Beförderer der Ostmission. Wenn die »Carmina Burana« Wichmann einen »Meister des Friedens« nennen, so meinen sie sein diplomatisches Geschick in der

Reichspolitik. Der den Wenden diktierte Friede im Osten Magdeburgs war von etwas gewaltsamerer Art.

Quedlinburg war weit vom Schauplatz der Wendenkämpfe entfernt. Gegenangriffe der Wenden waren nicht zu befürchten. Während die Männer aus den großen sächsischen Familien im Osten Stück für Stück Land dazugewannen, konnten sich die Frauen ihren künstlerischen und literarischen Neigungen widmen und vor allem die Neuheiten aus dem Westen, insbesondere aus Italien und Frankreich, diskutieren und umsetzen.

Agnes II. muß schon über 40 Jahre alt gewesen sein, als sie in Quedlinburg als Äbtissin einzog. Unter allen Äbtissinnen von der Gründung bis zur Aufhebung der Abtei war sie zweifellos die größte Künstlerin. Dem Schatz galt dabei ihre besondere Liebe – sie hat ihn gepflegt und ergänzt, Einzelstücke ausbessern und neue Stücke anfertigen lassen oder – selbst angefertigt!

Es war sehr wahrscheinlich Agnes II., die im nördlichen Querhausarm der Stiftkirche eine eigene Schatzkammer einbaute. In der deutschen Architektur gibt es nichts Vergleichbares für diesen Raum, der seit dem 14. Jh. den Namen »Zither« (Zitter) trägt. [50a]

Der Quedlinburger Teppich – eine illustrierte heidnische Enzyklopädie [51]

Das Meisterstück der Äbtissin Agnes ist zweifellos der berühmte Quedlinburger Teppich. Er ist der älteste noch erhaltene Knüpfteppich Europas.

Ursprünglich maß der Teppich 7,5 m in der Höhe und 6 m in der Breite. Heute sind nur noch fünf Reste des Teppichs erhalten, die man 1835 auffand.

Angeblich ist der Teppich eine Schenkung für den Hochaltar des Chores. Vor dem Hochaltar wurde er an hohen Festtagen ausgelegt.

Die Widmungsinschrift, die nur noch teilweise erhalten ist, soll nach chronikaler Überlieferung gelautet haben:

ALME DEI VATES. DECUS HOC TIBI CONTULIT AGNES. GLORIA PONTIFICUM. FAMULARUM SUSCIPE VOTUM (Segensreicher Künder Gottes, diesen Zierrat schenkt dir Agnes, du Ruhm der Priester, nimm an das Geschenk deiner Dienerinnen).

Mit dem angesprochenen »Künder Gottes« und »Ruhm der Priester« war wohl der Bischof Servatius gemeint, der Patron der Kirche.

Eigenartig heidnisch sind die Darstellungen, die von den Stiftsdamen unter der Leitung der Äbtissin Agnes in den Teppich geknüpft wurden. Hauptthema des Teppichs ist die »Hochzeit des Merkur mit der Philologie«. Dies war der Titel eines Buches oder besser: einer Enzyklopädie des heidnischen Neuplatonikers Martianus Capella aus Karthago, der im 5. Jh. n. Chr. lebte. Martianus Capella stellte in seinem Werk die sieben freien Künste Grammatik, Dialektik, Rhetorik, Geometrie, Arithmetik, Astronomie und Musik vor und verband das Ganze mit einer bizarren Rahmenhandlung.

Wegen seiner etwas phantastischen Darstellungsweise schätzte man das Buch im Mittelalter sehr und benutzte es als Handbuch.

Schriftsteller des 12. Jh. interpretierten das Geschehen in christlichem Sinn: Merkur, der Bräutigam, war niemand anders als Christus, die Philologie, seine Braut, niemand anders als die Kirche: ecclesia.

Neben der Merkur-Philologie-Erzählung bringt der Teppich aber noch Darstellungen eines »politischen« Idealprogramms: Da finden sich »Imperium« und »Sacerdotium«, personifizierte weltliche und geistliche Herrschaft, in abgewogenem Nebeneinander, begleitet und beeinflußt von den vier Kardinaltugenden und weiteren Tugenden.

Wer der geistige Vater dieser von Agnes auf den Teppich gebannten idealen Weltordnung gewesen ist, wissen wir nicht. Die Darstellung ist ohne Vorbild. Wir dürfen aber als Anreger hinter der unmittelbaren Gestalterin den schon genannten staufisch gesinnten Erzbischof Wichmann von Magdeburg oder seinen Nachfolger auf dem Erzbischofsstuhl, den hochgebildeten Ludolf von Koppenstedt (1192–1205), vermuten.

Trotz aller Anregungen: die heidnischen Texte des Altertums und die politischen Gedanken der Stauferzeit sind oben auf dem Burgberg von Quedlinburg aufgenommen und verarbeitet worden. So ist also dieser Teppich auch ein brillantes Zeugnis der Gelehrsamkeit im Damenstift von Quedlinburg.

Kriegszeiten – Irrzeiten: Quedlinburg und die Welfen

Um 1200 zogen über den sanften Waldlandschaften des Harzes dunkle Schatten auf. Kriegsvolk lärmte über die Pässe. An den Burgen und den Mauern der Städte wurde hastig gebaut, gebessert und gezimmert. Ängstliche Bürger und trotzige Adelige begannen ihre Bekannten und Verwandten nach Freund und Feind, vor allem nach welfischen und nach staufischen Parteigängern zu unterscheiden.

Ein böser Geist war seit 1197, seit dem unglücklichen Tode des jungen Stauferkönigs Heinrich VI., und seit der unheilvollen Doppelwahl von 1198 über Deutschland gekommen. Der Stolz, der Neid, die Gewalttätigkeit und die Rachsucht der welfischen Partei begannen besonders im Norden des Reichs Zwietracht zu säen.

Die Personifikation des welfischen bösen Geistes war Otto von Braunschweig, der jüngere Sohn Heinrichs des

Löwen. 1180 war er seinem Vater ins Exil nach England gefolgt, in die Heimat seiner Mutter. Sein Onkel Richard Löwenherz wurde dort sein großes Vorbild. Richard Löwenherz bestach den jungen Otto durch seine ritterliche Großzügigkeit, erschreckte und formte ihn durch seine grenzenlose Überheblichkeit und Gewalttätigkeit.

1197 bot sich durch den Tod Heinrichs VI. für die Welfen ganz unerwartet noch einmal eine Chance, die von ihnen so heiß ersehnte Kaiserwürde zu erlangen.

Richard Löwenherz in England stellte das Geld zur Verfügung, das man brauchte, um die deutschen Fürsten für die Wahl Ottos zu begeistern. Der einflußreiche Erzbischof von Köln konnte für die welfische Sache gewonnen werden, und so kam es 1198 zur unglücklichen Doppelwahl des Welfen Otto und des Staufers Philipp, des Bruders des verstorbenen Stauferkönigs.

Nun müssen wieder die Waffen entscheiden. Anfänglich sieht es für die welfische Sache nicht schlecht aus. Als aber Richard Löwenherz 1199 stirbt und die Engländer in der Folgezeit vom französischen Festland vertrieben werden, verliert Otto IV. seinen stärksten Rückhalt.

Er muß sich nun ganz an den Papst halten.

Papst Innozenz III.! Eine gefährliche Mischung aus tatkräftigem Territorialpolitiker und begabtem Juristen. Einer der Päpste, der es verstanden hat, mit der deutschen Karte zu spielen, und darüber zum Spieler und schließlich zum Verlierer wurde. Seine Gegen- oder Mitspieler, die deutschen Kaiser, wechselten bei ungünstigem Spielstand ohne Skrupel die Partner. Alle zusammen, Kaiser und Päpste, verwirrten unerträglich die Geschichte ihrer Zeit. Ihre Intrigen und Gewalttätigkeiten fielen wie ein großes Leichentuch auf die unwissenden Menschen nieder.

In Quedlinburg, das allzu nahe an den welfischen Machtzentren lag, sollten sich die Kämpfe der Zeit wie in einem Brennspiegel konzentrieren. Otto hatte die gewalt-

tätige und beinahe blind zupackende Art seines Vaters geerbt: Darin glich er vielen Adeligen im östlichen Sachsen.
Vielleicht hatte er deshalb so viele Anhänger auf den windi-
gen Burgen des Harzes: Abenteurer meist, aus dem Westen
zugewandert, die sich ihr Geld, ihr Gebiet und ihre Titel
ohne große Rechtstitel im Osten erworben hatten und die
über ihre schnell gewonnenen slawischen Dörfer mit leich-
ter Hand verfügten.

Sie spürten, daß dieses Land und diese Würden, die ihnen
zugefallen waren, schnell wieder dahin sein könnten wie ein
Traum oder wie unrechtes Gut, das kein Glück bringt.

Die Grafen von Falkenstein als Vögte und Feinde[52]

Ohne unmittelbaren Schutz des Reiches lief das Damenstift
Quedlinburg dauernd Gefahr, von den rauhen Adels-
geschlechtern in der Umgebung um sein bedeutendes Vermögen gebracht zu werden. Andererseits konnte es für ein
Adelsgeschlecht die Rettung vor dem Ruin bedeuten, wenn
es gelang, ein weibliches Mitglied der Familie im Kloster zu
plazieren. Das beste Stück allerdings, was man aus einem
Kloster herausschneiden konnte, das war die Vogtei, d. h.
die weltliche Schutzherrschaft, die »Vormundschaft« über
eine geistliche Gemeinschaft.

Die Grafen von Falkenstein gehörten zu den Geschlechtern, die um diese Zeit auf Kosten des Damenstifts groß
wurden. Den männlichen Mitgliedern der Familie ging der
Ruf besonderer Gewalttätigkeit voraus: Einer der Stamm-
väter des Geschlechts, Egino, der auf der Stammburg
Conradsburg lebte, hatte 1120 einen Angehörigen des Bal-
lenstedter Grafenhauses erschlagen und mußte zur Strafe
seine Stammburg in ein Benediktinerkloster umwandeln.

Der Totschläger zog daraufhin auf eine andere Burg um, auf Falkenstein im Tal der Selke. Nach dieser Burg nannte sich nun der gewalttätige Egino und das ganze Geschlecht.

Der Name Falkenstein hatte keinen guten Klang im Harz. Die Mitglieder der Familie traten großspuriger auf, als es ihre Verhältnisse erlaubten. Seit 1155 führen sie den Grafentitel: Sie führen ihn aufgrund einer Grafschaft, die ihnen nicht gehört, die ihnen nur kurz verpfändet war. Die Grafschaft ist bald wieder verloren, der Titel bleibt.

Um 1200 werden die Falkensteiner als Vögte des Damenstifts Quedlinburg genannt. Wahrscheinlich verdanken sie die Vogtwürde schon der Äbtissin Adelheid III. († 1184) aus dem Hause der Pfalzgrafen von Sommerschenburg. Adelheid wollte wahrscheinlich durch die Wahl der staufisch gesinnten Falkensteiner Verbündete gegen Heinrich den Löwen gewinnen. Dieser beanspruchte nämlich von der Äbtissin auch das gesamte Erbe ihrer im Mannesstamm ausgestorbenen Familie, der Sommerschenburger!

Die Vogtei über ein reiches Kloster war im Mittelalter der Wunschtraum eines jeden Adelsgeschlechts. Als Vogt vertrat man die Abtei und ihre Besitzungen juristisch und politisch nach außen. Dafür mußten das Kloster und seine Besitzungen den Vogt ernähren und ihn gastfrei halten, sobald er auftauchte oder für das Kloster tätig wurde.

Äbtissin Sophia von Brehna (1203–1224)

Nach dem Tode der Äbtissin Agnes 1203 wählten die Kanonissinnen wieder ein Mitglied des Hauses Wettin zur Nachfolgerin, Sophia von Brehna, eine Nichte der verstorbenen Äbtissin.

Sophias Vater war Markgraf Friedrich, der jüngste Sohn Konrads des Großen.

Sophias Mutter, eine Tochter des Herzogs Dipold von Böhmen, war eine außerordentlich fromme Frau. Sie bereitete nicht nur ihre Tochter auf eine geistliche Karriere vor, sie gründete auch zusammen mit ihrem kinderlosen Sohn Otto in Brehna 1201 das reichausgestattete Augustinerchorherrenstift St. Clemens.

Auch ein weiterer Sohn, Friedrich, hatte das fromme Gemüt der Mutter geerbt. Er schenkte 1209 das Kloster Brehna an Quedlinburg.

Doch trotz aller Frömmigkeit lag kein Segen auf der Familie der Grafen von Brehna.

Die Familie begann sich aufzulösen und widmete untergehend ihr Vermögen der Kirche und dem Seelenheil der Familienmitglieder. Äbtissin Sophia hat den Untergang ihrer Familie noch miterlebt. Ihr Bruder Friedrich wurde wie viele der sächsischen Adeligen von der Kreuzzugsleidenschaft dieser Jahre ergriffen. 1221 starb er als letzter der Grafen von Brehna vor Akkon im Heiligen Land.

Die fromme Sophia sollte in den über 20 Jahren ihrer Regierung wenig beschauliche Ruhe auf ihrem Klosterberg haben. Mehr und mehr wurde nun die Gegend um Quedlinburg zum Aufmarschgebiet der verfeindeten Bürgerkriegsparteien.

Otto IV. im Glück und im Unglück[53]

Gegenkönig Otto war inzwischen in die Defensive geraten. Ein schwerer Rückschlag traf ihn 1206, als der Erzbischof von Köln von ihm abfiel. Nun blieb ihm nur noch sein engstes Herrschaftsgebiet im Harz und um Braunschweig als Operationsbasis. Otto aber wehrte sich verbissen: Der

Harz gab wie so oft in der deutschen Geschichte den Schauplatz für einen heroischen Endkampf ab.

Im Juni 1208 stand vor Quedlinburg die Streitmacht bereit, die dem völlig erschöpften und in Braunschweig eingeschlossenen Otto den letzten, entscheidenden Schlag versetzen sollte. Das bevorstehende Ende der welfischen Löwendynastie ließ die Menschen im Harzvorland freier atmen.

Da kam die unfaßbare Nachricht: König Philipp in Bamberg ermordet! Am 21. Juni 1208 geschah die Bluttat, ein paar Tage später waren die in Quedlinburg gesammelten Truppen bereits auf dem Heimweg. Alles lief auseinander. Alles mußte nun neu überdacht, neu geordnet werden.

Einen Monat später, am 25. Juli 1208, versammelten sich die ostsächsischen Fürsten in Halberstadt und erkannten Otto als König an. Im November 1208, auf dem Reichstag zu Frankfurt, gewann Otto die Stimmen der übrigen Reichsfürsten, und am 11. November 1208 wurde er zum König gekrönt. Jetzt konnte er sich ans Regieren machen.

In Frankfurt hatte der König eine seltsame Begegnung. Die zehnjährige Beatrix, Tochter des Königs Philipp, trat persönlich als Anklägerin gegen die Mörder ihres Vaters auf. Eine rührende und gut inszenierte Szene. Otto IV. ergriff die Gelegenheit, die staufische Partei durch eine verwandtschaftliche Bindung zu verpflichten. Er stellte Beatrix unter seinen Schutz, versprach ihren Vormündern, sie zu heiraten, und nahm sie als künftige Braut mit nach Braunschweig.

Pfingsten 1209 hielt Otto IV. in Braunschweig einen prunkvollen Hoftag. Er wollte nach Italien ziehen und versammelte die geistlichen und weltlichen Fürsten Obersachsens und vor allem seine engsten Freunde, um Abschied zu nehmen von seiner Heimat.

Es ist Mitte Mai. Man feiert das Pfingstfest, man turniert.

Man zeigt seine Waffen, man träumt von den ewig blauen Himmeln, von der Schönheit, vom Reichtum und von den Frauen Italiens.

Die sächsischen Großen, die am Braunschweiger Turnier teilnahmen, überreichten wahrscheinlich damals ihrem zukünftigen Kaiser und seiner zarten Beatrix ein Erinnerungsgeschenk, das wir später im Stiftsschatz wiederfinden werden: das »Minnekästchen« oder die »Brautlade«, bemalt mit zwei Reitern und über 30 Wappen. Auch das Wappen des früher so gut staufisch gesinnten Grafen Friedrich von Brehna, des Bruders der Äbtissin Sophia, ist dabei.

Bei seiner Krönung in Rom 1209 überwarf sich Otto mit seinem früheren Wohltäter Papst Innozenz III. Der Papst ließ Otto bannen und versuchte 1211 in Deutschland den Staufer und sizilianischen Thronerben Friedrich II. zum Kaiser wählen zu lassen.

Nach seiner Rückkehr aus Italien konnte Otto auf dem Fürstentag von Nürnberg den Großteil der deutschen Fürsten auf seine Seite ziehen. Es war sein letzter Erfolg. Als er gerade dabei war, Landgraf Hermann von Thüringen niederzukämpfen, erhielt er die Nachricht, daß Friedrich auf dem Weg nach Deutschland war. »Hört die neue Märe ... der Pfaffenkaiser kommt und will uns vertreiben ...«, soll er gespottet haben.

Doch die Situation wurde für Otto immer ungemütlicher. Er entschloß sich nun, seine Ehe mit Beatrix von Schwaben zu vollziehen, mit der er seit 1208 verlobt war. Beatrix war eben 14 Jahre alt geworden. Das Beilager wurde am 22. Juli 1212 in Nordhausen am Harz, nicht weit von Quedlinburg, vollzogen. Beatrix zog darauf nach Braunschweig, und Otto eilte zur Belagerung von Weißensee, wo er eine neue Wunderwaffe aus Italien, den Dreibock – trabucco – einsetzte.

Als Otto zum Sturm auf die Festung ansetzte, erreichte ihn die Nachricht, daß Beatrix am 11. August, also keine drei Wochen nach ihrer Vermählung, in Braunschweig gestorben war. Gerüchte wurden laut: Italienische Konkubinen des Kaisers sollen sie vergiftet haben.

Jetzt begann sich der staufische Anhang langsam von Otto abzusetzen, um dem 17jährigen Friedrich entgegenzuziehen. Als Friedrich II. dann 1212 in Deutschland erschien, begann ein erbarmungsloser Bürgerkrieg.

Quedlinburg sollte dabei mitten in die Gefechtslinie kommen.

Offensichtlich waren die Grafen von Brehna wieder vom Welfenkaiser abgerückt. Otto rächte sich nun an der Wettinerin Sophia in Quedlinburg. Otto ließ die Stiftsdamen vertreiben, befestigte den Burgberg und machte einen welfischen Dienstmann, einen gewissen Cäsarius, zum Kommandanten und Vogt von Quedlinburg. Cäsarius baute die Abtei zu einer Festung aus.

Im Herbst 1213 belagerten 60 000 Mann der staufischen Partei den von Cäsarius verteidigten Burgberg von Quedlinburg. Vergebens. Der Winter zwang die Belagerer zum Abzug. Otto weilte um diese Zeit auf der benachbarten Burg Regenstein. Mit Sicherheit hat er in diesen Jahren nach 1212 öfter auch das Damenstift, die uneinnehmbare Festung Quedlinburg, besucht. Ottos Verteidigungskampf schonte im übrigen auch andere Klöster nicht: 1214 vertrieb er die Stiftsherren des strategisch günstig über der Aller liegenden Chorherrenstifts Walbeck, verbarrikadierte sich dort, führte Raubzüge in die Umgebung durch.

Die Bannflüche des Papstes, die auch wegen der Gewalttätigkeiten gegen Quedlinburg ausgesprochen worden waren, rührten Otto wenig. Er erinnerte sich noch genau, wie wenig hilfreich die antistaufischen Bannflüche des Papstes vor zehn Jahren gewesen waren, als ihm der Staufer Philipp von Schwaben die Kehle zudrückte.

Ottos IV. Endkampf im Harz

Die Entscheidung im deutschen Thronstreit fällt nicht in Deutschland, sondern in Flandern. In der Schlacht von Bouvines, wo Otto auf der Seite des englischen Königs Johann ohne Land kämpft, wird er am 27. Juli 1214 vom französischen König Philipp II. August besiegt. Der Fahnenwagen des Kaisers wird erbeutet, er selbst kann nur sein Leben retten. König Philipp August schickt die erbeuteten Feldzeichen, darunter einen Adler mit gebrochenen Flügeln, an seinen Verbündeten Friedrich II. »Seit dieser Zeit ... sank der Ruf der Deutschen bei den Welschen«, schreibt ein Chronist.

Kaiser Otto zog sich nach Köln zurück. Lange Zeit soll er sich nicht mehr aus dem Haus gewagt haben. Seine neue Gemahlin Maria von Brabant ergab sich dem Würfelspiel. Die Summen, die sie dabei verlor, hatte sie sich vom englischen König geborgt.

1216 trug Friedrich II. einen neuen Angriff von Südosten aus gegen die welfischen Stellungen vor. Wieder wurde Quedlinburg belagert. Die Verteidiger ermöglichten Otto, sich von Quedlinburg aus in das feste Braunschweig zurückzuziehen, sein letztes Refugium in all den Kriegen.

1217 standen die staufischen Truppen wiederum vor Quedlinburg, das inzwischen zu einem gefürchteten Räubernest geworden war. Auch jetzt waren die Aussichten für Otto ähnlich schlecht wie schon 1208.

Am 12. Mai 1218 kam sein Ende auf der Harzburg bei Goslar. Ein trauriges Ende, wenn man den Chronisten glauben darf: Angesichts des Todes unterwirft sich Otto, der ewig trotzige, dem päpstlichen Legaten und erfleht Vergebung seiner Sünden und Lösung des Kirchenbanns.

Als echt mittelalterlichen Menschen packte nun Otto die Furcht vor dem Tode, die Angst vor der ewigen Verdammnis. Jetzt wollte er die in den Kriegszügen angerichteten

Verwüstungen wiedergutmachen. Vor allem die Verwüstungen der Klöster, die ihm der Papst in den Bannfluch geschrieben hatte, wollte er nun ungeschehen machen. Die
Vertreibung der Stiftsdamen von Quedlinburg wog in seiner reuigen Seele besonders schwer.

Das Quedlinburger Minnekästchen[54]

In seinem Testament vom 18. Mai 1218 bestimmte er, daß
die Befestigungsanlagen auf dem Burgberg von Quedlinburg wieder beseitigt und das Stift den ihren rechtmäßigen
Inhabern, der Äbtissin Sophia und ihren Stiftsdamen,
zurückgegeben werden sollte. Als Entschädigung für die
erlittenen Schäden sollten der Äbtissin auch die vorhandenen Getreidevorräte und andere private Wertgegenstän-
de des Kaisers überlassen werden. Man hatte in den Gebäu-
den des Damenstifts offensichtlich auch den kaiserlichen
Schatz untergebracht.

Quedlinburg ist wahrscheinlich einer der letzten Orte, in
denen Otto vor seinem Tod noch weilte. Da saß er dann mit
wenigen Getreuen vor den Schätzen mit den Erinnerungen
an die sächsischen Kaiser. Wollte er nicht das Vermächtnis
der sächsischen Kaiser vollziehen? Auf seine sächsischen
Mitstreiter hatte er sich immer verlassen können. Sie alle
träumten den kühnen Traum vom Heil Deutschlands, das
von den Höhen des Harzes kommen sollte.

Aber es war anders gekommen: Welsche Falschheit, staufische Bosheit hatten schließlich gewonnen. Da hatte selbst
die große Kraft der Reichsinsignien versagt, die Otto bis zu
seinem Ende mit sich herumtrug. Das Reichsschwert hatte
er neu fassen, mit seinem Wappen verzieren lassen.

Otto war mehr ein Mann der germanisch-heidnischen
und kriegerischen Symbole. So ließ er denn auch in der

Schatzkammer des Damenstifts ein weltliches Stück zurück: eben jenes »Minnekästchen« aus Korbgeflecht, das ihm auf dem Hoftag zu Braunschweig Pfingsten 1209 geschenkt worden war, Erinnerung an die vielleicht schönste Zeit im Leben des unglücklichen Herrschers. Möglicherweise war es deswegen ein Lieblingsstück in seiner Schatzkammer, auch wenn es keinerlei materiellen Wert hatte.

Im Quedlinburger Stiftsschatz blieb das »Minnekästchen« durch die Jahrhunderte völlig unbeachtet. Man legte den Kamm König Heinrichs hinein. Die wahre Bedeutung des Kästchens ist erst durch einen Aufsatz Berent Schwineköpers von 1972 bekannt geworden. Nach Schwineköper gehören die Wappenmalereien auf dem Kästchen zu den frühesten Zeugnissen der Heraldik auf deutschem Boden.

Im Stiftsschatz von Quedlinburg wird das »Minnekästchen«, die »Brautlade«, zum traurigen Symbol für Ottos IV. kurze Ehe mit der 1212 verstorbenen Stauferin Beatrix, zum Symbol eines ruhelosen und unfruchtbaren, zerstörerischen Lebens.

Die Quedlinburger Wirren

Der böse Geist des Welfenkaisers wirkte noch lange in der Abtei Quedlinburg nach. Die Äbtissin Sophia war auf unerklärliche Weise auch noch nach dem Tode Ottos IV. an die welfische Sache gekettet. Es schien so, als ob der staufisch-welfische Streit, der sich im Reiche bereits beruhigt hatte, auf dem Quedlinburger Klosterberg im kleinen fortgesetzt würde. Der Unfriede hatte sich dort wie eine böse Krankheit eingenistet.

Was in den letzten Regierungsjahren der Äbtissin Sophia

geschah, nannte die Nachwelt die »Quedlinburger Wirren«.

Seitdem Streitigkeiten im Deutschen Reich nicht mehr nur durch Schwerthiebe und das Niederbrennen von Dörfern entschieden wurden, sondern darüber hinaus noch durch den Austausch von gelehrten juristischen Schriften, pflegten Streitigkeiten chronisch zu werden.

In Quedlinburg lautete die entscheidende Frage, die später zur Schicksalsfrage des Klosters werden sollte: Wem gehörte die Vogtei über das Damenstift?

Die Antwort auf diese Frage war natürlich von größter politischer und finanzieller Tragweite. Als die Welfen und besonders Otto IV. in Quedlinburg noch zu bestimmen hatten, war der tapfere Cäsarius von Braunschweig – wohl auch mit Billigung der Äbtissin – zum Vogt von Quedlinburg avanciert. Sophia wollte sich von ihm auch nicht trennen, als der Stern der Welfen sank. Nun aber meldete Graf Hoyer von Falkenstein wieder seine Rechte an.

Dieser zähe Gegenspieler der Äbtissin war zwar nur eine Lokalgröße, aber er erkannte die Zeichen der Zeit. Er hatte nicht nur eine schnelle, zupackende Art – er begründete seine Aktionen auch juristisch. Das war neu!

Hoyer von Falkenstein ist als Lehnsherr des berühmtesten deutschen Juristen des 13. Jh., Eike von Repgow, bekannt geworden. Eike hat wahrscheinlich für den Grafen bzw. im Dienste des Grafen zuerst lateinisch und dann in deutscher Fassung den sogenannten »Sachsenspiegel« verfaßt, eine Rechtssammlung, die allergrößten Einfluß auf die gesamte deutsche Rechtsentwicklung haben sollte.

Der »Sachsenspiegel« ist ganz offensichtlich während der »Quedlinburger Wirren« angefertigt worden. Er droht besonders scharfe Strafen an für Delikte, die genau auf die Quedlinburger Verhältnisse bzw. auf das Verhalten der Äbtissin passen.

So stellt Eike beispielsweise einen ganz merkwürdigen Rechtssatz auf: Jeder, der ohne Erlaubnis über ein königliches Recht verfügt, soll mit dem Verlust der Zunge büßen. War hier die »spitze« Zunge der Äbtissin gemeint?

Es ist nicht auszuschließen, daß Hoyer von Falkenstein seinem Hausjuristen Eike von Repgow diese Bestimmung in die Feder diktiert hat.

Der Kampf zwischen Hoyer von Falkenstein und der Äbtissin, die nicht von ihrem welfischen Vogt lassen wollte, gipfelte 1223 in der Belagerung und Eroberung des Burgberges von Quedlinburg. An dieser Belagerung nahmen auch die Bürger von Quedlinburg teil, die unter dem welfischen Vogt am meisten zu leiden hatten: Nicht mehr gewinnbringender Handel, sondern der Ausbau der Stadtmauer beanspruchte jetzt ihre Kräfte.

Landfriedensbruch hieß der Vorwurf, den man der Äbtissin und ihrem welfischen Vogt machte. Und der Graf Hoyer von Falkenstein ging noch weiter: Er beschuldigte die Äbtissin, sie lasse Quedlinburger Bürger im Kerker verschmachten, führe einen unzüchtigen Lebenswandel, mißachte die Religion ...

Die Äbtissin wurde abgesetzt und an ihrer Stelle Bertradis von Krosigk gewählt.

Die Befestigungen, die während der welfischen Zeit stark ausgebaut worden waren, mußten demoliert werden.

1225 vermittelte ein päpstlicher Legat einen Vergleich – Sophia konnte zwar ihre Wiedereinsetzung erreichen, mußte aber Graf Hoyer und den Status quo anerkennen.

Ihre Lebensenergie war gebrochen. Schon 1225 oder 1226 stirbt sie.

Sie fand in der Krypta der Stiftskirche ihre letzte Ruhe. Auf ihrem eindrucksvollen Grabstein lesen wir ein lateinisches Dystichon, das möglicherweise auf die unruhige Geschichte ihrer Regierung verweist. Es lautet auf deutsch:

»Der du vorübergehst, sieh an, was ich war, und verachte, was vergänglich ist, denn jeder Ruhm der Welt vergeht so leicht!«

Äbtissin Bertradis von Krosigk (1224–1229)

Die neue Äbtissin Bertradis von Krosigk, die Kandidatin des Hoyer von Falkenstein, stammte aus einer Familie, wie sie typisch war für dieses Gebiet. Aus Franken kommend, niemand weiß genau woher, hatte die Familie im Osten auf slawischer Erde und mit slawischen Bauern ihr Glück gemacht. Alles war ja möglich in diesen unruhigen Zeiten: Aus Burgmannen wurden Gutsherren und schließlich Grafen. Voraussetzungen dafür waren Durchsetzungsvermögen, ein kriegerisches Wesen, kluge Familienpolitik und etwas Glück.

Wichtig war für alle beteiligten Familien, daß man die juristischen Möglichkeiten nutzte, die die Kirche bot: Klostergründungen mit geschickt ausgehandelten Vogteien, geistliche Würden mit Dispositionsmöglichkeiten.

Der Sitz in einem Domkapitel, die Leitung eines Klosters oder gar eine bischöfliche Würde in der Hand eines Familienmitglieds konnten der Familie bedeutende Vorteile bringen. Als geistlicher Lehensherr verfügte man über große Ländereien, die man den Familienmitgliedern zuschanzen konnte.

Die Krosigks sind ein gutes Beispiel für eine solche Karriere: Zu geistlichen Würden kam die Familie Krosigk vor allem im Domstift Halberstadt. Im Halberstadter Domkapitel, dem wichtigsten Organ des Domstifts, das die Bischöfe zu wählen hatte, scheinen um 1200 allein die Krosigks den Ton angegeben zu haben.

Ein Dietrich von Krosigk amtierte 1181 bis 1193 als

Bischof von Halberstadt und ein Konrad von Krosigk 1201 bis 1209. Dieser Bischof Konrad hatte auch in Quedlinburg seine Hände im Spiel. Er tat sicher das Seine, um der Äbtissin Sophia das Leben schwerzumachen und um seine Schwester Bertradis als Äbtissin zu lancieren.

Konrad war ein beweglicher und tatkräftiger Kirchenpolitiker. Er nahm am vierten Kreuzzug teil und war bei den beiden Eroberungen der Kaiserstadt Konstantinopel 1203 und 1204 dabei. 1205 kehrte er nach Halberstadt zurück. 1208 schenkte er der Domkirche viele Reliquien und byzantinische Kunstgegenstände.[55]

1209 gab er sein Bischofsamt auf und zog sich ins Zisterzienserkloster Sittichenbach zurück, wo er als Diplomat und Kreuzzugsprediger auf sich aufmerksam machte. Er starb am 21. Juli 1225.

Genau um diese Zeit wurde seine Schwester Bertradis zur Äbtissin von Quedlinburg gewählt.

Äbtissin Bertradis und der Quedlinburger Schatz: Souvenirs aus Byzanz

Bertradis hat versucht, die Wunden zu heilen, die durch die »Quedlinburger Wirren« geschlagen worden sind – und sie hat sich als eine der letzten der Quedlinburger Reichsäbtissinnen Verdienste um den Schatz erworben!

Als 1225 Bertradis Bruder, der ehemalige Bischof Konrad von Halberstadt, starb, hinterließ er der Domkirche von Halberstadt hochrangige Reliquien, so etwa: Teile der Dornenkrone, Apostelreliquien und eine Fingerreliquie des hl. Nikolaus, letztere geborgen in einem großen ovalen Bergkristall. Schon 1209 hatte der Bischof dem Domschatz eine Kreuzreliquie hinterlassen, als er auf sein Bischofsamt verzichtete.

Halberstadt verfügte nun über einen der größten Reliquienschätze Deutschlands. Er ist heute noch bemerkenswert!

Als diese Kostbarkeiten in den Halberstädter Domschatz wanderten, regierte in Quedlinburg Bertradis, die Schwester und Miterbin des Bischofs Konrad. Es ist sehr wahrscheinlich, daß die Äbtissin an dieser Transaktion zugunsten der Domkirche Halberstadt mitwirkte. Waren vielleicht die Raritäten bzw. die Zustimmung zu ihrer Überführung nach Halberstadt der Dank der Bertradis für die Unterstützung des Halberstädter Bischofs und des Halberstädter Domkapitels bei ihrer Wahl zur Äbtissin von Quedlinburg?

Bertradis versuchte, Ordnung in die verworrenen Verhältnisse ihres Damenstifts zu bringen. Sie kümmerte sich um den Schatz, der in den Kriegszeiten wahrscheinlich ziemlich gelitten hatte und offensichtlich ausgelagert war.

Er muß nun auf Befehl der Äbtissin wieder in die Sakristei, d. h. in den 1179 erbauten sogenannten »Zither« gebracht werden, den ordnungsgemäßen Aufbewahrungsort. Zum Schatz rechnen damals auch alle die zahlreichen Urkunden, in denen die Privilegien des Damenstifts niedergelegt sind. Diese Urkunden können im Streitfall wertvoller werden als der ganze Schatz!

Bertradis fügt dem Schatz noch Reliquien aus dem Nachlaß ihres Bruders Konrad hinzu und läßt einen neuen Deckel für das Samuhel-Evangeliar anfertigen – mit byzantinischen Schmuckstücken aus dem Nachlaß ihres Bruders.

Kreuzzugsbeute! Nicht nur die Republik Venedig, die diesen berühmt-berüchtigten vierten Kreuzzug ins christliche byzantinische Reich »umgeleitet« hatte, sondern auch die deutschen Kreuzfahrer haben sich 1204 bei der Einnahme Konstantinopels bedient! Was Konrad von Krosigk mitgebracht hat, sind freilich Kleinigkeiten im Vergleich zur großen venezianischen Beute!

Beutestücke aus Konstantinopel sind möglicherweise die Emailarbeiten in Goldzellenschmelz im Deckel des Samuhel-Evangeliars: Ornamente, Fabeltiere und Symbole, die für die Evangelisten stehen sollen, dann Brustbilder des Pantokrator und der Muttergottes, beide mit griechischer Beschriftung.

Ähnliche Darstellungen finden sich auf dem Patriarchenkelch im Schatz von San Marco in Venedig!

Entstanden sind diese Emailarbeiten wahrscheinlich im 10. oder 11. Jh.. Ob sie alle der Kreuzfahrerbeute des Konrad von Krosigk entstammen, sei dahingestellt. Es liegt aber nahe, sie mit Konstantinopel in Verbindung zu bringen. Dort endete 1204 der vierte Kreuzzug mit einem schrecklichen Blutvergießen:

»Die Plünderung von Konstantinopel hat in der Geschichte nicht ihresgleichen. Neun Jahrhunderte lang war die große Stadt die Hauptstadt der christlichen Zivilisation gewesen. Sie war angefüllt mit Kunstwerken, die aus dem antiken Griechenland überkommen waren, und mit Meisterwerken ihrer eigenen ausgezeichneten Kunsthandwerker. Die Venezianer wußten den Wert solcher Dinge wohl zu schätzen. Wo immer sie konnten, ergriffen sie Besitz von diesen kostbaren Schätzen und führten sie hinweg, um damit ihre eigenen Plätze, Kirchen und Paläste zu schmücken. Aber die Franzosen und Flamen waren von wildem Zerstörungsdrang getrieben. Sie stürmten als eine heulende und brüllende Masse die Straße hinab und durch die Häuser, ergriffen alles, was glitzerte, zerstörten alles, was sie nicht wegtragen konnten, und hielten nur inne, um zu morden und zu vergewaltigen oder zu ihrer Erfrischung die Weinkeller aufzubrechen ...«[56]

Es klebte viel Blut an diesen feinen kleinen Mitbringseln aus dem sterbenden byzantinischen Reich!

Das Katharinenreliquiar[57]

Vermutlich sind in der Zeit der Äbtissin Bertradis von Krosigk auch die Reliquien der hl. Katharina von Alexandria nach Quedlinburg gekommen.

Die Verehrung der hl. Katharina erreichte um diese Zeit in Europa ihren ersten Höhepunkt. Sie galt als eine der beliebtesten Fürsprecherinnen und Nothelferinnen. Nach der Heiligenlegende hat sie kurz vor ihrem Tod bei Gott in einem Gebet Fürbitte für alle eingelegt, die künftig ihren Namen anrufen würden. Dieses Gebet der Katharina soll Gott erhört haben. Damit war die Grundlage für die weite Verbreitung des Katharinenkultus gelegt.

Als Patronin der Frauen im allgemeinen, als Siegerin im Rededuell mit 50 Philosophen war Katharina natürlich eine Heilige, die sich im Quedlinburger Damenstift allerhöchster Wertschätzung erfreuen durfte. Und wenn sich – wie anzunehmen ist – Bertradis von Krosigk aus dem Nachlaß ihres Bruders hatte Katharinenreliquien sichern können, so verwundert es nicht, daß sie keine Kosten scheute, um die Reliquien angemessen zu präsentieren.

Das Katharinenreliquiar, wie es uns heute erhalten ist, enthält keine Reliquien der hl. Katharina mehr. Irgendwann in der Reformationszeit sind sie verschwunden. Nur noch der in alten Schatzverzeichnissen überlieferte Name erinnert an die ursprüngliche Bestimmung des Reliquiars.

Das Katharinenreliquiar ist die bedeutendste Goldschmiedearbeit des Stiftsschatzes: Als Kastenreliquiar von ca. 37 cm Seitenlänge und 16 cm Höhe besteht es aus einem Holzkern, der mit vergoldetem Silberblech verkleidet ist.

Auf den Längs- und Schmalseiten des Reliquiars sind die zwölf Apostel sitzend in reichem Faltenwurf dargestellt.

Sie zeigen keinerlei persönliche Attribute – lediglich einer der Apostel ist dadurch hervorgehoben, daß er Schuhe trägt!

Der Deckel zeigt eine Kreuzigungsgruppe mit Maria, Johannes, Petrus, Andreas und Darstellungen der alttestamentlichen Propheten Hiob und Esra.

Die Kunsthistoriker suchen die Werkstatt für dieses Kunstwerk im sächsischen Bereich, irgendwo um Quedlinburg. In ähnlicher Filigrantechnik ist die mit den Krosigks verbundene Reliquientafel im Halberstadter Domschatz gearbeitet.

Was die figürlichen Darstellungen angeht, so sind sie angeblich ohne Vorbild im Gebiet des deutschen Reichs. Die Kunsthistoriker verweisen auf Byzanz – dort hätte sich der sächsische Goldschmied inspirieren lassen.

Ein weiter Bogen spannt sich da – ein imperialer Bogen. Das Damenstift Quedlinburg sonnt sich im Glanze des untergehenden Byzantinischen Reichs und ist selbst dabei, abzusinken in die Bedeutungslosigkeit: Nach Bertradis von Krosigk findet kein großes Kunstwerk mehr Eingang in den Stiftsschatz!

Vom Untergang gezeichnet ist auch das Geschlecht der Krosigks. Noch im 13. Jh. wird es aussterben. Den großen Namen der alten Krosigks usurpierte ein anderes Geschlecht, das in Sachsen bis in die Neuzeit hinein blühte.

Äbtissinnen, Vögte und Bischöfe: Das Damenstift im 13. und 14. Jh.

Nachfolgerin der Bertradis von Krosigk wurde Kunigunde von Kranichsfeld (1230/31). Bei ihrer Wahl spielte ganz offensichtlich das Halberstadter Domkapitel Geburtshelfer: Die Familie Kranichsfeld hatte dort gute Freunde und Verwandte. Dem Domkapitular Meinhard von Kranichsfeld, dem Bruder der Kunigunde, gelang sogar der Sprung zur Bischofswürde: Er regierte von 1241 bis 1253. Ein Volrad von Kranichsfeld amtierte von 1257 bis 1295, also fast 40 Jahre lang, als Bischof von Halberstadt.

Der Kunigunde von Kranichsfeld und ihrer Nachfolgerin Osterlindis, vielleicht eine Schwester des Hoyer von Falkenstein, war keine lange Regierungszeit vergönnt. Beide starben kurz nach ihrer Wahl.

Unter der Äbtissin von Ampfurth (1233–1270) geht die Vogtei über das Stiftsgebiet 1237 von den Falkensteinern für gutes Geld an die Blankenburger und 1267 an den Markgrafen Otto von Brandenburg. 1273 wird die Vogtei von den Brandenburger Markgrafen an die Grafen von Regenstein »unterverpachtet«. Diese machen sich die heillosen Verhältnisse bei den letzten Askaniern zunutze. Die Grafen von Regenstein verfügen über das Gebiet von Quedlinburg wie über eigenes Land.

Die Äbtissin Gertrud zeichnete sich durch eine energische Vermögenspolitik aus: Vor allem versuchte sie, den Grundbesitz des Damenstifts von allen Vogteirechten, die inzwischen zu reinen Vermögensrechten mutiert waren, zu befreien.

Es gelang ihr, einen Teil der Vogteien wieder zurückzuerwerben, und 1270 errichtete sie zusammen mit ihren Mitkonventualen eine Urkunde, in der sie sich, ihren Konvent und alle Nachfolger verpflichtete, keine Vogteien mehr zu vergeben.

Aber auch sonst bemühte sich die Äbtissin Gertrud erfolgreich, adelige und geistliche Nutznießer am Stiftsvermögen, die ihre Ansprüche nicht hieb- und stichfest nachweisen konnten, auszuschalten.

Auch der Bischof von Halberstadt bekam die Sparpolitik der Äbtissin auf spektakuläre Weise zu spüren: Die Äbtissin verweigerte ihm die zum lästigen Gewohnheitsrecht gewordene Palmsonntagsfeier in Quedlinburg. Damit hatte es folgende Bewandtnis:

Im Jahre 1000 hatte während der Anwesenheit Kaiser Ottos III. der Bischof Arnulf von Halberstadt auf dem Quedlinburger Burgberg eine großinszenierte Palmsonntagsfeier veranstaltet, die einen solchen Eindruck machte, daß die Äbtissin Adelheid trotz Warnungen des Bruders die Feier zu einer ständigen Einrichtung machte.

»Jedes Jahr kam nun der Halberstädter Bischof mit seinen Prälaten, Priestern und Dienern unter dem Zulauf einer großen Volksmenge feierlichst den Schloßberg heraufgezogen. Er selbst ritt nach dem Beispiel des Heilandes auf einer Eselin, und ein kleines Eselfüllen trabte nebenher. Nach der Feier wurde er samt seinem Gefolge auf Kosten des Stiftes gut bewirtet, was von Jahr zu Jahr mehr Kosten machte, so daß 1208 allein für Fische 25 Mark Silber ... ausgegeben werden mußten« (Lorenz).

Nachdem sich schon Äbtissin Sophia von Brehna vergeblich gegen die Palmsonntagsfeier gewandt hatte, gelang es erst Gertrud, dem Brauch für alle Zeiten ein Ende zu machen. Als 1251 der Halberstädter Bischof wieder auf seinem Esel Richtung Burg ritt, fand er das Burgtor verschlossen. Zornig kehrte er nach Halberstadt zurück und tat die Äbtissin in den Kirchenbann.

Der Papst ernannte auf Ersuchen der Äbtissin eine Untersuchungskommission, und 1259 wurde das Stift Quedlinburg gegen Zahlung von 200 Mark Silber an den Bischof von Halberstadt von den Palmsonntags-Verpflichtungen befreit.

Auf Gertrud folgte 1270 bis 1308 Bertradis II. Die erste Urkunde, in der Bertradis als Äbtissin auftritt, enthält eine Vogteiabtretung der Grafen von Barby an das Damenstift. Offensichtlich setzte also Bertradis die Rückkaufpolitik ihrer Vorgängerin fort. Da wir die Herkunft der Äbtissin nicht kennen, ist es aber auch nicht auszuschließen, daß wir hier die »Mitgift« der Äbtissin vor uns haben. Bertradis würde demnach aus der Familie der Grafen von Barby stammen. Die Güter in Barby (Burgward) waren schon 974 an Quedlinburg gekommen.

Die Grafen von Barby waren eine Linie der Grafen von Arnstein, ein Geschlecht, das durch sehr undurchsichtige Transaktionen – fast immer auf Kosten Quedlinburgs – zu riesigem Güterbesitz gekommen war.

Das Geschlecht stammte ursprünglich von der Schwäbischen Alb und hatte sich im 11. Jh. aufgrund verwandtschaftlicher Beziehungen zu Bischof Werner von Magdeburg und Burchard II. von Halberstadt im Umkreis des östlichen Harzes verschiedene einträgliche Herrschaftstitel verschafft – typische Karrieren im Osten!

Die Regierungszeit der Äbtissin Bertradis II. beginnt mit Streit. Es sind die neuen »Untervögte«, die Grafen von Regenstein, gegen die sie sich zu wehren hat. Sie bauen ihr eine Burg vor die Nase, verletzen damit ihr fürstliches Befestigungsrecht.

1287 erläßt König Rudolf von Habsburg sogar einen Reichsspruch zu ihren Gunsten, in dem festgestellt wird, daß im Quedlinburger Stiftsterritorium Bauwerke ohne ihre Erlaubnis nicht aufgerichtet werden dürfen.[58] 1288 wendet sie sich in dieser Sache an den Papst. Der Graf von Regenstein bleibt gänzlich ungerührt.

Um so erstaunlicher ist es, daß dann Bertradis II. im Jahre 1300 die Neustadt von Quedlinburg an den Grafen Ulrich von Regenstein verkauft. Die Verkaufsurkunde berichtet von den großen Schulden der Äbtissin bei den Quedlinburger Juden. Der Graf von Regenstein bezahlte der Äbtissin für seine Rechte in der Quedlinburger Neustadt 1000 Mark Silber.

Frauenfrömmigkeit und Frauenbildung:
Eine neue Zeit kündigt sich an

Im 13. Jh. beobachten die Zeitgenossen in den Gemütern der Frauen, insbesondere der Frauen aus guten Familien, seltsame Veränderungen: Statt sich zu schmücken, zu spielen und sich höfischem Zeitvertreib hinzugeben, beginnen sie zu lesen, zu schreiben, zu dichten. Sie träumen, sie haben religiöse Visionen. Ihr Äußeres bedeutete ihnen nichts mehr. Ulrich von Lichtenstein, der Minnesänger, beklagt sich in seinem Frauenbuch von 1257: Wie kann man denn noch den edlen Lebensstil des Rittertums pflegen, wenn alle Frauen sich plötzlich wie Nonnen gebärden! Wenn sie sich verschleiern, fortwährend mit dem Rosenkranz beschäftigt sind, Tag und Nacht zur Kirche gehen und den Männern keinen Blick, kein Wort und keine Freude mehr gönnen!

Und zu allem Überfluß: die Frauen geben sich nun auch gebildeter und belesener. Sie rühmen sich, mehr als die Männer von der »neuen Kunst« zu verstehen – von der Kunst, die göttliche Weisheit in Verzückungen und Begnadungen zu schauen.

Bei den deutschen Frauen dieser Zeit läßt sich ein plötzliches Ungenügen und ein Überdruß an alledem, was ihnen die höfische Gesellschaft und ihre Kultur bisher zu bieten hatte, beobachten. Man wendet sich von den weltlichen Freuden ab, will religiöse Belehrung und religiöses Erlebnis. Die ganze Bewegung hat etwas Suchtartiges an sich: Leidenschaftlich sagt man den Freuden des Daseins in Gesellschaft und in Familie ab, berauscht sich an freiwilliger Armut und Keuschheit, freiwilliger Selbsterniedrigung und Entbehrung.

Da diese Bewegung in Deutschland vor allem die Frauen des Adels und der ritterlichen Geschlechter erfaßt, dürfen wir davon ausgehen, daß auch im adeligen Damenstift

Quedlinburg vom Geist der neuen Zeit etwas zu spüren war. Nicht weit von Quedlinburg reift die schönste Frucht dieser Begegnung von adeliger Bildung mit der neuen Frömmigkeit: die Dichtung der Mechthild von Magdeburg (»Offenbarungen der Schwester Mechthild von Magdeburg oder das fließende Licht der Gottheit«).[59]

Wir hören da die Klänge und Bilder der höfischen Dichtung und des Minnesangs, angewandt auf die neuen Techniken der Selbsterfahrung, auf die Empfindungen der Gottesminne, der Seelenbrautschaft und der liebenden Vereinigung mit Gott.

Mechthild lebte und schrieb im Kloster Helfta bei Eisleben. Ihr zur Seite stand eine andere Mystikerin, die Mechthild von Hackeborn, die zweite Äbtissin (1251–1292) dieses von den Grafen von Mansfeld gegründeten Frauenklosters.

Zahlreiche Neugründungen von Frauenklöstern und ein großer Ansturm auf die bestehenden Frauenklöster sind die äußeren Merkmale dieser »Frauenbewegung« des 13. Jh. Helfta war mit seinen schriftstellernden Nonnen die »Krone der deutschen Frauenklöster«. Wir gehen sicher nicht fehl, wenn wir die überhitzte Atmosphäre, die wir in den Dichtungen einer Mechthild von Magdeburg vorfinden, auch auf Quedlinburg übertragen.

Mechthild, aus vermögendem, wahrscheinlich adeligem Haus, war schon mit 20 Jahren in Magdeburg ins Kloster eingetreten und begann um 1250 mit etwa 40 Jahren auf Zuspruch ihres Beichtvaters, die Wonnen und Qualen ihrer seelischen Erfahrung mit Gott zu schildern. Der Dominikaner Heinrich von Halle faßte ihre Visionen, die erste Dichtung der deutschen Mystik in deutscher Sprache, zu den sechs Büchern des »Fließenden Lichts der Gottheit« zusammen.

Mechthild kritisiert scharf die rauhe und dumpfe Männerwelt ihrer Tage, die Welt, in der sich auch die Äbtissinnen von Quedlinburg zurechtfinden müssen!

Etwas von der aufgeregten Stimmung der Zeit und von der demonstrativ gezeigten »Gottesminne« spüren wir am Grabmal der Gertrud von Ampfurth in der Krypta der Stiftskirche und in den dortigen lateinischen Umschriften und Spruchbändern. Da heißt es in großer Heilsgewißheit: »Hier liegt Gertrud, ein Geschöpf mit allen Vorzügen, möge sie zusammen mit der Schar der Heiligen in der Himmelsburg Ruhe haben.« Und ein Spruchband läßt die Äbtissin sagen: »Sei für mich, großer Gott, ich bitte Dich, ein ewiger Anlaß zum Jubel!«

Existenzprobleme: Das Damenstift im 14. Jh.

1319 stirbt die brandenburgische Linie der Askanier aus. Die Äbtissin Jutta von Kranichstein (1308–1347) verleiht die Vogtei an den nächsten Verwandten des alten Vogts, an den askanischen Herzog Rudolf von Sachsen-Wittenberg.

Die Untervogtei der Regensteiner bleibt davon unberührt. Bei der Verleihung der Vogtei an Herzog Rudolf 1320 verpflichtet sich dieser gegenüber der Äbtissin, die Vogtei an Graf Ulrich von Regenstein weiterzuverleihen, unterzuverpachten.

Die Kämpfe im Reich, insbesondere die Kämpfe Ludwigs des Bayern um die Kaiserkrone und seine Auseinandersetzungen mit dem Papst, streifen diesmal Quedlinburg nur am Rande. 1323 erhielt die Äbtissin die Belehnung durch Kaiser Ludwig den Bayern; sie hütete sich aber, zur Belehnung, wie vorgeschrieben, in eigener Person zu erscheinen, sondern schützt Krankheit vor. Die Äbtissin wußte offensichtlich noch nicht recht, ob Gegenkönig Friedrich der Schöne, der Kandidat des Papstes, schon ganz aus dem Rennen war. Immerhin kam dann Ludwig ein Jahr später in den Kirchenbann. Unsichere Zeiten.

Nachdem die Kaiser ihre großzügige und zugleich schützende Hand nicht mehr über Quedlinburg hielten und die Schutzvögte nur noch ihren finanziellen Vorteil suchten, war es mit der finanziellen Lage des Klosters nicht zum besten bestellt. Selbst den Unterhalt der Klostergebäude konnte man aus den laufenden Einnahmen der klostereigenen Güter nicht mehr decken.

1320 vollendete die Äbtissin Jutta von Kranichstein den Neubau des Chors im gotischen Stil. Ein teures Unternehmen! Die letzten Jahre der Regierung Juttas sind daher durch die Versuche gekennzeichnet, die Einnahmen des Stifts durch Güterverkäufe und durch Ablässe zu erhöhen. Die reichen Reliquienschätze, besonders aber die Servatius- und die Coronareliquien, werden jetzt durch Wallfahrten und Ablässe an den Gedenktagen »vermarktet«.

Im Jahre 1338 kann sich die Äbtissin auf spektakuläre Weise ihres lästigen Untervogts, des Grafen von Regenstein, entledigen.[60] Die Grafen waren seit einem halben Jahrhundert durch ihren in Sichtweite des Damenstifts aufgerichteten »Schwarzbau«, die sogenannte »Guntekenburg«, ein Ärgernis geworden.

Den Bürgern von Quedlinburg gelang es gemeinsam mit dem Bischof von Halberstadt, den Grafen Albrecht II., den sogenannten »Raubgrafen«, um 1336 zu besiegen und gefangenzunehmen. Noch heute zeigt man (im Museum) den Holzkäfig, in dem man den Grafen auf dem Speicher des Rathauses einige Zeit gefangenhielt.

Nachfolger im Besitz der unmittelbaren Stiftsvogtei wurde damals der Bischof von Halberstadt.

Als Gräfin Irmgard von Stolberg (1347–1348) die Regierung im Stift antrat, brach die Pest aus, die in ganz Europa, besonders in den überfüllten Städten, ungeheure Opfer forderte. Wie anderswo, so beschuldigte man auch in der Stadt Quedlinburg die Juden, die Brunnen vergiftet zu haben. Man warf sie aus dem Fürststift heraus. Die Pest wütete indes weiter: Schließlich fiel ihr auch die Äbtissin Irmgard 1348 zum Opfer.

Für Jahrzehnte fällt nun das entvölkerte Stiftsgebiet in eine Art Apathie. Doch dann beginnt sich in der Stadt das Leben wieder mächtiger denn je zu regen. Dieses Leben in der politisch immer selbständiger agierenden Stadt steht zur Beschaulichkeit auf dem Stiftsberg in einem merkwürdigen Gegensatz.

Die Stiftsverfassung am Ende des Mittelalters[61]

Das sanfte Sagen haben auf dem Schloßberg seit der Gründung des Damenstifts immer die Töchter des Adels: Aus dem Jahre 1417 – damals regierte Adelheid von Isenburg (1405–1434) – sind uns die Namen der Mitglieder des Damenstifts überliefert: Da findet sich neben der Äbtissin die Pröpstin Mechthild von Hackeborn und die folgenden Kanonissinnen: die Geschwister Dorothea und Elisabeth von Donyn, die Geschwister Ermegard und Adelheid von Dorstat, Jutta von Lychen und Anna von Plauen (die dann ab 1435 als Äbtissin regiert).

Diese adeligen Damen bildeten das Stiftskapitel, das grundsätzlich das Recht auf Wahl der Äbtissin hatte. Doch finden wir in den vorhergehenden Jahrhunderten auch Einsetzungen durch Kaiser und Könige, besonders natürlich im 10. und 11. Jh.. Die Zahl der Kanonissinnen dürfte bis ins 13. Jh. stark angestiegen sein. Damals werden etwa 40 Kanonissinnen genannt. Als das Klosterleben etwas »aus der Mode kam« und bedingt auch durch die wirtschaftlichen Schwierigkeiten des Damenstifts seit dem 14. Jh., sank die Zahl der »Amtsfrauen« signifikant. Am Ende des Mittelalters waren es sechs.

Die Kanonissinnen konnten nach der sehr lockeren Verfassung des Stifts durchaus das Damenstift wieder verlassen und heiraten. Längere Abwesenheit vom Stift und Privateigentum waren ebenfalls gestattet.

Von seiner Konzeption her war Quedlinburg eine Art Ausbildungsstätte, ja wenn man will: »Hochschule« für den weiblichen sächsischen Adel. Meist in sehr jungen Jahren dem Stift zur Erziehung anvertraut, entschieden Familienpolitik und persönliche Veranlagung darüber, ob die jeweilige Adelstochter im Damenstift blieb. Offiziell nannte man das Stift im Hochmittelalter »ecclesia saecularis«, »freiweltliches Damenstift«.

Doch gab es neben diesen relativ frei lebenden adeligen Damen noch eine Art »ernsthafte« Klostergemeinschaft in den Mauern des Damenstifts: So finden wir im 15. Jh. neben Äbtissin, Pröpstin, Dechantin und sechs Kanonissinnen (den »Amtsfrauen«) auch noch mehrere sogenannte »Domfrauen«. Während die Amtsfrauen adeliger Herkunft waren, über erhebliche Pfründeneinnahmen zu verfügen hatten und standesgemäß wohnten, waren die Domfrauen meistens bürgerlicher Herkunft und wohnten getrennt von den Amtsfrauen in bescheidenen klösterlichen Verhältnissen. Sie hatten auch die täglichen Chordienste (Chorgebete) zu verrichten.

Die Standesschranken der mittelalterlichen Gesellschaft galten also auch innerhalb der Mauern des Damenstifts Quedlinburg!

Dem Stift stand zwar grundsätzlich die Äbtissin vor, doch hatte das Stiftskapitel der genannten »Amtsfrauen« einiges mitzureden. Seit dem Spätmittelalter schloß das Stiftskapitel mit der Äbtissin sogenannte »Wahlkapitulationen«. Darin verpflichtete sich die Äbtissin in der Regel, bei allen wichtigen Entscheidungen das Kapitel um Zustimmung zu bitten.

Bei ihren Verwaltungsaufgaben wurde die Äbtissin durch die Pröpstin unterstützt. Diese kümmerte sich vor allem um die Finanzen des Stifts. Eine Dechantin hatte den

Chordienst zu beaufsichtigen und übte die Disziplinarge-
walt über die Dekanissinnen aus.

Der Pröpstin und der Dechantin – beide Ämter bekommen für uns erst im 13. Jh. Konturen – standen eigene
Güter und ein eigenes Pfründevermögen (das sorgfältig
vom sonstigen Vermögen des Stifts getrennt war) zum Unterhalt zur Verfügung.

Für die gottesdienstlichen Aufgaben unterhielt das
Damenstift mehrere Kanoniker. Ihre Zahl sinkt von zwölf
im Hochmittelalter auf drei nach der Reformation.

Die große Zeit des Hauses Wettin:
Die unendliche Regierung der Äbtissin
Hedwig von Sachsen (1458–1511)

1458 wurde Hedwig, die Tochter des sächsischen Kurfürsten Friedrich II., des »Sanftmütigen«, mit 13 Jahren zur
Äbtissin gewählt. Die Wahl macht deutlich, mit welcher
Energie das Haus Wettin, das 1422 die sächsische Kurwürde erlangt hatte, Landes- und Familienpolitik betrieb.
Viele sächsische Geschlechter blieben bei diesem Aufstieg
der Wettiner auf der Strecke, und die Quedlinburger Nachfolge erscheint dabei wie ein Gleichnis: Die Vorgängerin
Hedwigs war Gräfin Anna von Plauen aus dem Geschlecht
der Herren von Plauen. Annas Bruder Heinrich war der
strahlende Günstling des Kaisers Sigmund († 1437) und
Anwärter auf eine überragende Stellung im sächsisch-
thüringischen Gebiet. Nach dem Tode des Kaisers mußte
Heinrich von Plauen gegenüber den Wettinern klein beige-
ben. Er verlor fast alle von ihm beanspruchten Gebiete in
der Burggrafschaft Meißen an die Wettiner.[62]

Auch in Quedlinburg wichen die Herren von Plauen den
Wettinern: Die 13jährige Hedwig war das willfährige Ob-

jekt väterlicher und landesherrlich-sächsischer Berechnung. Erst 1465, mit ihrem 21. Lebensjahr, erhielt sie die kaiserliche Bestätigung. In der Folgezeit geriet sie gänzlich unter den Einfluß ihrer Brüder Ernst und Albrecht, die 1464 ihren Vater beerbt hatten und das Land von ihrer Residenz in Dresden aus gemeinsam regierten.

Mit diesen beiden hochbegabten Brüdern, dem Kurfürsten Ernst und dem Herzog Albrecht, gelangte das Haus Wettin auf den Höhepunkt seiner Macht: Nach dem Aussterben der thüringischen Nebenlinie im Jahre 1482 vereinigten die beiden Brüder alle wettinischen Länder in ihrer Hand.

Jeder der beiden Brüder brillierte durch unterschiedliche Talente: Kurfürst Ernst besaß ein bedeutendes Verwaltungsgeschick. Seine Landesordnung von 1482 förderte Rechtseinheit und Rechtssicherheit, und das 1483 von ihm ins Leben gerufene Oberhofgericht in Leipzig war die erste Zentralbehörde des Kurstaates.

Während Kurfürst Ernst sich um die Innenpolitik kümmerte, bevorzugte sein zupackender Bruder Albrecht die Außenpolitik. Und da gab es für das Haus Wettin keine schlechten Perspektiven:

Am nördlichen Rand des wettinischen Territoriums lag die Stadt Magdeburg, die große Hauptstadt der Ostsiedlung, Sitz des Erzbischofs. Dieses Magdeburg war eines der Ziele der wettinischen Erwerbspolitik im Norden.

Tatsächlich gelang es 1476 dem Wettiner Ernst, Sohn des gleichnamigen Kurfürsten, die Erzbischofswürde von Magdeburg zu erlangen. 1479 konnte Ernst auch noch als Koadjutor in Halberstadt Optionen auf den dortigen Bischofsstuhl erwerben.

1480 weilte Kurfürst Ernst in Rom zu Gesprächen mit dem Papst, und 1482 erhielt sein Sohn das Erzstift Mainz. Der Mainzer Erzbischof als Herr des Eichsfelds und der Stadt Erfurt hatte in der Nachbarschaft des sächsischen

Territoriums ein gewichtiges Wort mitzureden! 1483 erkannte Erfurt die sächsische Schutzherrschaft an.

Beachtliche Gebiete im mittleren Deutschland standen nun direkt oder (über die geistlichen Fürstentümer) indirekt unter wettinischer Oberhoheit.

Was sich da abspielte, war im Grunde der mehr oder weniger legale Versuch einer Angliederung geistlicher Gebiete an das sächsische Territorium – 30 Jahre vor der Reformation.

Doch sollten die Wettiner ihre überragende Stellung schon bald leichtfertig verspielen: Während andere Landesherrn Ende des 15. Jh. nach Mitteln und Wegen suchten, ihre Territorien vor Teilungen zu bewahren, Primogeniturordnungen berieten und durchführten, begann man in Sachsen das Land nach mittelalterlicher Tradition wie Privatbesitz zu teilen:

Im Leipziger Vertrag von 1485, wohl dem größten Fehlgriff der sächsischen Geschichte, teilten Ernst und Albrecht ihre Länder. Alles Unglück, was in den folgenden Jahrhunderten über Sachsen hereinbrach, geht nicht zuletzt auf diesen Vertrag zurück. Und dieses Unglück traf auch Quedlinburg, das immer mehr von den Wettinern vereinnahmt werden sollte.

Äbtissin Hedwig und das Ende der städtischen Freiheitsträume in Quedlinburg (1477)[63]

Mit die größten Gegner der wettinischen Territorialpolitik im ausgehenden Mittelalter waren die Städte. Aufgrund ihrer Finanzkraft gelang es ihnen häufig, sich von unliebsamen Vogteien und Abhängigkeiten zu lösen; viele landesherrliche Städte träumten auch von der Reichsunmittelbarkeit.

Auch Äbtissin Hedwig stand vor dem Problem, daß die Stadt Quedlinburg, die seit dem Ende des 14. Jh. wirtschaftlich und politisch eine bedeutsame Macht geworden war, dabei war, alle Beziehungen zum Stift zu lösen.

Die Stadt war beim Regierungsantritt Hedwigs 1458 de facto reichsunmittelbar und ließ Dritten gegenüber auch keinen Zweifel über diesen Punkt aufkommen. Eine steinerne Rolandsfigur stand vor dem Rathaus, und im Wappen führte die Stadt neuerdings den schwarzen Reichsadler. Wie war es dazu gekommen?

Seit dem 13. Jh. stieg die Einwohnerzahl Quedlinburgs so dramatisch an, daß neue Viertel (Neustadt) angelegt werden mußten. 1340 wurde eine neue Stadtmauer um die mächtig angewachsene Stadt gelegt. Wenig später entvölkerte die Pest die überfüllte Stadt so sehr, daß sie bis ins 19 Jh. nicht mehr über die eben gebaute Mauer hinauswuchs.

Dennoch entwindet die Stadt dem damaligen Vogt, dem Bischof von Halberstadt, Schritt für Schritt die Herrschaft über die Stadtmauer. Der einsetzende wirtschaftliche Aufschwung trägt politische Zinsen: 1384 ist die Stadt Mitglied im niedersächsischen Städtebund, und 1396 erwirbt sie die Untervogtei über die Stadt als unbefristeten Pfandbesitz. Diese Untervogtei bestand vor allem aus dem Gerichtsrecht in der Stadt. 1426 wird Quedlinburg Mitglied der Hanse und sucht den direkten Anschluß an das Reich.

Doch 1477 ist der Traum vorbei. Die Äbtissin ist nicht gewillt, die Stadt in die Reichsfreiheit zu entlassen. Mit Hilfe ihrer Brüder Ernst und Albrecht gelingt es ihr, die Stadt wieder unter die Botmäßigkeit des Damenstifts zu zwingen: Die Stadt wird von sächsischen Truppen erobert, der Roland mit dem Reichsadler in Stücke geschlagen. Die Stadt und die Zünfte müssen ihre Privilegien abliefern. Sie erhalten neue Satzungen diktiert. Der Traum von der Reichsfreiheit ist ausgeträumt.

Aber nicht nur mit den Bürgern von Quedlinburg rechnet Hedwig ab. Auch der Bischof von Halberstadt, der Verbündete der Quedlinburger und Stiftsvogt, muß nun auf die Schutzherrschaft über das gesamte Stift verzichten. Die bischöflichen Beamten räumen unter Waffengewalt ihre Stellung. Auf dem Burgberg zieht ein sächsischer Stiftshauptmann mit seinen Bediensteten ein.

Das hat man Hedwig in Halberstadt nie vergessen. Auf Betreiben des Bischofs wird die Äbtissin am Ende ihres Lebens vom Papst gebannt.

Äbtissin Hedwig und das »illegale« Wappen des Damenstifts Quedlinburg[64]

Hedwig, die sächsische Kurfürstentochter, wird unfreiwillig zur Urheberin eines neuen Quedlinburger Wappens, eines Wappens, das die frommen Frauen von Quedlinburg nach Reichsrecht eigentlich nicht hätten führen dürfen. Trotzdem bleibt dieses »illegale« Wappen, das zwei gekreuzte Messer zeigt, bis zur Aufhebung des Stifts 1803 das »Hoheitszeichen« des Damenstifts.

Warum war das Quedlinburger Wappen illegal? Seit der Äbtissin Agnes III. von Schrapelau (1354–1362) führten die Äbtissinnen als Stiftswappen eine zweitürmige giebelgeschmückte Burg mit offenem Tor. Daneben stellten sie noch ihr jeweiliges Familienwappen.

Hedwig, die Kurfürstentochter, ließ nun auf ihren Münzen und Siegeln nicht mehr die Burg anbringen, die ihr schon deshalb verhaßt war, da sie auch von der Stadt Quedlinburg geführt wurde, sondern sie übernahm das gesamte sächsische Kurfürstenwappen ihres Vaters.

Dieses Wappen zeigte neben dem Stammwappen mit dem Rautenkranz auch die gekreuzten Schwerter, die Zeichen der sächsischen Kurwürde. Die gekreuzten

Schwerter waren Amtswappen und symbolisierten das Erzmarschallamt. Um sich nicht den Ärger des Kaisers zuzuziehen, mußte die Äbtissin eine kleine graphische Änderung vornehmen: Die Schwerter erhielten breite, stumpfe Klingen und veränderte Griffe. So machte man aus Kurschwertern Küchenmesser!

Die Nachfolgerin Hedwigs, Anna II. von Stolberg (1515–1574), machte von den Quedlinburger »Küchenmessern« zuerst keinen Gebrauch. Ab 1570 aber verwendete auch sie die Messer als offizielles Wappen des gefürsteten Damenstifts Quedlinburg. Jetzt wußte offensichtlich schon niemand mehr um die Herkunft dieser Wappensymbole. Man deutete sie vielmehr gewichtig als jene uralten sächsischen kurzen Kampfschwerter, als »Sassi«, nach denen der sächsische Stamm angeblich benannt worden war.

Die erfindungsreichen Historiker des 17. und 18. Jh. wußten zu berichten, wie mit Hilfe dieser Kurzschwerter die Sachsen den Thüringern in der Völkerwanderungszeit die Gegend um Quedlinburg heimtückisch abgenommen hatten: Bei den Friedensverhandlungen hätten die Sachsen ihre Kurzschwerter unter ihren Kleidern verborgen und wären dann über die arglosen Thüringer hergefallen.

Später bürgerte sich für die gekreuzten Messer im Quedlinburger Wappen die Bezeichnung »Kredenzmesser« ein. Es waren dies Messer, die oben abgerundet waren und die man (zum Schutz vor Vergiftungen) zum Vorkosten verwendete.

Der Quedlinburger Volksmund aber deutete die beiden Messer als Kuchenschaufeln: weil eben die Stiftsdamen so gerne Kuchen aßen!

Wegen der Ähnlichkeit der degenerierten Reichsschwerter mit Küchenmessern behaupteten manche wohlwollenden Heraldiker, die gekreuzten Messer seien das Symbol für ein »Reichsküchenmeisterinnenamt«, das den Quedlinburger Äbtissinnen zustehe!

Den »illegalen« sächsischen Ursprung des Quedlinburger Wappens versuchte man durch die Jahrhunderte zu verdrängen – mit Erfolg. Heute freilich wissen wir, daß die gekreuzten sächsischen Schwerter (das Gütezeichen des Meißner Porzellans!) und die gekreuzten Messer des Quedlinburger Stiftswappens einen gemeinsamen Ursprung haben.

Zeitenwende: Anna I. Gräfin von Stolberg (1516–1574) und die Reformation

Keine andere Äbtissin in Quedlinburg sollte für die Geschichte des Damenstifts wichtiger werden als die Gräfin Anna II. von Stolberg, die 1516 als Kind von zwölf Jahren mit päpstlicher Dispens die Regierung des Stifts antrat. Anna II. war die Äbtissin mit der längsten Regierungszeit (60 Jahre) – und –, sie war die Totengräberin der alten Stiftsverfassung. Sie führte in Quedlinburg die Reformation ein und schuf damit das kuriose Gebilde eines evangelischen Damenstifts.

Sie darf als die erste »Kunsträuberin« auf dem Burg-Schloßberg von Quedlinburg gelten, denn sie trägt die Verantwortung dafür, daß der wertvolle Stiftsschatz, den ihre Vorgängerinnen stetig vermehrt oder zumindest sorgfältig bewahrt hatten, erstmals empfindliche Einbußen erlitt.[65]

Die 1504 geborene Anna II., Tochter des bekannten Grafen Botho v. Stolberg, besaß eine bemerkenswerte Verwandtschaft: Ihre um zwei Jahre jüngere Schwester Juliana hat als heldenhafte und unglaublich kinderreiche Stammutter des Hauses Nassau-Dillenburg-Oranien von sich reden gemacht und Reformationsgeschichte geschrieben. Auch

Anna hat sich Zeit ihres Lebens – wie ihre berühmte Schwester – als Vorkämpferin der Reformation gesehen.

So hat das Schicksal auf den Schloßberg von Quedlinburg immer wieder starke, aber auch zerstörerische Frauen gesetzt.

In ihren ersten Regierungsjahren erlebte Anna, wie unten in der Stadt die ersten protestantischen Prediger auf die Kanzeln stiegen. Die Äbtissin griff zum Ärger des sächsischen Schutzherren nicht ein, und so sorgte der sächsische Stiftshauptmann nach Anweisungen Herzog Georgs dafür, daß die Quedlinburger beim alten Glauben blieben. Er konnte freilich nicht verhindern, daß sich die Klöster leerten, als erstes das Augustinerkloster.

Als der Bauernkrieg 1525 auch im Harz aufflammte, waren die Quedlinburger Klöster eines der ersten Ziele von plündernden Haufen, die sich nicht nur aus Bauern, sondern auch aus städtischen Unterschichten zusammensetzten. Das Benediktinerinnenkloster von St. Marien auf dem Münzenberg, das Prämonstratenserkloster St. Wiperti, das Franziskaner- und das Augustinerkloster in der Stadt wurden gestürmt, geplündert und verwüstet.

Die Schuldigen an diesen Ausschreitungen konnten trotz eingeleiteter Untersuchungen nicht ermittelt werden. Der Herzog hatte sogar Stadt und Äbtissin in Verdacht, sie hätten insgeheim die Klöster unter sich aufgeteilt und daher dem Volkszorn gerne freien Lauf gelassen.

Nach der blutigen Niederlage der Bauern im nahen Frankenhausen am 15. Mai 1525 und der Hinrichtung des (1468 in Stolberg geborenen) fanatischen Bauernführers und Geistlichen Thomas Müntzer in Mühlhausen (27. Mai 1525) kehrte im Harz wieder Ruhe ein.

Äbtissin Anna II., die schon lange dem protestantischen Glauben zuneigte, konnte erst 1539, nach dem Tode des Herzogs Georg von Sachsen, die Reformation einführen. Dabei half ihr Dr. Tileman Plattner, den sie aus Stolberg herbeirief und zum Konsistorialrat, also zum »Kultusminister« des Stifts, ernannte. Dr. Plattner, der 1521 in Wittenberg zum Dr. theol. promovierte, hatte Erfahrung in diesen Dingen. Auch in Stolberg hatte er 1524 bei der Einführung der Reformation entscheidend mitgewirkt.

Die Einführung der Reformation beeinflußte natürlich auch die Verfassung des Damenstifts. Seit dem Spätmittelalter bestand das Stiftskapitel aus den sogenannten sechs Amtsfrauen, ausschließlich Adeligen, und mehreren sogenannten Domfrauen, die im Grunde den Klostercharakter des Damenstifts begründeten und die auch bürgerlicher Herkunft sein konnten. Letztere wurden nun gänzlich abgeschafft und die Amtsfrauen auf vier, maximal fünf Personen beschränkt: Neben Äbtissin, Pröpstin und Dechantin waren noch ein oder zwei Dekanissinnen Mitglieder des Stiftskapitels.

Dieses neue Damenstift Quedlinburg, dessen Hoheitsgebiet sich auf die Stadt Quedlinburg und auf das Dorf Ditfurt beschränkte, hatte reichsrechtlich die gleiche Stellung wie das bisherige kaiserliche freiweltliche Damenstift: Es konnte auf Reichstagen Sitz und Stimme auf der geistlichen Fürstenbank beanspruchen, mußte allerdings auch zu den Reichssteuern beitragen.

Die Höhe dieser Beiträge war auf dem Reichstag von Worms 1521 für alle Reichsstände ausgehandelt worden. Quedlinburg hatte nach der damals angelegten Reichsmatrikel im Falle eines Römerzuges (Zug zur Kaiserkrönung) zwei Soldaten zu Pferd und 16 Soldaten zu Fuß zu stellen. Das war immerhin mehr als das vergleichbare Damenstift Essen! Die Matrikel von 1521 bildete die Grundlage für alle späteren Reichssteuern (insbesondere Türkensteuern), die nach Römermonaten (= monatliche Kosten des zu stellenden Truppenkontingents) berechnet wurden.

Weit mehr als in den fürstlichen, reichsritterschaftlichen oder reichsstädtischen Herrschaftsgebieten bedeutete die

Einführung der Reformation in einem geistlichen Fürststift wie Quedlinburg einen ungeheuren Umbruch. Die bisherigen kirchlichen Strukturen mit Papst und Bischof, in die das geistliche Staatsgebilde Quedlinburg eingebunden war, fielen nun ersatzlos weg: Der Papst in Rom, der Erzbischof von Magdeburg und der Bischof von Halberstadt, sie hatten nun den Damen in Quedlinburg nichts mehr zu sagen.

Wer sollte jetzt die geistliche »Fachaufsicht« haben? Der Kurfürst von Sachsen als Inhaber der Schutzvogtei? Wer wählte die Äbtissin, wer bestätigte sie? Was geschah mit den katholischen Kanonissinnen? Was mit den Stiftungen, die von Familien stammten, die katholisch geblieben waren? Und vor allem – wem gehörte jetzt der unermeßlich wertvolle Schatz? War er nicht Reichsgut mit seinen Erinnerungen an die ottonischen Kaiser, mit seiner Reichskrone, seinem Reichsapfel?

Anna von Stolberg hatte mit ihrer Entscheidung zugunsten der Reformation so lange gewartet, bis Herzog Georg von Sachsen 1539 gestorben war. Georg (der Bärtige), ein Erzfeind Luthers, gehörte der albertinischen (Dresdner) Linie des Hauses Wettin an, die bei der Landesteilung von 1485 die Schutzherrschaft über das Kloster erhalten hatte. Er hätte es niemals zugelassen, wenn in seinem Herrschaftsbereich lutherisch gepredigt worden wäre. Nach seiner Meinung waren die kirchlichen Neuerungen Luthers nichts als Höllenwerk. Eine Reform müsste von der ganzen Kirche ausgehen, und es sei eine lächerliche Vermessenheit, wenn ein einzelner gleichsam als »lux mundi«, als Licht der Welt, auftrete.

Herzog Georg nahm damit eine völlig andere Haltung ein als seine ernestinischen Verwandten, die kurfürstlichen Brüder Friedrich (der Weise) und Johann (der Beständige).

Georgs Nachfolger Heinrich der Fromme (1539–1541) vollzog nun auch für die albertinische Linie den Übergang zur Reformation.

Solange Heinrich der Fromme lebte, konnte Anna ihre Reformationsmaßnahmen ohne allzu große Probleme durchführen: Annas erste Amtshandlung als weltliche Herrin des Stiftsgebiets war die Aufhebung des Nonnenklosters St. Marien auf dem Münzenberg und des Mönchsklosters St. Wiperti auf dem Grund des ehemaligen Königshofes. Die überaus wertvollen Kleinodien der beiden Konvente ließ Anna verzeichnen und auf das Stiftsschloß bringen.

Zu den wertvollsten Stücken, die aus dem Nonnenkloster St. Marien auf den Münzenberg in den Stiftsschatz wanderten, gehörte auch eine ottonische Krone, die in einem Inventar von 1540 als »silberne Krone verguldet, darein edle Gestein gesetzt« verzeichnet wird. Diese Krone, die unter Anna verschwand, beschäftigt bis heute die Phantasie der Menschen – es handelte sich wahrscheinlich um die erste deutsche Kaiserkrone.

Aus dem Kloster St. Wiperti kam auch ein Evangelistar von 1513, das dann 1945 ein Opfer des Quedlinburger Kunstraubs werden sollte.

1541 starb Heinrich der Fromme von Sachsen. Sein Nachfolger Moritz hatte ein anderes Format. Er gehörte zu den großen Bewegern des 16. Jh., weniger zu den frommen Bibellesern. Er zog einen scharfen Ritt dem Bibelstudium durchaus vor. Jetzt begann für die Äbtissin eine schwere Zeit. Wäre sie nur katholisch geblieben!

Herzog Moritz und seine Räte bezweifelten zuerst einmal die Berechtigung der Äbtissin, die Klosteraufhebungen durchzuführen und das Klostervermögen einzuziehen.

Der sächsische Herzog als Vogt und Schutzherr des Stiftes glaubte in so wichtigen Vermögensangelegenheiten ein Mitbestimmungsrecht in Anspruch nehmen zu dürfen. Der Vogt hatte ja schließlich – wie ein Vormund – das Damenstift nach außen zu vertreten!

Am liebsten hätte Moritz das Stift als ganzes geschluckt.

Die Rechtslage nach der Einführung der Reformation war in der Tat so verworren, daß die landesherrlich-sächsischen Juristen problemlos rechtlich plausible Begründungen für eine Annexion hätten finden können. Aber da war ja noch der Kaiser!

Kaiser Karl V. hätte solche territorialen Veränderungen in Sachsen nicht geduldet. Und: Es wäre ihm ein leichtes gewesen, die zwei Linien des Hauses Wettin in diesem Punkt gegeneinander auszuspielen.

Der erste Quedlinburger Kunstraub[66]

Herzog Moritz mußte also sein Glück mit unauffälligeren Mitteln versuchen. Zunächst einmal verlangte er die Verfügung über die Kleinodien des Stifts. Der Stiftshauptmann, der ihn in Quedlinburg vertrat, hatte Anweisung, bei der Äbtissin insoweit vorstellig zu werden.

Zuerst sollte die Äbtissin Rechnung legen. Man wollte Auskunft über die Vermögensverhältnisse des Stiftes haben. Besonders war man natürlich am – durch die Reformation beachtlich vermehrten – Stiftsschatz interessiert, da nun die Gefahr bestand, er könnte zum Privatschatz der weltlich gewordenen Fürstin werden.

Auf eine 1545 an die Äbtissin gerichtete Anfrage erhielt Herzog Moritz keine Antwort.

Wenig später kam es zum Krieg zwischen Herzog Moritz und dem Kurfürsten Johann Friedrich aus der ernestinischen Linie der Wettiner. 1546 eroberte der Kurfürst die Gebiete des Herzogs Moritz.

Dabei usurpierte er auch die Schirmvogtei über Quedlinburg.

Kurz vor dem Einmarsch des Kurfürsten in Quedlinburg brachte die Äbtissin einen Teil des Schatzes bei ihrer Verwandtschaft in Wernigerode in Sicherheit. Ein Verräter berichtete dem Kurfürsten über diese Transaktion.

Der Kurfürst schickte nun an Graf Wolfgang in Wernigerode einen Brief mit der Aufforderung, die aus Quedlinburg entfernten Gegenstände zurückzuerstatten und gleich dem Abgesandten zu übergeben.

Der Brief enthielt auch eine Auflistung der fehlenden Objekte – es waren offensichtlich nur die wertvollsten und handlichsten Gegenstände des Schatzes, die damals nach Wernigerode (oder noch weiter) gebracht wurden. Gerade diese Objekte sind seit 1547 auf mysteriöse Weise verschwunden.

Vier Posten standen auf der Liste des kurfürstlichen Emissärs:

An erster Stelle ein Smaragd, den man auf 50.000 fl. schätzte – eine ungeheure Summe! Es war der Smaragd, den man vom Deckel des Servatiusreliquiars entfernt hatte.

Sodann die kaiserliche Krone aus dem Marienkloster am Münzenberg, die wertvolle ottonische Krone.

Dann der goldene Arm des Servatius und Silber im Gewicht von 400 Mark.

Die Stücke blieben auf immer verschwunden. Wohin sie von Wernigerode aus gekommen sind, ist völlig unklar. Da 1580 von Dillenburg aus wieder Teile des Schatzes zurückkamen, ist anzunehmen, daß 1547 oder früher von der Äbtissin noch andere Gegenstände aus dem Schatz in die Burgen ihrer stolbergischen Verwandtschaft transferiert worden waren. Als Verwahrerin der zurückerstatteten Gegenstände wird die heldenhafte Juliana, die Schwester der Äbtissin, genannt. Sie war mit Graf Wilhelm von Nassau verheiratet.

Zweifellos veräußerten, entfremdeten, entwendeten, unterschlugen – oder wie man es nennen will – damals Mitglieder des Hauses Stolberg-Wernigerode wertvolle Teile des Schatzes.

Da – wie wir wissen – der Quedlinburger Schatz von Wernigerode aus weiter ins nassauische Dillenburg westlich von Marburg gebracht worden war, ist es wahrscheinlich, daß dort die seit dem 16. Jh. fehlenden Stücke »abhanden kamen«. Möglicherweise floß der Erlös aus den Verkäufen in die immer bedürftige Kasse eines berühmten Verwandten der Äbtissin: Prinz Wilhelm von Nassau-Oranien, »der Schweiger« (1533–1584), Sohn ihrer Schwester Juliana.

So wäre es also denkbar, daß der erste Quedlinburger Kunstraub dem Freiheitskampf der Niederlande zugute kam.

Rechtsansprüche gegen das Haus Nassau-Oranien hat freilich das Damenstift niemals geltend gemacht. Offensichtlich war den Nachfolgerinnen der Äbtissin Anna II. nicht bekannt, daß der Schatz in Dillenburg deponiert gewesen war.

Selbstverständlich hat sich auch die Legende der im 16. Jh. verlorenen Schätze angenommen. So soll die Kaiserkrone im Schloßkeller von Wernigerode verborgen sein und kann dort in der Neujahrsnacht von Sonntagskindern gesehen werden.

Der Streit zwischen Äbtissin und Moritz – den inzwischen der Kaiser auf Kosten der ernestinischen Linie mit der Kurfürstenwürde geschmückt hatte – wurde auf Reichsebene weitergeführt. Man verhandelte ihn 1548 vor dem Kaiser auf dem Augsburger Reichstag und brachte ihn schließlich vor das Reichskammergericht. Auch Moritz wollte vor allem Auskunft über das Schicksal des wertvollen Smaragds und der Kaiserkrone haben. Die Äbtissin aber meinte, der Schatz gehe den sächsischen Schutzherrn nichts an.

Während sich der Streit um den Stiftsschatz beruhigte, setzte sich der Ärger mit Sachsen in anderen Bereichen fort: Als nach dem Tode des Kurfürsten Moritz dessen Nachfolger August 1554 als Erbvogt die Huldigung der Quedlinburger Bürger entgegennahm, verlangte er einen Huldigungseid, in dem er sich als Landesherr von Quedlinburg titulierte.

Die empörte Äbtissin ließ sofort einen Notar kommen und in Anwesenheit der sächsischen Gesandten einen Protest aufsetzen.

Frauen verbrennen Frauen: Reformation und Hexenprozesse

Anna von Stolberg veränderte durch die Einführung der Reformation in ihrem Stift auch das Stadtbild und das Alltagsleben in Quedlinburg ganz entscheidend. Die Klöster in der Stadt verschwanden. Um die Hinterlassenschaft balgten sich die Stadt, die Äbtissin und der sächsische Schutzherr. Insgesamt wurde das Leben freudloser, reglementierter. Gedruckte Mandate und bisher unbekannte behördliche Maßnahmen belästigten den einzelnen.

Anna, ein zäher, freudloser, auf Vorteil bedachter Frauentyp, paßte gut in diese Zeit.

Doch in manchen Dingen konnten die Bürger der Stadt durchaus zufrieden mit ihrer Landesherrin sein: Nach der Einführung der Reformation hatte die Äbtissin beispielsweise ein Gymnasium in der Stadt gegründet. Sie legte zu diesem Zweck zwei schon vorhandene Schulen zusammen und wies der neuen Schule eine Wirkungsstätte im Franziskanerkloster zu.

Diese Schulgründung sollte natürlich auch eine Demonstration des »modernen« protestantischen Geistes sein, der jetzt in die Stadt eingezogen war. »... und es wurde aus dem ehemaligen Wohnhause der faulen Mönche eine Werkstatt der Künste und Wissenschaften«, triumphierte noch 1736 der gut protestantische Geschichtsschreiber v. Roth.

Gegen Ende ihrer Regierung mußte Anna noch miterleben, wie durch theologische Streitigkeiten, Hungersnöte und Seuchen die Unruhe in der Bevölkerung zunahm. Die Unzufriedenheit suchte nach Ventilen. Man munkelte von der Hexensekte und ihren Untaten.

In den Hungerjahren 1569 und 1570 kam es dann im Stiftsgebiet zu den ersten Massenprozessen gegen die Hexen. Über 26 Hexen sollen in diesen zwei Jahren in Quedlinburg verbrannt worden sein!

Freilich war es nicht die Äbtissin selbst, die solche Hexenprozesse betrieb. Die Blutgerichtsbarkeit in der Stadt war Sache des Erbschutzherrn, des Kurfürsten von Sachsen. Kurfürst August war ein strenger Herr! Die von ihm für seine Länder dekretierten Strafrechtsnormen sind im ganzen deutschen Reich mit Abstand die grausamsten.

So nimmt es nicht wunder, daß die sächsischen Beamten, die strengen Juristen des Kurfürsten, auch bei den Hexenprozessen fleißig bei der Sache sind und dem Gesetz Geltung verschaffen: Zauberer hatte schon das römische Recht mit dem Tode bedroht!

Die um diese Zeit in ganz Europa einsetzenden Hexenprozesse können also nicht den Theologen und dem finsteren Mittelalter in die Schuhe geschoben werden. Sie sind vielmehr das Markenzeichen des modernen Staates, der im 16. Jh. in den Geburtswehen liegt und dessen Bürokratie in den Massenprozessen eine erste Probe ihrer Leistungsfähigkeit gibt.

Doch: als – de jure – Landesherrin, stand der Äbtissin auch ein Gnadenrecht zu. Bei Dieben und anderen Delinquenten machte sie, wie wir wissen, davon Gebrauch. Nicht aber bei den unschuldigen Opfern des Hexenwahns.

Ihr Bild zeigt sie mit dünnen, harten Lippen. Eine strenge, frömmelnde, freudlose Person.

Das Geheimnis, wo die besten Stücke des Schatzes, insbesondere Smaragd und Krone, geblieben waren, hat sie nicht preisgegeben.

Noch zu ihren Lebzeiten wählte sich Anna aus ihrer Verwandtschaft eine Nachfolgerin. Die Wahl erwies sich als nicht besonders glücklich. Sie fiel auf eine äußerst hypochondrische, ja hysterische Frau, auf Elisabeth, Tochter von Annas Schwester Magdalena und dem Grafen Ulrich VI. von Regenstein-Reinstein und Blankenburg († 1551).

Bei dieser Wahl der Gräfin von Regenstein-Reinstein zur »Koadjutorin«, d. h. zur Stellvertreterin mit dem Recht zur Nachfolge, die 1566 stattfand, mußte die Äbtissin und ihre Verwandte natürlich damit rechnen, daß sich Sachsen wieder einmischen würde. Kurfürst August hatte es auf geistliche Fürstentümer abgesehen. Er war eben dabei, die drei sächsischen Bistümer Naumburg, Meißen und Merseburg in seine Abhängigkeit zu bringen. In Naumburg und Merseburg hatte er gerade die Verwaltung der Bistümer selbst übernommen.

Jetzt war Kurfürst August aber Gott sei Dank durch die ihm vom Kaiser aufgetragene Reichsexekution gegen den rebellischen fränkischen Ritter Wilhelm v. Grumbach und gegen den einfältigen ernestinischen Herzog in Gotha so beschäftigt, daß er und seine Beamten sich nicht um Quedlinburg kümmern konnten.

Die Äbtissin und ihre neue Koadjutorin sicherten sich ab: Sie ersuchten nicht nur den Kaiser um die Bestätigung der Wahl, sondern sogar den Papst, obwohl doch offenkundig war, daß sowohl die Äbtissin als auch die Koadjutorin treue Anhängerinnen des protestantischen Glaubens waren.

Der Papst jedenfalls war über die unerwartete Einladung hoch erfreut und ließ seinen Legaten umgehend die Bestätigung der Wahl aussprechen. Der päpstliche Legat nannte in seinem Bestätigungsschreiben die Äbtissin sogar katholisch, obwohl er es natürlich besser wußte. Aber die Hoffnung auf eine Wiedergewinnung des verlorenen Damenstifts war geweckt.

Der Untergang der Grafen von Regenstein-Reinstein: Äbtissin Elisabeth II. (1574–1584)

Nur noch die vom Wind zerfressene Burgruine Regenstein bei Blankenburg – nicht weit von Quedlinburg – erinnert uns heute an die Grafen von Regenstein – ein unglückliches, finsteres, aber zähes Geschlecht, das nur selten die dunklen Wälder seiner Heimat verlassen hat. Seit 1273 waren die Regensteiner, wie erwähnt, Stiftvögte von Quedlinburg und machten sich bei den Bürgern der Stadt derart unbeliebt, daß diese Anfang des 14. Jh. den »Raubgrafen« Albrecht II. von Regenstein gefangennahmen.

Die Grafschaft in der unmittelbaren Nachbarschaft von Quedlinburg war nicht groß; die Stadt Blankenburg war das wertvollste darin. Teilungen und gemeinsame Regierungen zehrten an der Substanz. Die Töchter des Grafen wurden recht und schlecht versorgt und verschwanden meistens in den Klöstern der Umgebung. Freilich, mit der Reformation war es auch für den Harzer Adel schwer geworden, die Töchter standesgemäß zu versorgen.

Es waren schlechte Jahre für die gräfliche Familie Regenstein: Kaum hatte man unter erheblichem Aufwand die Blankenburger Burg umgebaut und wohnlicher gestaltet, fiel sie 1546 einem Brand zum Opfer. Der Wiederaufbau im Renaissancestil verschlang Unsummen.

So war es also mehr als willkommen, als die Quedlinburger Äbtissin Anna die Tochter ihrer Schwester, die 24jährige Elisabeth, 1566 zur Koadjutorin und damit praktisch zur Nachfolgerin bestimmte. Elisabeths Mutter war 1546 beim Brand der Burg ums Leben gekommen. Der Vater, Graf Ulrich VI., der sich als sächsischer Stiftshauptmann in Quedlinburg durchbrachte, war 1551 gestorben. Die 1542 geborene Elisabeth wuchs als Vollwaise und mit furchtbaren Jugenderinnerungen auf: Beim Schloßbrand von Blankenburg, bei dem auch ihre Mutter umgekommen war, hatte man sie im letzten Moment dadurch retten können, daß man sie in einem Bettlaken vom Fenster herabließ.

Es waren böse Vorzeichen, die sie seit den 40er Jahren schreckten und ihr überempfindliches Gemüt belasteten:

1574, nach dem Tode der 70jährigen Anna v. Stolberg, wurde Elisabeth gefürstete Äbtissin des Reichsstiftes Quedlinburg. Doch jetzt war Kurfürst August auf dem Plan, jetzt mußte die neue Äbtissin für ihre Wahl zur Koadjutorin von 1566 die Zeche zahlen. Und auch die Wahl zur Äbtissin hatte ihren Preis:

Das Kapitel mußte dem Kurfürsten zusichern, daß in Zukunft die Wahl der Äbtissinnen ohne Zustimmung des Schutzherren ungültig sein sollte; darüber hinaus durfte auch die Zustimmung des Papstes nicht mehr eingeholt werden.

Der Vertrag von 1574 war ein Verstoß gegen jedes Reichs- und Kirchenrecht. Aber Kurfürst August war ein glänzender Politiker mit einer Reihe von guten Juristen. Die wußten, was zu tun war.

Der Kaiser als oberster Schutzherr des Damenstifts mischte sich nicht ein. Er brauchte den Kurfürsten. Er bestätigte der Äbtissin lediglich, daß man ihre alten Rechte schützen werde.

Die Äbtissin besaß nicht das Format, um einem Kurfürsten wie August von Sachsen Widerstand zu leisten. Sie hatte mit sich selbst und ihrer Familie genug Probleme: Gleich nachdem sie zur Äbtissin gewählt worden war, begann für das Haus Regenstein die Götterdämmerung: Zwischen 1581 und 1599 starben die letzten fünf Grafen von Regenstein.

Elisabeth regierte zehn Jahre lang als Äbtissin, von 1574 bis zu ihrem Tode 1584. Sie sah das Unheil kommen, sie sah die verzweifelten Bemühungen in der Familie, das Geschlecht der Regensteiner zu erhalten.

Gleichzeitig mußte sie aber auch erleben, wie die Familie sich selbst aufgab, wie ihre Brüder ins Kloster flohen: 1581, nach dem Tode ihres Bruders, des Grafen Ernst des Älteren, lebten noch dessen Söhne Martin und Bodo II., die beide kinderlos waren. Ein dritter Sohn Ernst (der Jüngere) hatte den geistlichen Stand gewählt, war seit 1546 Domherr in Mainz und Propst in Naumburg. Er gab nun, als das Aussterben der Familie drohte, seine geistlichen Würden auf und heiratete gleich zweimal. Doch auch seine zwei Ehen blieben ohne männlichen Erben. Nun ging es schnell dahin: Bodo II. starb 1594, im gleichen Jahr Ernst der Jüngere. Der Untergang des Hauses war nicht mehr aufzuhalten. Da wurde dem Grafen Martin noch 1596 überraschenderweise ein Kind geboren, Johann Ernst (Johann Georg).

Graf Martin machte ein Gelübde, zog sich dann 1597 in das von den Regensteinern okkupierte und reformierte Zisterzienserkloster Michaelstein zurück und starb noch im gleichen Jahr. Sein Sohn und Nachfolger Johann Ernst (Johann Georg) wurde keine drei Jahre alt. Mit seinem Tod am 4. Juli 1599 erlosch das Geschlecht der Grafen von Regenstein.

Elisabeth hat das Ende ihrer Familie nicht mehr erleben müssen. Sie starb schon 1584 mit 42 Jahren. Weinerlich bat sie 1583 in einem Brief an den Kaiser um Zustimmung für die von ihr gewählte Koadjutorin – eine Verwandte aus der mütterlichen Linie: Anna Gräfin von Stolberg. Sie brauche, so schreibt sie, diese Koadjutorin nicht nur, weil sie sich so übel und krank fühle, sondern auch, weil Quedlinburg ohne klare Nachfolge ein Raub menschlicher Habgier werden würde. Kein Kloster, keine fromme Stiftung sei heute mehr sicher vor den Räubereien der Weltlichen und Mächtigen.

Es ist klar, wen sie da meinte: die Kurfürsten von Sachsen. Vielleicht erinnerte sie sich aber auch daran, wie sehr ihre Vorfahren das Kloster gequält hatten. Der Käfig, in dem die Quedlinburger Bürger einen ihrer Urahnen, den »Raubgrafen«, einsperrten, stand ja immer noch im Rathaus.

Die letzten Jahrzehnte des 16. Jh. waren keine gute Zeit: Die Zeitgenossen sinnierten darüber, warum kaum einer mehr das 30. Lebensjahr erreichte, warum die berühmtesten Geschlechter ausstarben, warum seit dem Jahre 1570 Unwetter auf Unwetter die Ernten in Deutschland vernichteten warum eine Seuche nach der anderen die geschwächten Menschen dahinraffte.

1576 suchten Unwetter und Überschwemmungen Quedlinburg heim, und im Anschluß daran forderte eine pestartige Seuche über 1200 Opfer.

Es schien, als hätte eine dunkle Macht den Untergang der Menschheit beschlossen. Das Volk erfuhr es aus Flugschriften und aus den Nachrichten über die vielen Hexenprozesse: Es ist die Verschwörung des Teufels, die Hexensekte, die sich schlimmer als die Pest über das Land hermacht.

Als Anna III. Gräfin von Stolberg (1584–1601) mit 19 Jahren der im Alter von 42 Jahren verstorbenen Äbtissin Elisabeth nachfolgte, da war es das letzte Mal, daß ein Grafengeschlecht aus der Umgebung im Damenstift Quedlinburg zum Zug kam.

In Zukunft sollten nur noch Äbtissinnen aus herzoglichen, kurfürstlichen oder königlichen Familien zur Reichsäbtissinnenwürde und damit zum Fürstenrang aufsteigen.

Anna von Stolberg mußte zusehen, wie die Einnahmen des Stifts immer mehr zurückgingen und wie der seit dem 16. Jh. auf dem Schloß sitzende sächsische Stiftshauptmann mit seiner Mannschaft das Damenstift arm »fraß« und sich dabei immer mehr Rechte herausnahm. Das Stift mußte ihm 700 Taler Unterhalt zahlen und ein tägliches Essen mit sechs Gängen an der Tafel der Äbtissin zur Verfügung stellen. Dazu kamen erhebliche Mengen an Wein und Bier. Als 1600 die Stelle vakant wurde, bat die Äbtissin vergeblich darum, von einem Menschen verschont zu bleiben, der nichts zu tun habe ...

Anna mußte erleben, wie 1599 die Pest das Stiftsgebiet fast entvölkerte. Vorausgegangen waren Mißernten und Hungersnöte.

Immerhin war sie als sparsame Haushälterin noch in der Lage, den Süd- und den Westflügel der ehemaligen Burganlage so auszubauen, daß nun zusammen mit dem bereits 1557 fertiggestellten Abteibau im Norden dem Damenstift trotz der beengten Raumverhältnisse ein schmuckes, giebelgeschmücktes Renaissanceschloß zur Verfügung stand. Diese Bauten haben der Äbtissin den Ruf eingebracht, Erbin eines beträchtlichen Vermögens zu sein. Jedenfalls empfanden die Zeitgenossen die Bautätigkeit der Äbtissin angesichts des allgemeinen Elends als besonders auffällig.

Anna III. starb, wie viele der Äbtissinnen um diese Zeit, jung und unerwartet am 12. Mai 1601, nachdem sie vorher noch im Brühl, dem stiftischen »Lustgarten«, spazierengefahren war. Angeblich hat sie die Pest dahingerafft.

Das Damenstift Quedlinburg im 17. Jh. – zwischen Wettin und Hohenzollern

Die sächsischen Schutzherren konnten seit dem 17. Jh. mit Hilfe ihres Vetorechts bei der Äbtissinnenwahl auch mühelos ihre Verwandtschaft in Quedlinburg unterbringen.

Die Äbtissin Maria (1601–1610) war die Schwester des Herzogs Friedrich Wilhelm von Sachsen-Altenburg, der in

Quedlinburg mit Stiftskirche (1)

Stiftskirche – Krypta (2)

Samuhel-Evangeliar (3)

Stiftskirche – Krypta (4)

Servatiusreliquiar (Reliquienkasten Ottos I.) (5)

Heinrich I., der Begründer des Quedlinburger Stifts (6)

Reliquienkasten Heinrichs I. (7, 8)

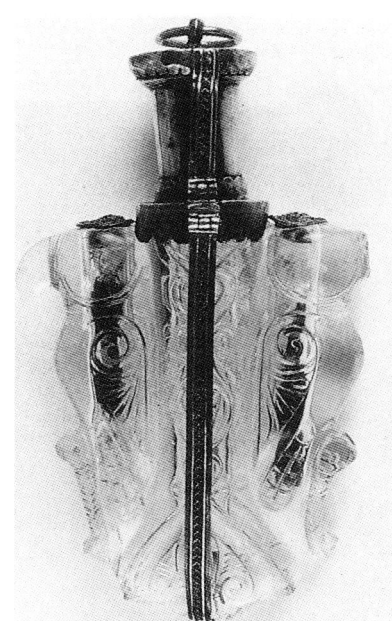

Reliquiare aus Bergkristall (9, 10, 11)

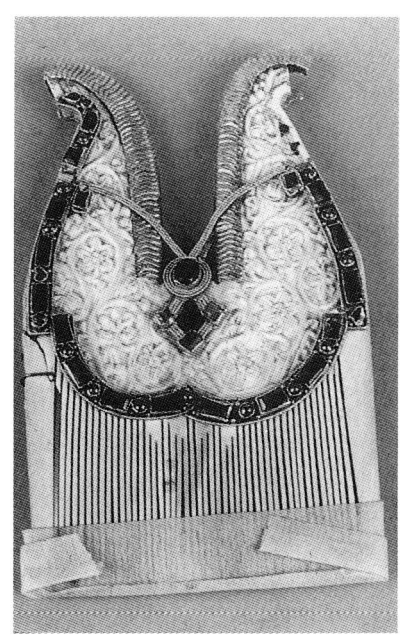

Prunkkamm Heinrichs I. (12)

Ein Reliquiar, das der hl. Katharina zugeschrieben wird (13, 14)

Sachsen bis 1601 die Vormundschaftsregierung für den minderjährigen Kurfürsten Christian II. führte. Maria bewährte sich als gute Organisatorin durch die Einrichtung der Stiftskanzlei als ziviles Obergericht für das Stiftsgebiet. Nachdem sie bereits mit 38 gestorben war, folgte ihr Dorothea (1610–1617), die Tochter des sächsischen Kurfürsten Christian I. und Schwester des seit 1601 regierenden Kurfürsten Christian II. Der kränkliche Vater war 1591 mit 31 Jahren gestorben, kurz nach der Geburt seiner Tochter.

Dorothea, die Halbwaise, hing sehr an ihrer Mutter, der Brandenburgerin Sophie. Diese verhätschelte ihre Tochter ebenso wie ihren schwächlichen Sohn, den zehn Jahre unter Vormundschaft stehenden Kurfürsten Christian II.

Es muß für die Prinzessin hart gewesen sein, als sie 1610 mit 19 Jahren zur Äbtissin von Quedlinburg gewählt wurde und die Schlösser ihrer Kindheit in Dresden und Freiberg verlassen mußte. Noch erhalten sind uns die rührenden Gedichte, die sie ihrer Mutter regelmäßig zu Geburts- und Namenstagen schrieb.

In Quedlinburg begann Dorothea ihre Regierung im Stil einer guten Haushälterin. Sie ließ ein Inventar des Schatzes anfertigen, das noch heute für uns von Wert ist. Es zeigt, was in den Jahren der Reformation alles abhanden gekommen war: Endgültig verloren waren nun offensichtlich der wertvolle Smaragd vom Servatiusreliquiar sowie die ottonische Königskrone. Darüber hinaus fehlten die kaiserlichen Prunkhandschuhe, die in alten Verzeichnissen erwähnt werden, sowie die wertvollen Armreliquiare des hl. Servatius und des hl. Dionysius, die seit der ottonischen Zeit zu den Prunkstücken des Schatzes gezählt hatten.

Wie schlimm dem Schatz mitgespielt worden war, zeigt die Tatsache, daß das wertvolle Adelheid-Evangeliar erst 1602 wieder aus der Hand eines Apothekers namens Hans Walburger in den Schatz zurückkam. Dieser mußte es »mit Schanden« zurückgeben. So heißt es in einem Vermerk, den man im Evangeliar als Warnung für künftige »Erwerber« anbrachte. Wahrscheinlich hat der Privatmann das unter Äbtissin Anna II. entfremdete Evangeliar auf dem »schwarzen Markt« erworben und somit auch nach damaligem Rechtsverständnis Hehlerei begangen: Aufgrund der Eintragungen im Evangeliar war die Herkunft des Werkes einwandfrei erkennbar.

Ohne eine gelockerte Auffassung vom Wesen des Stiftseigentums, wie sie offensichtlich seit dem 16. Jh. bei Äbtissinnen und Kanonissinnen eingerissen war, sind die damaligen Verluste an Kunst- und Wertgegenständen kaum denkbar. Äbtissin Dorothea mußte daher 1616 durch Stiftsstatut die Eigentumsverhältnisse insbesondere bei Erbfällen klären lassen: Nur noch der persönliche Schmuck, den eine Äbtissin oder Kanonissin nachweisbar mit ins Kloster gebracht hatte, stand als Nachlaß den Erben zur Verfügung. Alle anderen beweglichen Gegenstände blieben in der Verfügung des Damenstifts.

Dorothea hatte die schwächliche Konstitution ihres Vaters geerbt. Sie starb bereits mit 26 Jahren, am 17. November 1617, bei einem Verwandtenbesuch in Dresden. Vorausgegangen war eine dreitägige Feier des Reformationsfestes, die ihre schwächliche Gesundheit überstrapaziert hatte. Begraben wurde Dorothea im Dom zu Freiberg, in ihrer geliebten sächsischen Heimat.

Auch die Wahl der nächsten Äbtissin machte das Haus Wettin unter sich aus. Dorothea Sophia (1618–1645) war die Tochter des strenggläubigen Herzogs Friedrich Wilhelm von Sachsen-Altenburg, der bis 1601 die Vormundschaft für den Kurfürsten Christian II. geführt hatte. Die Äbtissin Maria (1601–1610) war also ihre Tante. Unter Dorothea Sophia mußte das Damenstift alle Bedrängnisse des 30jährigen Kriegs mitmachen, wurde aber vor größeren Zerstörungen bewahrt, da sich weder die Stadt noch der Burgberg für eine wirksame militärische Verteidigung eigneten.

1645 trat Anna Sophia II., Pfalzgräfin von Birkenfeld, die Regierung im Stift an. Ihr Wahlspruch lautete: »Beschau das Ziel, sage nicht viel.«

Eine zu ihrem 30. Regierungsjubiläum 1675 geprägte Medaille zeigt ihr Brustbild mit großartigem Haarschmuck samt Haube und einer Perlenkette um den Hals. Ein vergrämtes Gesicht schaut uns da entgegen. Schön und begehrenswert dürfte die Äbtissin auch nicht in jungen Jahren gewesen sein. Im kleinen Herzogtum Birkenfeld hätte man wahrscheinlich vergebens auf eine Liebesheirat gewartet.

So war man also sicherlich froh, als Anna Sophia den weiten Weg von der Pfalz nach Quedlinburg antrat. Den ersten Schmerz der Einsamkeit linderte ein schwarzes Hündchen namens Nina.

1651 ließ die Äbtissin den kleinen Kläffer abmalen, und als Nina schließlich fett und hochbetagt starb, war der Schmerz groß. Anna Sophia ließ dem Tier auf dem Burgberg im Garten neben der Residenz der Äbtissin ein Grabmal bauen. Die merkwürdige Inschrift auf diesem Grabmal verfaßte sie wahrscheinlich selbst; sie ist französisch und lautet frei übersetzt:

»Im schmerzlichen Zustand des Lebens hat jedes Wesen, welches es auch sei, Verpflichtungen zu erfüllen. Nina erfüllte ihre schwarzen Verpflichtungen und verdient daher wohl dieses Grab.«

In Geldangelegenheiten war Anna Sophia weniger sentimental. Dauernd in Geldverlegenheiten, zeigte sie sich sehr geschickt in der Kunst der Geldbeschaffung: Sie bettelte jeden an, der in ihre Nähe kam, sie veranstaltete Sammlungen zugunsten der Kirche – und sie wandte bei Münzprägungen unlautere und unchristliche Methoden an.

Anna Sophia war die letzte Fürstäbtissin, die eigenes Geld prägte. 1677 ließ sie einen schönen Taler prägen, der den Pfälzer Löwen mit den zwei Kredenzmessern aus dem

Stiftswappen in den Pranken darstellt. Auf der Rückseite stehen Sinnbilder mit der Umschrift: »Wer nach dem Eitlen tracht, und Gottes Wort veracht, bestraft des Höchsten Macht.«

Das schöne Geldstück und auch die anderen Münzen der Äbtissin gefielen aber den Kaufleuten und den münzberechtigten Reichsständen nicht. Der im Dienste der Äbtissin stehende Münzmeister mit dem unverfänglichen Namen Fromholt hatte die Münze nämlich unterwertig ausgeprägt. Eine Praxis, die freilich von der Frau Äbtissin stillschweigend gebilligt wurde, da sie sich mit dem Gewinn aus ihrer Münzstätte viele Wünsche zu erfüllen hoffte.

Die Quedlinburger Münzen, die besonders im Süden Deutschlands den Markt überschwemmten, kamen trotz ihrer geistlichen Herkunft und des wittelsbachischen Wappens auf die »schwarze Liste«: 1679 und 1680 verbot man sie durch Beschluß des fränkischen, bayerischen und schwäbischen Reichskreises (Münzverruf).

Anna Sophia hatte übertrieben. Das von ihr geprägte Geld, das man nun im »Ausland« nicht mehr als Zahlungsmittel annahm, reichte noch für Generationen von Stiftsuntertanen. Nach ihr hat keine Äbtissin mehr den Prägestock in Bewegung setzen lassen – die Schutzherren in Dresden und (seit 1698) in Berlin hätten es auch nicht mehr zugelassen. Immerhin waren die Quedlinburger Münzen durch Jahrhunderte ein Sinnbild der Reichsfreiheit des Damenstifts gewesen. Doch die großen Zeiten der Reichsfreiheit gehörten der Vergangenheit an.

Der Geschäftssinn Anna Sophias machte auch vor dem Schatz nicht halt, den sie im wahrsten Sinn des Wortes zu »versilbern« suchte. Ein Teil ihrer Münzprägungen ist aus dem Silber des Stiftsschatzes gefertigt.

Der Quedlinburger »Fluch« sollte auch Anna Sophia treffen: Sie mußte erleben, wie ihr Bruder Karl Otto 1671 starb und nur eine Tochter hinterließ. Birkenfeld, wo Anna

Sophia aufgewachsen war, und die halbe Grafschaft Sponheim fielen an Verwandte. Die Linie Birkenfeld starb aus, kaum daß sie zwei Generationen bestanden hatte.

Etwas konnte die Äbtissin noch für ihre Familie tun: Sie brachte ihre Nichten, die zwei Töchter ihrer mit dem Grafen Anton Günther von Schwarzburg-Sondershausen verheirateten Schwester Margarethe Magdalena (1622–1689), in Quedlinburg unter.

Sondershausen, wo die Schwester der Äbtissin residierte, lag nicht allzu weit von Quedlinburg, und so hatte die Pfälzerin Anna Sophia wenigstens eine vertraute Seele in der Nähe. Die Grafen von Schwarzburg-Sondershausen waren bettelarm und immer kinderreich, und so war es ein Glück, daß sich die Äbtissin der beiden Kinder annahm. Die beiden Schwestern, Eleonora Sophia (1650–1718) und Maria Magdalena (1655–1727), erreichten in Quedlinburg ein für die damalige Zeit biblisches Alter.

Am Ende ihres Lebens, nach dem Tode ihres Bruders, widmete sich die Äbtissin Anna Sophia verstärkt der Innenausstattung der Kirche. Nachdem sie schon die Kanzel und einen Altar hatte neu errichten lassen, baute sie nun für sich und die Pröpstin ein hölzernes Kirchenstübchen, eine erhöhte Holzkonstruktion, von der aus sie der Messe beiwohnen oder meditieren konnte, ohne gesehen zu werden. Ein ebenfalls aus Holz gebauter Gang bot eine direkte Verbindung vom Schloß zur Kirche. Er wurde im 19. Jh. abgerissen.

Ihr Kirchenstübchen ließ sie auf das allerschönste ausschmücken und ausmalen. Die Kirche selbst war ihr nun zur irdischen Wohnung geworden, die sie einrichtete wie andere Frauen ihre gute Stube. Nur der Schmuck ihres »Stübchens« war von anderer Art: Bilder des Schmerzes. Sie ließ Passionsbilder schnitzen und die Decke mit einer Darstellung des Ölbergs bemalen.

Auch der Kirchenmusik galt ihre Fürsorge. 1678 ließ sie

eine aufwendige neue Orgel in die Kirche einbauen. Zum Weihnachtsfest des gleichen Jahres schenkte sie der Kirche einen Kronleuchter aus Messing.

Die letzten Jahre der Äbtissin waren ausgefüllt mit Sorgen um die Kirche. Die hoch über dem Felsen aufragende Südwand der Kirche war baufällig geworden und machte laufend Reparaturen notwendig. 2721 Taler mußten in den letzten zehn Jahren dafür aufgewendet werden.

Anna Sophia starb 1680. Sie war alt geworden; älter als die allermeisten der Äbtissinnen vor ihr.

Ausverkauf des Schatzes: Anna Sophia II. Landgräfin von Hessen (1680–1683)

Anna Sophia, Tochter des Landgrafen Georg II. von Hessen-Darmstadt, 1638 geboren, stand schon ihrer Vorgängerin fünf Jahre lang als Pröpstin zur Seite, bevor sie am 16. März 1681 als Äbtissin in Quedlinburg inthronisiert wurde. Die Äbtissin erbte die Bausorgen der verstorbenen Äbtissin. Die Südwand der Kirche drohte trotz ständiger Reparaturen endgültig einzustürzen. Ein gründlicher Neuaufbau war notwendig.

Das Geld dafür glaubte man nur durch den Verkauf von Gegenständen aus dem Stiftsschatz aufbringen zu können. Doch die Stiftsdamen hatten juristische Bedenken: Wenn nämlich der Stiftsschatz zu den für den Unterhalt des Stiftskapitels nötigen »Tafelgütern« gehörte, so war er unverkäuflich.

Die Äbtissin gab beim Verwalter des Kircheninventars ein Gutachten in Auftrag. Dieser war der Meinung, daß der Stiftsschatz zur Kirche gehöre und daher für deren Zwecke (etwa Renovierung) auch veräußert werden dürfe. Das Gutachten sandte die Äbtissin im November 1682 auch an die oberste sächsische geistliche Behörde, das Konsistorium in Wittenberg.

Nachdem dieses sein Einverständnis erklärt hatte, fühlte sich die Äbtissin zum Verkauf befugt und ließ zuerst 34 Kelche aus dem Stiftsschatz veräußern. Welchen Erlös die Stücke erbracht haben, ist nicht bekannt.

Doch kurz nach dem Verkauf der Kelche, gegen Ende des Jahres 1683, starb die Äbtissin; das Stiftskapitel fuhr unbeirrt mit den Verkäufen fort.

Mit dem Tode der Anna Sophia II. verlor das Damenstift eine fromme und kluge Frau und eine Schriftstellerin: Noch als Pröpstin hatte sie ein Andachtsbuch mit dem Titel: »Der treue Seelenfreund Jesus« herausgegeben.

Der edle Geist der frühen Aufklärung: Äbtissin Anna Dorothea von Sachsen-Weimar (1684–1704)

Anna Dorotheas Vater, Herzog Johann Ernst von Sachsen-Weimar, war einer jener deutschen Kleinfürsten des 17. Jh., die wegen des geringen Umfangs ihres Territoriums Mühe hatten, standesgemäß hofzuhalten. Johann Ernst hatte das väterliche Erbe, das von Haus aus schon kleine wettinische Herzogtum Weimar, 1662, nach dem Tode des Vaters, mit seinen drei Brüdern teilen müssen. Jeder Sohn erhielt sein eigenes Herzogtum, ein Land, das kaum den Landesherrn ernährte.

Johann Ernst dürfte also heilfroh gewesen sein, als er seine Tochter in Quedlinburg unterbrachte. Anna Dorothea mußte sich den Bedürfnissen des Landes Weimar opfern.

Wenn das uns überlieferte Porträt nicht allzusehr geschmeichelt ist, so muß Anna Dorothea eine hübsche dunkelhaarige Erscheinung gewesen sein; selbst ihr Porträt auf dem Begräbnistaler von 1704, das sie im Alter von 46 Jahren zeigt, weist noch anmutige Züge auf.

In Quedlinburg machte die Prinzessin schnell Karriere: 1681, mit 24 Jahren, in der schönsten Blüte ihrer Jugend, wird sie Pröpstin, und nach dem Tode der Anna Sophia von Hessen (Dezember 1683) wählt sie das Stiftskapitel 1684 mit Zustimmung des Wettiner Schutzherren zur Äbtissin. 1685 erfolgt die feierliche Investitur.

Drei Wochen nach ihrer Investitur mußte sie mit Kurfürst Johann Georg II. von Sachsen einen Vertrag abschließen, der das Verhältnis zwischen dem sächsischen Schutzherrn und dem Damenstift regelte. Am Konkordientag ratifiziert, gab man dem Vertrag den wohlklingenden Namen »Konkordienrezeß«.

Der enge zeitliche Zusammenhang zwischen Vertrag und Investitur legt nahe, daß der Inhalt des Vertrages schon vor der Wahl und vor der Zustimmung des Kurfürsten zur Wahl abgesprochen war. So verdiente der »Konkordienrezeß« eher das Prädikat: »kurfürstliches Diktat« oder »Wahlkapitulation«.

Es war bei Kaiserwahlen und auch bei Wahlen in den geistlichen Stiften zur Gewohnheit geworden, daß sich die Wähler vom jeweiligen Kandidaten Zusicherungen geben ließen. Den sächsischen Kurfürsten lag im Fall Quedlinburg daran, ihrer fragwürdigen und angemaßten Rolle als »Erbschutzherren« des Stiftes einen rechtlichen Rahmen zu geben.

So stand bereits zu Beginn der Regierung der Äbtissin Anna Dorothea wie ein drohendes Fanal ein juristisches Schriftstück. Juristische Querelen sollten die Äbtissin dann während ihrer ganzen Regierungszeit begleiten.

Diese juristischen Querelen waren eng mit finanziellen Querelen verbunden, die die Äbtissin von ihren Vorgängerinnen geerbt hatte: Die Reparaturen und Neubauten an Kirche und Schloß verschlangen Unsummen.

So war auch die neuerwählte Äbtissin gezwungen, durch Verkauf eines Teils der Kleinodien des Schatzes Geld zu beschaffen.[67] Insgesamt brachten ihre und die Verkäufe ihrer Vorgängerin dem Stift etwa 600 Taler ein. Die Anzahl der Kleinodien im Schatz verringerte sich dabei von 139 auf 92.

Trotz dieser Verluste blieb der Stiftsschatz in seiner Substanz erhalten. Dies ist um so erstaunlicher, als ja ein wesentlicher Teil des Schatzes, nämlich die Reliquien und Heiltümer selbst, soweit sie nicht kostbar gefaßt waren, nach protestantischen Begriffen weder materiellen noch ideellen Wert hatten. Trotzdem bewahrten die Stiftsdamen auch diesen Teil des Stiftsschatzes sorgfältig auf, und zwar vor allem aus zwei Gründen:

Zum einen diente er gegenüber wißbegierigen Besuchern des Damenstifts als Demonstrationsobjekt für »päpstliche Abgötterei«, zum anderen diente der Schatz auch als Beweis für das hohe Alter und die königliche und kaiserliche Herkunft des Damenstifts.

Um das Alter und die historische Bedeutung des Damenstifts nicht zu verkleinern, vermied man es auch tunlichst, die Dinge, die man in der Schatzkammer zeigte, insbesondere die oft absurden Reliquien, als Fälschungen zu disqualifizieren – was sie ja wohl zumeist waren.

Ein durchaus gelehrtes antiquarisches Interesse, ja sogar einen gewissen Stolz spürt man bei den Reliquienauflistungen, die im 17. und 18. Jh. für interessierte Besucher des Stiftsschatzes erstellt worden sind. Und trotz aller Reliquienfeindlichkeit der Reformation ist es durchaus möglich, daß man im 16. Jh. den Stiftsschatz noch um Bibelkuriosa ergänzt hat oder zumindest die Benennung der Stücke »attraktiver« gestaltete.

Es war eindrucksvoll, was man dem Besucher der Schatzkammer im 17. Jh. präsentieren konnte:
– ein Stück von der Geißelsäule

- Erde vom Jordan, vom Berg Golgatha, vom Grab Christi
- den Finger des hl. Johannes, mit dem er auf Christus gewiesen haben soll
- die Haare der Maria Magdalena, mit denen sie dem Heiland die Füße getrocknet haben soll
- Holz vom Kreuz
- die Lanze Konstantins – aus den Kreuznägeln gefertigt
- die Lanze des Longinus
- Milch der Maria
- Stücke von Kleidern der Maria und von ihrem Bett

und natürlich die ottonischen Gedenkstücke, bei denen immer wieder der Elfenbeinkamm hervorgehoben wird, mit dem sich Heinrich den Bart gekämmt haben soll.

So sehr man sich auch in aufgeklärter Manier seit dem Ende des 17. Jh. von den Realien der kirchlichen Vergangenheit distanzierte und sie als papistische Abgötterei abqualifizierte, so blieb man doch oben auf dem Quedlinburger Burgberg nicht unberührt von den religiösen Bewegungen der Zeit.

1691 alarmierte das Treiben einer gewissen Magdalena Schultz die Obrigkeit in Quedlinburg. Magdalena Schultz gab vor, göttliche Offenbarungen zu empfangen, fiel des öfteren in »überirdische« Verzückungen und gewann dabei einen großen Anhang bei den einfachen Leuten.

Wenig später tauchte in Quedlinburg ein Mann namens Heinrich Kratzenstein auf, der von sich behauptete, er habe göttliche Offenbarungen. Geboren 1649 in Thale unweit von Quedlinburg, hatte er mit 43 Jahren eine Vision: Er hörte eine Stimme, die ihm befahl, seine Frau zu verlassen und das Wort Gottes zu verkünden. Seine Art der Verkündigung gefiel wohl manchem Quedlinburger Bürger, aber nicht der von Kratzenstein beschimpften geistlichen Hierarchie. 1692 wurde Kratzenstein ins Gefängnis gesteckt, wo er nach dreieinhalb Jahren starb.

Es war die Zeit des Pietismus, die Zeit des Philip Jakob

Spener. Eine geistliche Aufgeregtheit, ja Hysterie machte sich breit.

Der Fall Kratzenstein brachte Quedlinburg in die »Schlagzeilen« der Reichspublizistik. Und aus den Schlagzeilen sollte Quedlinburg in den nächsten Jahren nicht mehr verschwinden – allerdings mehr aus politischen Gründen. Es war gut, daß die Äbtissin belesen und gebildet war. Denn was jetzt in der Folgezeit auf sie zukam, erforderte viel Akten- und Literaturstudium.

Schon 1686 sorgte sie vorausschauend für die Einrichtung einer Bibliothek, die dann nach der Auflösung des Damenstifts dem Gymnasium überwiesen wurde. Diese Bibliothek mit wertvollsten Inkunabeln befindet sich (mit Ausnahme der Handschriften) heute wieder auf dem Schloß, allerdings unter recht unwürdigen Bedingungen.

1698: Die Hohenzollern greifen nach Quedlinburg[68]

Die Kurfürsten von Brandenburg aus dem Hause Hohenzollern waren durch den Westfälischen Frieden von 1648 Eigentümer des Bistums Halberstadt und damit unmittelbare Nachbarn Quedlinburgs geworden.

Diese Nachbarschaft sollte für die Äbtissin Anna Dorothea zum bösen Alptraum werden.

Bereits 1684 hatte der »große Kurfürst« Friedrich Wilhelm I. von Brandenburg (1640–1688) seinem verdutzten sächsischen Kurfürstenkollegen erklärt, daß er als Rechtsnachfolger des Bischofs von Halberstadt die 1477/78 erfolgte gewaltsame Vertreibung des Halberstädter Bischofs aus der Quedlinburger Vogtei und damit die jetzige sächsische Schutzherrschaft über das Stift nicht anerkennen werde.

Der sächsische Kurfürst, sichtlich verängstigt, versuchte den aggressiven Nachbarn zu besänftigen. Er verwies in seiner Antwort darauf, daß bei einer solchen Argumentation mit jahrhundertealten historischen Ereignissen kein Landesherr im Deutschen Reich mehr seines Gebiets sicher sein könne.

Der Brandenburger Kurfürst beharrte auf seinen Ansprüchen und fiel dem sächsischen Kurfürsten weiter lästig. Am Beispiel König Ludwigs XIV. sah er, wie lohnend es sein konnte, mit uralten Rechtsansprüchen Politik zu machen.

1688 gelang es dem Kurfürsten von Sachsen, beim Kaiser eine einstweilige Verfügung zu erwirken, in der jeder Eingriff in die Verhältnisse des Damenstifts untersagt wurde.

Durch den Tod des Großen Kurfürsten 1688 beruhigte sich vorerst die Lage, aber dessen Nachfolger, Kurfürst Friedrich, und besonders die in Halberstadt sitzenden Juristen behielten das Damenstift Quedlinburg im Auge.

Eine unangenehme Situation für die Äbtissin, die man nun von zwei Seiten drangsalierte, da ja auch die sächsischen Beamten auf Kosten des Damenstifts mehr und mehr Rechte zu usurpieren versuchten.

Die Äbtissin hätte lieber schöne Literatur gelesen als juristische Schriftsätze. Das Schicksal hat ihr das nicht vergönnt.

Entnervt durch die dauernden Übergriffe von sächsischer und brandenburgischer Seite, ging die Äbtissin in die juristische Offensive. Im Vertrauen auf die Macht des Buches, beginnt sie zu publizieren. 1694 läßt sie alle Privilegien und Rechte des Stiftes zusammenfassen und drucken. Bei den Juristen der Universität Altdorf gibt sie ein Gutachten über die Rechte des Damenstifts in Auftrag. Auch dieses wird gedruckt. Teure Unternehmungen!

1697 kommt es dann zu einer für die Äbtissin überraschenden Wendung: Kurfürst Friedrich August von Sachsen verkauft für 240.000 Reichstaler die Schutzherr-

schaft über Quedlinburg an den Kurfürsten von Brandenburg. Natürlich ohne die Äbtissin zu fragen.

Der Grund für diesen Verkauf liegt auf der Hand: Der
1697 katholisch gewordene Kurfürst Friedrich August will
König von Polen werden. Dazu braucht er Geld und das
Wohlwollen der Hohenzollern.

Am 5. Januar 1698 wird die völlig überraschte Äbtissin
davon benachrichtigt, daß der Kurfürst von Sachsen ab
sofort die alten Halberstädter Rechte anerkenne und alles
nun wieder so sein solle wie vor 1477.

Am Sonntag, dem 30. Januar 1698, um vier Uhr früh,
überrumpelten brandenburgische Soldaten die Quedlinburger Torwache. Wenig später rückten 240 Mann mit klingendem Spiel auf den Markt und trommelten dort die
Quedlinburger aus dem Schlafe.

In der Folgezeit lassen die kurfürstlich-branden-
burgischen Soldaten und Beamten keinen Zweifel mehr,
wer der Herr in Quedlinburg ist.

Die Äbtissin ist freilich der Meinung, daß der Verkauf der
Schutzvogtei rechtlich nicht möglich und daher unwirksam
sei. Sie protestiert beim Kaiser in Wien.

Obwohl der Kaiser und mit ihm fast alle Staatsrechtler
der Zeit die Übertragung der Schutzvogtei und die Besetzung Quedlinburgs durch Brandenburg für rechtswidrig
halten, rührt niemand einen Finger. Man braucht Sachsen
und Brandenburg für die kommenden Auseinandersetzungen um die spanische Erbfolge.

In der Stadt sind viele Bürger offensichtlich froh über den
Wechsel ihres Landesherrn. Die Äbtissin wittert nun
überall Verrat. Mit den Ratsherren wechselt sie gedruckte
Streitschriften. Keine Beleidigungen werden da ausgelas-
sen. Die erste Streitschrift der Äbtissin liest sich wie der
Titel eines Romans: »Die ... aufgedeckte und abgezogene
Masque einiger Raths-Glieder zu Quedlinburg ...«

Am 14. Oktober 1698 beginnen die brandenburgischen

Beamten von den Quedlinburger Untertanen eine Verbrauchssteuer, die Akzise, zu erheben. Die Freude über den Wechsel des Landesherrn verfliegt jetzt schnell. Die brandenburgischen Steuerbeamten sind weit unangenehmer als die sächsischen.

Die Äbtissin kämpft weiter. Mit einem großen Aufwand an Druckschriften. 1699 erscheinen zwei umfangreiche Abhandlungen, voller Vorwürfe gegen die brandenburgischen Annektionsversuche. Schon mit dem Titel der ersten Schrift (»Das Weynende Kaiserliche Freye Reichs-Stifft Quedlinburg«) versucht die Äbtissin Stimmung zu machen gegen einen Gegner, dem sie machtmäßig nichts entgegenzusetzen hat. Eine zweite Schrift ist vor allem für die Reichsjuristen gedacht, das »Compendium actorum publicorum Quedlinburgensium, worauß erscheinlich, daß der Frau Abbatissin die Lands-Fürstliche Hoheit über das Kais. Freye Reichs-Stifft Quedlinburg zukomme«.

Die Argumente der Äbtissin waren um vieles stichhaltiger als die des Brandenburger Kurfürsten. Aber Kurfürst Friedrich wußte, daß Kaiser Leopold ihn brauchte. Der spanische Erbfall stand bevor, und ganz Europa lauerte auf die Beute.

So konnte auch der Brandenburger beruhigt seine wenig begründeten Ansprüche gedruckt an die Öffentlichkeit bringen. Einmal gedruckt und juristisch formuliert, hatten die Brandenburger Ansprüche einen gewissen ersten Anschein der Rechtmäßigkeit für sich.

Der Brandenburger beantwortete die Quedlinburger Anschuldigungen noch im gleichen Jahr mit einem Schreiben an den Kaiser, das er im Druck verbreiten ließ: »Schreiben an Ihre Römische Kayserliche Majestät Leopoldum I etc. von Seiner Chur-fürstlichen Durchlauchtigkeit zu Brandenburg, wider die Fr. Abtißin zu Quedlinburg, nichtige und unbefugte Praetensiones und Klagen« (1699).

In all diesen Streitschriften ging es vor allem um die

Vogtei, diesen unbestimmten und auslegungsfähigen Rechtsbegriff, der uns heute völlig fremd ist, der aber seit dem Mittelalter in der Hand des Mächtigen zum Mittel der Vereinnahmung von Kirchenvermögen werden konnte. Als Vogt bzw. Schutzherr glaubte auch der Kurfürst von Brandenburg umfassende Rechte in Quedlinburg ausüben zu können.

Die Äbtissin beanspruchte dagegen die Reichsunmittelbarkeit und die Territorialhoheit über ihre Besitzungen. Verwies auf das Immunitätsprivileg Ottos des Großen, auf die bisher übliche selbständige Einziehung der Reichssteuer, auf die Wahrnehmung von Sitz und Stimme im Reichstag.

Die Vogtei – so die Argumentation der Äbtissin – als Schutzherrschaft über geistliche Institutionen habe mit der Landesherrschaft nichts zu tun. Sie sei nicht mehr als ein von der Äbtissin verliehenes und jederzeit widerrufbares Recht der juristischen Vertretung in bestimmten Angelegenheiten.

Während also die Äbtissin die Vogtei als ein Amt ansah, das man (wie die Prozeßvertretung durch einen Rechtsbeistand) frei übertragen und wieder entziehen konnte, ohne daß man sich dadurch weiter verpflichtete, interpretierte der Brandenburger, der sich seit 1700 König von Preußen nannte, die Vogtei (bzw. das, was er als Rechtsnachfolger des Bischofs von Halberstadt und des Kurfürsten von Sachsen erworben hatte) weiter gehend.

Nach seiner Meinung war von Anfang an die Vogtei über das Stift identisch mit der Landesherrschaft. Er ließ es dahingestellt, ob das Haus Wettin oder der Bischof von Halberstadt als ehemaliger Landesherr zu betrachten sei. Jedenfalls sei er, der Brandenburger, als Rechtsnachfolger dieser beiden jetzt der neue Landesherr in Quedlinburg.

Macht, nicht Recht, entschied über das Schicksal des Stiftes: König Friedrich I. von Preußen war trotz der kaiserlichen Ermahnungen nicht bereit, seine Maßnahmen zurückzunehmen. Verbittert und durch den vielen Ärger gesundheitlich ruiniert, starb die Äbtissin Anna Dorothea am 24. Juni 1704 während einer Kur in Karlsbad.

Die Gräfin Königsmarck als »Reichspröpstin«: Quedlinburg und das »galante Sachsen«[69]

Im Herbst 1693 empfing die Äbtissin Anna Dorothea eine gute Bekannte: Die Gräfin Maria Aurora von Königsmarck. Die Gräfin ist auffallend hübsch und auffallend klug.

Als die schöne Gräfin in Quedlinburg eintrifft, ist sie schon über 30 Jahre alt; das Alter sieht man ihr jedoch nicht an. Niemand weiß im übrigen, wann sie wirklich geboren ist. Bis zu ihrem Tode versteht sie ihr Geheimnis zu wahren.

Was hat es mit dieser anziehenden Frau auf sich, die da offensichtlich in Quedlinburg Schutz sucht?

Die anmutige und kluge, aber verarmte Gräfin hatte bereits einiges durchgemacht in ihrem Leben. Es war die Geschichte vom schnellen Aufstieg und schnellen Fall einer Familie, eine Geschichte, die man in vielen Adelsfamilien nach dem 30jährigen Krieg erzählen konnte.

Der Aufstieg der Familie, die aus der Mark Brandenburg stammte, begann mit dem Großvater Auroras, Graf Hans Christoph von Königsmarck. Im 30jährigen Krieg hatte er als General im Dienste Schwedens eine Traumkarriere gemacht. In der Stadt Quedlinburg, die der General 1642 und 1643 durch seine Kontributionsforderungen ruiniert hatte, wußte man noch, auf welche Weise die Königsmarcks zu Geld gekommen waren!

Durch die Eroberung der Kleinseite von Prag 1648 – das letzte große militärische Ereignis des 30jährigen Krieges –

erzwang er vom Kaiser den Frieden. Noch während des Krieges hatte ihm die schwedische Königin Christine die erbliche Grafenwürde verliehen und riesige Besitzungen in Schweden und Norddeutschland geschenkt. Sein Jahreseinkommen schätzte man auf 130.000 Reichstaler.

Hans Christophs Bruder, Auroras Onkel, war ein ähnlicher Haudegen. Als General der Republik Venedig eroberte er 1687 das von den Osmanen verteidigte Athen und sprengte bei dieser Gelegenheit den Parthenon-Tempel auf der Akropolis in die Luft.

Der Vater Auroras, der älteste Sohn des Generals Hans Christoph, trat in die Fußstapfen des Vaters und verdiente sich sein Geld als Berufssoldat. 1672 fiel er im Krieg gegen Frankreich bei der Belagerung von Bonn.

Maria Aurora wurde am 28. April 1662 geboren und wuchs in dem von ihrem Großvater gebauten Schloß Agathenburg bei Stade auf, wohlbehütet von ihrer Mutter, die eine stolze und kluge Frau war und aus allerbestem Hause stammte: die Tochter eines Fürsten von Wrangel und einer Fürstin von Nassau.

1672 starb der Vater, und 1680 ging die Mutter mit Aurora nach Stockholm. Dort in der königlichen Residenzstadt begeisterte Aurora die gesamte adelige Welt. Verblüffend war ihre Sprachbegabung, von der Voltaire zu rühmen weiß: »Unter den Fertigkeiten, die sie zu einer der liebenswürdigsten Personen Europas machten, besaß die Gräfin Aurora die seltene Gabe, die Sprachen verschiedener Länder mit solcher Freiheit des Ausdrucks zu sprechen, als ob sie dort geboren sei. Bei ihren französischen Versen hätte man meinen mögen, sie stammten von einer geborenen Versaillerin.«

Während Maria Aurora, umschwärmt von den Adeligen am Stockholmer Hof, lateinische Gedichte und französische Theaterstücke verfaßte, trafen sie zwei schwere Schicksalsschläge: Sie verliebte sich in einen vom Stockholmer Hof verbannten Abenteurer und machte sich dadurch in den Augen der Gesellschaft unmöglich. Und dann verlor zu allem Überfluß ihre Familie den Großteil ihres Vermögens: König Karl XI., der große schwedische König aus dem Hause Wittelsbach, hatte zur Finanzierung seiner Unternehmungen alle Vermögen von Kriegsgewinnlern konfiszieren lassen – und zu den Kriegsgewinnlern gehörten die Königsmarcks mit an erster Stelle.

Das noch verbliebene Vermögen – auch den Erbanteil Auroras – brachte ihr Bruder Philip durch. Philip war Auroras böser Geist. Trotzdem hat sie nie ein böses Wort über ihren Bruder verloren.

Als die Mutter 1692 starb, verließ Aurora den Stockholmer Hof und begab sich zu ihrem Bruder nach Hannover.

Der Hof zu Hannover galt um diese Zeit als einer der lasterhaftesten in Europa. Zu diesem Ruf trug vor allem der Kurprinz mit seinen zahlreichen Mätressen bei. Auroras Bruder Philip gehörte zu den Freunden und Lastergefährten des Kurprinzen. Philip kümmerte sich aber auch um die vernachlässigte Kurprinzessin, ein dramatisches Liebesverhältnis bahnte sich an.

In diese verworrenen Verhältnisse geriet nun die bisher von der Mutter wohlbehütete Aurora. Ihr Bruder führte sie auch gleich beim Kurprinzen ein. Der war von der hübschen Schwester seines Freundes begeistert.

Es war ein hektisches Jahr für Aurora. Schließlich bedeutete man ihr, daß sie in Hannover unerwünscht sei. Aus Gründen der Staatsräson. Aurora verließ Hannover, den Kurprinzen und ihren Bruder.

Sie ging an den Hof nach Braunschweig. Ihr Ruf war bereits so angeschlagen, daß man ihr ein Verhältnis zum alten Herzog Anton Ulrich (1633–1714) andichtete.

Wahr daran ist lediglich, daß Herzog Anton Ulrich von Braunschweig, einer der begabtesten, eigenwilligsten und vielseitigsten Persönlichkeiten seiner Zeit, der besonders als Dichter hervortrat, die geistesverwandte Aurora in sein Herz geschlossen hatte: Als Aurora schon in Quedlinburg als Pröpstin regierte, besuchte sie dort der Herzog und besichtigte den Stiftsschatz. Herzog Anton Ulrich hat im übrigen in seinem Roman »Römische Octavia« das Schicksal von Auroras Bruder literarisch verarbeitet.

Durch ihren Aufenthalt in Hannover war Auroras bisher so behütetes Leben in ein gefährliches Fahrwasser geraten. Innerhalb eines Jahres hatte sie unter dem unheilvollen Einfluß ihres Bruders mehr erlebt und durchgemacht als all die Jahre davor. Sie wollte zur Besinnung kommen.

Aurora erinnerte sich in diesen kritischen Tagen von Braunschweig an eine Freundin der Familie, an die Äbtissin von Quedlinburg. Wenige Tage später, an einem Oktobertag 1693, stand sie im Tor des Stiftsschlosses.

Niemand fragte sie hier, was sie die letzten zwei Jahre getan hatte. Sie begann viel zu lesen, zu schreiben und führte mit der Äbtissin lange Gespräche. Auch ihrem Bruder nach Hannover schrieb sie; sie bittet ihn um Geld, damit sie sich in Quedlinburg einrichten kann. Doch auf diesem Ohr ist der Bruder taub, und im Sommer 1794 werden ihre Briefe nicht mehr beantwortet.

Kurz darauf erhielt Aurora böse Nachrichten aus Hannover: Ihr Bruder Philip sei von einem nächtlichen Ausgang nicht mehr zurückgekommen. Man müsse annehmen, daß er einem Mordanschlag zum Opfer gefallen sei. Niemand wisse etwas und wolle etwas wissen.

Im übrigen: niemand in Hannover, sagte man, weine ihm eine Träne nach – mit Ausnahme vielleicht der Kurprinzessin.

Heute wissen wir, daß der Bruder Auroras auf allerhöchste Anweisung hin beseitigt worden ist. Der Briefwechsel zwischen dem Grafen Königsmarck und der Kurprinzessin, der uns überliefert ist, zeigt, daß die beiden Liebenden um das Risiko wußten, das sie eingingen. Noch kurz vor seinem Ende schrieb Königsmarck an die Kurprinzessin: »Nein, ich habe nicht Gewalt genug über mich, Sie zu lassen, und wenn nicht der Tod darüber entscheidet, so werde ich Sie niemals verlassen!«

Die Affäre und das spurlose Verschwinden des Grafen Königsmarck machte in ganz Europa ungeheures Aufsehen. Aurora eilte nach Hannover. Die allzu gut bekannte Gräfin stieß auf eine Mauer des Schweigens. Der Bruder blieb verschwunden. Die stark kompromittierte Kurprinzessin schickte man in die Verbannung. Sie starb 1726 als »Prinzessin von Ahlden«.

In ihrer Verzweiflung wandte sich Aurora an einen alten Spiel- und Saufgefährten des Bruders, an den Kurprinzen Friedrich August von Sachsen. Dieser war eben, nach dem Tode seines kinderlosen Bruders, Kurfürst von Sachsen geworden.[70] Friedrich August hatte noch Verbindung zu Philip von Königsmarck in Hannover gehalten und ihn 1694, in seinem Todesjahr, zum sächsischen Generalleutnant ernannt.

Aurora fuhr zweimal nach Dresden. Der Kurfürst versprach der schönen Gräfin, sich um den verschwundenen Freund, der immerhin auch sächsischer Generalleutnant war, zu kümmern. Er versprach, den Bruder Auroras zu finden oder, falls ihm etwas zugestoßen sein sollte, zu rächen. Tatsächlich bemühte sich Friedrich August in Hannover so ungestüm um Aufklärung, daß es fast zu kriegerischen Auseinandersetzungen zwischen beiden Höfen gekommen wäre.

Auch wenn sich das Schicksal des Bruders nicht klären ließ, so war doch Aurora von dem großen Einsatz des jungen Kurfürsten gerührt. Friedrich August half der mittellosen Aurora auch finanziell. Er zahlte ihr eine alte Spielschuld zurück, die er ihrem Bruder gegenüber noch ausstehen hatte. Er versprach, sich dafür einzusetzen, daß die

Gräfin später Pröpstin oder Äbtissin von Quedlinburg werden würde.

Obwohl Aurora im Grunde ihres Herzens Friedrich August wegen seines gänzlich ungezügelten Wesens nie hatte leiden können, begann sie nun in einer Mischung aus Dankbarkeit und Resignation den Verführungskünsten des »sächsischen Herkules« Ende des Jahres 1694 zu erliegen. Es ist nicht auszuschließen, daß sie sich in ihren Wohltäter sogar verliebte.

Bei den Karnevalsfeiern im Winter 1694/95, die in Schloß Moritzburg (in Abwesenheit der Kurfürstin und der Kurfürstinmutter) veranstaltet wurden, schlugen die Wellen der Leidenschaft über dem Paar zusammen. Bei den Maskeraden spielte Aurora die Diana und Kurfürst Friedrich August den Hirtengott Pan.

Im Frühjahr 1695 ging Kurfürst August »der Starke«, wie man ihn wegen seiner enormen Körperkräfte zu nennen pflegte, mit großem Gefolge nach Karlsbad zur Kur, seine Geliebte mit ihm. Bälle und Feste gaben sich die Hand.

Dann mußte August in den Türkenkrieg ziehen. Maria Aurora blieb in Dresden zurück, und die kluge Frau verstand es, sich in der Zwischenzeit bei der Mutter und der Frau des Kurfürsten sehr beliebt zu machen.

Als der Kurfürst zurückkam, war die Liebe noch ungebrochen. Der Winter 1695/96 wurde mit glanzvollen Festen und Theaterstücken verbracht, und Maria Aurora war – trotz ihres Alters – die Schönste und Klügste von allen.

Die Folgen der Liebesbeziehung blieben nicht aus. Am 28. Oktober 1696 gebar Maria Aurora in Goslar einen Sohn, der auf den Namen Mauritius getauft wurde. Die »galante Welt« wußte, wer da in der alten Stadt am Harz zur Welt gekommen war.

August der Starke war um diese Zeit bereits hinter neuen Abenteuern her. Aber auch nach Beendigung des Liebesverhältnisses blieben die Beziehungen zwischen dem Kurfürsten und Maria Aurora immer gut, und vor allem – der Kurfürst hielt Wort in Sachen Quedlinburg.

Obwohl Friedrich August 1697 aus Geldnot (damals bewarb er sich um die polnische Königskrone) die Schutzvogtei über Quedlinburg an den Kurfürsten Friedrich von Brandenburg verkaufen mußte, so nahm er doch dem Brandenburger das Versprechen ab, die Wahl Auroras zur Äbtissin zu fördern.

1698 wurde Maria Aurora – noch von der Äbtissin Anna Dorothea – zur Koadjutorin ernannt. 1700 erhielt sie das Amt einer Pröpstin. Nun war die finanzielle Zukunft Maria Auroras halbwegs gesichert, da die Propstei jährlich 4000 fl. einbrachte.

Ihr weiteres Ziel, Äbtissin zu werden, erreichte sie trotz preußischer Unterstützung freilich nicht. Das lag am Widerstand des Stiftskapitels, dem außer Aurora nur noch zwei Kapitularinnen angehörten, nämlich die Dekanissin und die Kanonissin. Diese Prälaturen hatten zwei ältliche Schwestern, Gräfinnen von Schwarzburg, inne, Maria Auroras Todfeindinnen, die nie und nimmer für sie gestimmt hätten; erst 1718 konnte eine neue Äbtissin einziehen. In der Zwischenzeit verwaltete die Pröpstin das Stift, und sie tat das zur Zufriedenheit ihrer Untertanen in der Stadt Quedlinburg.

Unter Aurora von Königsmarck ist zwischen 1708 und 1711 die Südwand des Langhauses der Stiftskirche erneuert worden; eine heute noch erhaltene lateinische Inschrift würdigte dieses Ereignis auf angemessene Weise.

Auf wundersame und bis heute geheimnisvolle Weise mehrte sich unter der Pröpstin Aurora der Domschatz. 1711 fiel ein Teil des Schlosses ein, »wodurch etliche Gewölbe eröffnet worden, in welchen man viel kostbare Sachen gefunden, so vermutlich von den alten Kaysern aus dem Hause Sachsen ...«

Leider wissen wir bis heute nicht genau, was damals in den alten Mauern des Stiftsschlosses gefunden worden ist. Angeblich verwendete Aurora die Schätze zum Wiederaufbau des Schlosses.

Seit Maria Aurora in Quedlinburg residierte, jagte sie keinen galanten Abenteuern mehr hinterher. Zu einer echten Kurtisane besaß sie nicht das Zeug. Wehmütig schrieb sie in Quedlinburg die Verslein nieder:
»Die Lieb entzünd die Herzen
Durch der Augen Kerzen.
Im Anfang ist es Scherzen
Bald erfolgt die Pein.«

Ihr Verhältnis zu König und Kurfürst August blieb im übrigen auch nach 1696 gut, und sie war auch als Stiftsdame und Pröpstin gerngesehener Gast und unterhaltsamer Mittelpunkt bei den Festen in Dresden und in Warschau. Die anderen Mätressen betrachtete sie mit Gleichmut. Sie führte dem Kurfürsten sogar eine neue Mätresse zu, und zwar ihre Ziehtochter, die Türkin Fatima, mit der August zwei Kinder zeugte.

Großes Aufsehen machte die Gräfin und »Reichspröpstin« in ganz Europa noch wegen ihrer Begegnung mit König Karl XII. von Schweden 1702. Dabei ging es um die Rückerstattung der Königsmarckschen Güter in Schweden und den Versuch, für Kurfürst August einen günstigen Frieden auszuhandeln.

Der 20jährige König, der nicht gerade ein Liebhaber schöner Frauen war, wies die 40jährige Königsmarck schroff zurück. Ganz Europa machte sich über den Vorfall lustig.

Aurora war ihrem Landesherrn nicht gram. Fünf Jahre später versuchte sie noch einmal ihr Glück bei König Karl XII., als dieser 1707 nach der Besetzung Sachsens sein Quartier für mehrere Monate in Schloß Altranstädt bei Leipzig nahm.

Der König duldete zwar ihre Anwesenheit, weigerte sich aber, mit ihr zu sprechen. Als man ihn auf Auroras Rang als reichsfürstliche Pröpstin hinwies, soll er geäußert haben: »Sie hat keinen Rang, sie ist und bleibt eine Hure!«

Trotz dieser schlechten Behandlung hat Maria Aurora König Karl XII., ihrem Landesherrn, immer ein treues Andenken bewahrt. Sein Bild hing in ihrem Zimmer in Quedlinburg.

Bemerkenswert ist im übrigen auch das Schicksal von Maria Auroras Sohn Moritz. Er wurde von seinem Vater sofort anerkannt und zum Grafen von Sachsen ernannt. Moritz hatte einen Hang zur Ausschweifung, war aber ein begabter und belesener Soldat. Er war 1726 der Anlaß für ein Zerwürfnis zwischen August »dem Starken« und Maria Aurora. Der Adel Kurlands wollte Moritz zum Herzog haben. Die Mutter war dafür, der Vater strikt dagegen. Maria Aurora opferte ihr letztes Vermögen für die ungewisse Zukunft ihres Sohnes und mußte erleben, wie der Zug nach Kurland völlig scheiterte und ihr Sohn 1727 flüchten mußte.

Moritz sollte in der Folgezeit in Frankreich Karriere machen: 1744 ernannte ihn König Ludwig XV. zum Marschall von Frankreich. Moritz gelang es, in den Kämpfen des österreichischen Erbfolgekrieges die englischen Truppen in Flandern zu besiegen. Nach dem Frieden von Aachen 1748 setzte er sich in Schloß Chambord zur Ruhe, wo er einen Kreis von Gelehrten und Künstlern um sich sammelte, aber schon 1750 starb.

Moritz von Sachsen hatte eine uneheliche Tochter mit Namen Aurore de Saxe. Von ihr stammt die Schriftstellerin George Sand (= Marie Aurore Dupin) ab.

Die Reichspröpstin Maria Aurora starb am 16. Februar 1728 auf dem Quedlinburger Schloß. Obwohl sie völlig verschuldet war, bedachte sie in ihrem Testament ihre Dienerschaft mit großzügigen Vermächtnissen. Sie hatte am

Ende ihres Lebens keinerlei Überblick mehr über ihre Vermögensverhältnisse.

Die Stiftsregierung beschlagnahmte den Nachlaß und eröffnete den Nachlaßkonkurs.

Wenig rühmlich haben sich ihr Sohn Graf Moritz von Sachsen und dessen Vater August der Starke nach dem Tode Auroras verhalten. Niemand wollte die Kosten für das einfache Begräbnis in der Gruft zahlen, die die Stiftsregierung forderte. Irgendein Beamter legte schließlich die erforderlichen 100 Taler aus, damit 1729 Maria Aurora in der Gruft beigesetzt werden konnte.

Bis Ende des 19. Jh. wurde dort Schaulustigen noch ihr mumifizierter Leichnam gezeigt. Dann untersagte die Familie Königsmarck die Zurschaustellung.

In ihren letzten Jahren in Quedlinburg hat die Gräfin viele Gedichte geschrieben. Diese trug sie sorgfältig in Bücher ein. In einem dieser Bücher, das sie in Anspielung auf ihre schwedische Herkunft und in Erinnerung an ihre glücklichen Jahre in Stockholm »Nordischer Weihrauch« titulierte, finden sich die folgenden wehmütigen Verse:

»Mein Anfang war ein Anfang zum Beklagen
Vom Frühling durfte ich nur die Dornen tragen
Das Jahr der Lust, es band mir keinen Kranz,
Und Sorge hat verdunkelt meiner Jugend Glanz.«

Der Gräfin von Königsmarck und August dem Starken hat man in den Klatschspalten der Weltgeschichte viel Platz eingeräumt.

Schuld daran sind vor allem zwei Zeitgenossen Auroras: ein Sensationsschriftsteller und eine eifersüchtige Fürstin.

Der Sensationsschriftsteller war Karl Ludwig von Pöllnitz, der den Klatsch, der ihm anläßlich eines kurzen Aufenthalts in Dresden 1729 erzählt wurde, ohne weitere Prüfung und bedeutend ausgeschmückt in seinem vielgelesenen Buch »La Saxe galante« (deutsch: Das Galante Sachsen, Offenbach 1735) verarbeitete.

Die eifersüchtige Fürstin, die weiter zum schlechten Ruf Auroras beitragen sollte, war die Markgräfin Wilhelmine von Bayreuth, die Schwester Friedrichs II. Sie verbreitete die durch nichts belegte Legende, August hätte 354 uneheliche Kinder gehabt. Ihr Haß auf August den Starken und natürlich auf dessen Mätressen hängt möglicherweise mit gekränkter Eitelkeit zusammen. 1727, als August der Starke Witwer geworden war, war auch Wilhelmine als Heiratskandidatin im Gespräch. Aus der Heirat und damit aus der Königskrone für Wilhelmine wurde dann allerdings nichts. Für eine kluge und ehrgeizige Frau wie Wilhelmine war das Grund genug, den Wettiner – und natürlich alle seine ehemaligen und gegenwärtigen Mätressen – mit ihrem Haß und übler Nachrede zu verfolgen.

Der »Sensationsschriftsteller« Pöllnitz hat uns auch die äußeren Vorzüge der Gräfin Aurora von Königsmarck geschildert. Aurora ist damit die einzige unter allen Quedlinburger Äbtissinnen und Kapitularinnen des Damenstifts, von der neben einem Bild auch noch eine Charakterisierung ihres Äußeren überliefert ist:

»Die Gestalt und Größe ihres Leibes war mittelmäßig und ungezwungen. Die Züge ihres Gesichtes hatten eine Zärtlichkeit und Ordnung, die ganz unvergleichlich war. Ihre wohlgesetzten Zähne waren so weiß wie Perlen. Ihre Augen waren schwarz, hell, voller Feuer und Annehmlichkeit. Ihre eben so gefärbten Haare erhuben die Pracht ihrer Gesichtsfarbe ungemein, wo man ohne die geringste Kunst die vortrefflichste Fleischfarbe sehen konnte. Ihr Busen, ihre Arme, ihre Hände übertrafen an Weiße alle andre. Mit einem Worte, es schien, als wenn sich die Natur ihr zum Vorteil vollkommen erschöpft hätte ...«

Das Quedlinburger Wahltheater:
Maria Elisabeth,
Herzogin von Holstein-Gottorp (1710–1755)

Hatten es die Äbtissinnen und die Kanonissinnen von Quedlinburg schon unter den sächsischen Kurfürsten schwer, so sollte der Gipfel der Bedrängnis für das »freie weltliche Damenstift« doch erst unter der »Schutzherrschaft« der Hohenzollern kommen, die mit dem Jahre 1698 begann.

Die Hohenzollern machten von Anfang an deutlich, daß sie Quedlinburg als ein dem brandenburgisch-preußischen Staat de facto eingegliedertes Gebilde betrachteten.

Daraus folgerte man, daß auch die Wahl der Äbtissin und der Pröpstin nur mit Zustimmung des preußischen Königs zustande kommen konnte.

Die Hohenzollern beriefen sich dabei vor allem auf den fatalen Vergleich von 1574, den der sächsische Kurfürst August mit der damaligen Äbtissin abgeschlossen hatte – als Voraussetzung für ihre Anerkennung.

Als die Äbtissin Anna Dorothea 1704 starb, blockierten daher die preußischen Beamten, die das Stift quasi besetzt hielten, jeden Versuch einer Neuwahl, denn es war vorauszusehen, daß die beiden mehrheitsbildenden ältlichen Gräfinnen von Schwarzburg bestimmt nicht die preußische Wunschkandidatin, die junge Pröpstin Aurora von Königsmarck, zur Äbtissin wählen würden.

Als die beiden Kapitularinnen dann doch gegen den Widerstand der Pröpstin Aurora am 7. November 1708 eine Wahl durchführten und Prinzessin Maria Elisabeth von Holstein-Gottorp zur Äbtissin kürten, erklärte Preußen die Wahl für ungültig. Der Prinzessin wurde die Einreise ins Stiftsterritorium verwehrt.

Wieder einmal wurden zahlreiche Streitschriften gedruckt und in die Welt hinaus geschickt. Die Gräfinnen klagten vor dem Reichshofrat in Wien gegen das preußische Vorgehen.

Man focht den Vergleich von 1574 als sittenwidrig und ungültig an: Ein Schutzherr habe das Stift zu schützen, aber nicht seine Reche einzuschränken. Außerdem sei der Vergleich von 1574 vom Kaiser niemals bestätigt worden.

Die Juristen der Hohenzollernseite trugen dem Reichshofrat vor, daß im Jahre 1574 eine schon bestehende Rechtslage nur präzisiert worden sei. Eine kaiserliche Bestätigung sei demnach überflüssig gewesen.

Der Druck der vielen Deduktionen und Relationen und der Prozeß vor dem Reichshofrat verschlangen fast das letzte Geld aus der Stiftskasse. Nach langem Hin und Her ordnete der Reichshofrat schließlich eine Neuwahl an. 1710 schickte man einen kaiserlichen Kommissar nach Quedlinburg, um diese Wahl zu organisieren und zu überwachen.

Nun wurde die Wahl von 1708 wiederholt. Das gleiche Ergebnis: Die beiden Schwestern aus Schwarzburg-Rudolstadt wählten die Prinzessin Maria Elisabeth von Holstein-Gottorp.

Aber kaiserliche Kommission hin, kaiserliche Kommission her, Preußen erkannte die Wahl nicht an. Die Herzogin von Holstein-Gottorp konnte trotz kaiserlicher Unterstützung ihr Amt nicht antreten: Die Preußen ließen sie einfach nicht ins Stiftsgebiet.

Der Kaiser hatte mitten im Spanischen Erbfolgekrieg andere Sorgen, als wegen Quedlinburg eine Reichsexekution gegen Preußen durchzuführen. Erst 1718 entspannte sich die Lage. 1717 starb die Dekanissin Eleonore Sophie von Schwarzburg-Rudolstadt, die größte Feindin Auroras, in hohem Alter. Im Reich war der Spanische Erbfolgekrieg zu Ende gegangen, der Kaiser konnte wieder etwas lauter auftreten. Nun hatte auch der preußische König nichts mehr gegen die neue Äbtissin, die dann schließlich am 25. Juli

1718 in Quedlinburg einziehen konnte. Es versteht sich, daß zwischen Äbtissin und Pröpstin nicht das beste Einvernehmen bestand, hatte doch Aurora schon 1708 gegen die Holsteinerin gestimmt.

Wer war diese Maria Elisabeth aus dem Hause Holstein-Gottorp, die man so lange vor der Türe hatte warten lassen?

Die Herzöge von Schleswig-Holstein-Gottorp befanden sich zu Beginn des Jahrhunderts in einer prekären Lage. Die stammverwandten Könige von Dänemark nutzten damals jede Chance, um die Herzöge wegen Schleswig, das sie gerne ihrem Lande einverleibt hätten, mit Krieg zu überziehen. Maria Elisabeth, 1678 als Tochter des Herzogs Christian Albrecht (des Gründers der Universität Kiel) geboren, mußte mit ansehen, wie ihr Bruder 1702 mitten im Krieg mit Dänemark starb. Seinen minderjährigen Sohn jagten 1713 die Dänen aus dem Land. Erst 1720 erhielt er seine Holsteiner Besitzungen zurück. Auf Schleswig mußte er verzichten. Es blieb ihm nur noch der Zwergstaat Holstein.

Als die Äbtissin Maria Elisabeth 1718 in Quedlinburg einzog, sah es also betrüblich für ihre Familie aus. Aber die Dinge entwickelten sich in den folgenden Jahrzehnten erfreulicher für das Haus Holstein-Gottorp.

Der von den Dänen vertriebene Karl Friedrich, der Neffe unserer Äbtissin, verheiratete sich mit Anna Petrowna, der Tochter Peters I. von Rußland. Deren gemeinsamer Sohn, Karl Peter Ulrich (1739–1762), wurde von Zarin Elisabeth 1742 zum russischen Thronfolger ernannt. Als er schließlich 1762 als Peter III. auf den russischen Zarenthron stieg, sollte er nicht viel Freude daran haben. Seine Frau Katharina ließ ihn bekanntlich wenig später umbringen.

Glücklicher war das Schicksal eines anderen Verwandten unserer Äbtissin: Ihr Großneffe Adolf Friedrich von Holstein-Gottorp wurde 1751 zum König von Schweden gewählt. Er war seit 1744 mit einer Schwester des preußischen Königs verheiratet – eine Verbindung, die für Quedlinburg von Bedeutung werden sollte.

In den ersten Regierungsjahren der Äbtissin gestaltete sich die Verbindung zu Preußen eher zum Alptraum. Seit 1713 regierte in Preußen König Friedrich Wilhelm I., der Soldatenkönig, der auch im Umgang mit der Äbtissin von Quedlinburg nicht von seinen rauhbeinigen Soldatenallüren lassen konnte. Zwei Vorfälle sind bezeichnend für den Stil, in dem die Preußen in Quedlinburg auftraten. Der erste Vorfall ereignete sich 1733. Die Äbtissin hatte mit einem Edikt gegen die preußischen Werbungen im Stift protestiert und sie untersagt.

Das Edikt ließen die preußischen Beamten sofort abreißen und »am 18. Juli, also 5 Tage nach Bekanntmachung des Edikts, führte der Major Wagner ein Militair-Commando auf den Schloßplatz, hieß dasselbe einen Kreis schließen, darauf in demselben einen Unterofficier vortreten und einen Königl. Befehl verlesen, nach welchem das von ihm in der Hand gehaltene abteiliche Edikt durch den Scharfrichter verbrannt werden sollte und ließ es dann wirklich diesem übergeben, von ihm entzwei reißen, in ein angezündetes Strohbund werfen, und von der Flamme verzehren« (Fritsch).

Nach diesem Affront war man von einer Verständigung weiter denn je entfernt. Die preußischen Beamten nützten Streitigkeiten innerhalb des Stiftskapitels aus, um sich selbst in die persönlichsten Angelegenheiten der Kapitularinnen einzumischen. Sie schrieben vor, bei wem die Äbtissin zu beichten und die Predigt zu hören habe, und setzten in einer spektakulären Aktion 1738 den von der Äbtissin ernannten Obersthofprediger und Superintendenten ab und steckten ihn für acht Monate ins Gefängnis.

Erst nach dem Regierungsantritt Friedrichs II. kam es dann 1742 und 1744 zu einem endgültigen Ausgleich zwischen Preußen und dem Damenstift Quedlinburg. Freilich:

wenig war mehr geblieben von der alten Herrlichkeit. Das Damenstift degenerierte im letzten halben Jahrhundert seines Bestehens zu einer Versorgungsanstalt für preußische Prinzessinnen.

Doch gibt es auch Erfreuliches aus dem Quedlinburg des 18. Jh. zu berichten: Zwischen 1736 und 1742 wirkte in Quedlinburg als Archivar Anton Ulrich Erath (1719–1773), der 1764 den vorbildlichen Codex Diplomaticus Quedlinburgensis herausgab, eine Sammlung aller wichtigen auf das Damenstift bezogenen Urkunden.

Im Jahre 1741 erhielt die aus Quedlinburg stammende Dorothea Christiane Erxleben von König Friedrich II. die Genehmigung zum Medizinstudium. 1754 promovierte sie als erste Frau in den medizinischen Wissenschaften und übte in Quedlinburg bis zu ihrem Tode 1762 ihre ärztliche Praxis aus.

In der Regierungszeit der Äbtissin Maria Elisabeth erblickte in einem schönen Fachwerkhaus unmittelbar unterhalb des Schloßbergs (Schloßberg 12) der berühmteste Sohn Quedlinburgs das Licht der Welt. Am 2. Juli 1724 wurde dort der Dichter Friedrich Gottlieb Klopstock als Sohn eines stiftischen Beamten geboren. So berühmt Klopstock zu seiner Zeit auch war – vor allem wegen seines Werkes »Messias« – so wenig gelesen war er auch. Berühmt ist Lessings Kommentar zu Klopstock: »Wer wird nicht einen Klopstock loben? Doch wird ihn jeder lesen? – Nein! Wir wollen weniger erhoben und fleißiger gelesen sein!«

Klopstock ist nicht nur der großformatige Epiker, sondern auch ein galanter Lyriker, wie das folgende Gedicht (»Das Rosenband«) von 1752 zeigt:

»Im Frühlingsschatten fand ich Sie;
Da band ich Sie mit Rosenbändern:
Sie fühlt' es nicht, und schlummerte.

Ich sah Sie an; mein Leben hing
Mit diesem Blick an Ihrem Leben:
Ich fühlt' es wohl, und wußt' es nicht

Doch lispelt' ich Ihr sprachlos zu,
Und rauschte mit den Rosenbändern;
Da wachte Sie vom Schlummer auf.

Sie sah mich an; Ihr Leben hing
Mit diesem Blick an meinem Leben,
Und um uns ward's Elysium.«

Die Quedlinburger haben Klopstock nicht vergessen: Sie richteten ihm 1898 in seinem Geburtshaus ein eigenes Museum ein!

Äbtissin Maria Elisabeth von Holstein-Gottorp hat sich bemüht, ihrem Stand und ihrer hohen Verwandtschaft entsprechend in Quedlinburg auch standesgemäß hofzuhalten. Sie gestaltete den Nordflügel des Schlosses völlig um und versah ihn mit repräsentativen Räumen.[71] Auch ihre Nachfolgerinnen zeigten ähnliches innenarchitektonisches Talent. Vor allem Möbel, Stuckdecken und Parkettfußböden müssen nun dem engen Bergschloß weltmännischen Residenzcharakter geben. Ein Parkettfußboden im »Thronsaal« der Äbtissin soll die Sonne des absoluten Herrschers darstellen: Die große Geste des absoluten Fürsten verkümmert bei den Quedlinburger Fürstäbtissinnen zur Parkettbodengestaltung.

Die gemäßigt höfische Welt dort oben auf dem Burgberg (der nun endgültig zum Schloßberg wird) spiegelt sich in einem etwa 1730 entstandenen Gemälde, das die Äbtissin Maria Elisabeth zusammen mit dem preußischen Stiftshauptmann von Schellenheim und ihrer Hofgesellschaft am Kartentisch zeigt.

Quedlinburg als preußische Provinz oder: Ein weiteres Frauenunglück. Äbtissin Anna Amalie (1756–1787)[72]

In der 2. Hälfte des 18. Jh. gelang es dem Preußenkönig Friedrich II., die letzten Reste der Reichsunmittelbarkeit des Stiftes de facto zu beseitigen. Die Geringschätzung, mit der der Preußenkönig alle Institutionen und rechtlichen Gewährleistungen der Reichsverfassung behandelte, zeigte sich auch an Quedlinburg.

Verlockt durch die nicht unbedeutenden Einnahmen des Stifts, zwang er seine unglückliche Schwester Anna Amalie, das zwölfte Kind des Soldatenkönigs Friedrich Wilhelm I., die Würde einer Äbtissin in Quedlinburg zu übernehmen. 1744 ließ er die 21jährige zur Koadjutorin mit dem Recht der Nachfolge wählen. Nach dem Tode der Äbtissin Maria Elisabeth am 17. Juni 1755 führte man sie am 11. April 1756 als Äbtissin ein.

Hinter diesen nüchternen Daten verbirgt sich eine menschliche Tragik, die ein bezeichnendes Schlaglicht auf den Charakter des Preußenkönigs wirft.

Die schöne Amalie scheint nämlich durchaus nicht der Typ Frau gewesen zu sein, der an der Ehelosigkeit und am Klosterleben Gefallen findet. Bekannt, aber im einzelnen nicht geklärt, ist ihr Liebesverhältnis zum Adjutanten des Königs, Friedrich Freiherr von Trenck. Möglicherweise war dieses Verhältnis entscheidend für die Entscheidung des Bruders, sie zur Äbtissin zu machen.

Die Entscheidung soll um 1743/44 gefallen sein: Die schöne Amalie war von ihrem Bruder angeblich als Gemahlin des Herzogs Adolf Friedrich von Holstein-Gottorp, des späteren Königs von Schweden, bestimmt gewesen. Als sie sich sträubte, vielleicht auch um ihrem Geliebten nahe zu sein, habe sie der erboste Bruder ins Kloster gesteck. Den Herzog heiratete dann am 29. August 1744 die Schwester Luise Ulrike!

Andere behaupten, Amalie hätte sich gern mit dem jungen Herzog von Zweibrücken, der um sie warb, verbunden und deshalb den Vorschlag des Bruders abgelehnt. Wir wissen nicht, was letztlich für die Entscheidung Friedrichs ausschlaggebend war. Eines scheint aber sicher: Es war nicht Amalies Lebenstraum, als Äbtissin in Quedlinburg zu enden.

Lesen wir, wie ein Romanautor die entscheidende Szene am Berliner Hof schildert. Bruno Frank (1887–1945) läßt in seinem Roman »Trenck« den König 1744 bei den Hochzeitsfeierlichkeiten für Ulrike und vor dem Abmarsch ins Feld folgende böse Worte sagen:[73]

»›Du Amelie (...) hast erklärt, daß du dich nicht zu verheiraten wünschest. Das ist mir recht, ich habe nichts dagegen. Aber versorgt mußt du sein, und da dir kein irdischer Bräutigam paßt, habe ich einen himmlischen für dich bemüht. Das wird dir, denke ich, willkommen sein, bei den religiösen Neigungen, die dich so durchaus erfüllen.‹

Die ganze Familie blickte verwundert auf die schöne Amalie, denn hiervon hatte noch niemand etwas gewußt. Amalie öffnete groß die Augen. ›Ich verstehe nicht recht‹, sagte sie leise.

Er hob die Hand. ›Sogleich. Erst ich, dann du! Als Äbtissin eines Klosters wärest du an deinem Platze, wie mir scheint. Aber wir sind ja evangelisch in Preußen, und manche von uns sind sogar kalvinisch und legen Wert darauf, und Klöster haben wir keine. Aber geistliche Stifter haben wir doch, zum Beispiel das Stift Quedlinburg und dort, liebe Schwester, wirst du Äbtissin werden. Zunächst Koadjutorin, ich habe mich erkundigt, aber mit der Zeit wirst du schon avancieren. In ein paar Monaten wird man dich einkleiden.‹

›Einkleiden?‹

›Oh, du kannst dich gleich wieder ausziehen und brauchst auch nicht in Quedlinburg zu wohnen. Komm du nur wieder nach Monbijou. Die Einnahmen aus dem Stift sind ganz beträchtlich, und als Gegenleistung brauchst du nur ewige Reinheit zu geloben, was einer Dame mit deinen Grundsätzen nur Vergnügen machen kann.‹«

War Friedrich wirklich so herzlos, wie es Bruno Frank schildert? Vieles deutet darauf hin. Amalie hatte sich sicher ein besseres Schicksal erhofft. Sie beugte sich dem Willen ihres Bruders. Widerspruch wäre sinnlos gewesen.

Die ungute Atmosphäre am Hof schilderte 1750 ein englischer Diplomat in einem Brief an einen Freund: »Es gibt hier nur mehr einen absoluten Fürsten und das Volk, alle sind gleich unglücklich, alle zittern und verabscheuen in gleicher Weise seine eiserne Regierung ... Man weiß, daß die Prinzessin Amalie gerne den Herzog von Zweibrücken heiraten möchte. Aber nein, Nero gab ihr neulich zu verstehen, daß sie nie heiraten dürfe. Er möchte, daß sie Äbtissin von Quedlinburg werden soll, was jährlich ungefähr 5000 Pfund abwirft. Das Geld soll sie dann in Berlin ausgeben ... Er hat überhaupt eine Abneigung gegen glückliche Menschen in seiner Umgebung ...«

Friedrich bestimmte, daß Anna Amalie ihren Wohnsitz in Berlin zu nehmen hatte. Ihre Quedlinburger Einkünfte sollten Preußen zugute kommen. Obwohl das Kapitelstatut das Verlassen des Konvents verbot, bezog Anna Amalie nun in Berlin ein Palais und hielt dort hof, empfing Gäste, komponierte – wie ihr Bruder – Musikstücke und schrieb viele, viele Briefe.

Amalie war eine unglückliche Äbtissin. Wie schon erwähnt, hatte sie 1744/45 mit dem Adjutanten des Königs, Friedrich Freiherr von Trenck (1727–1794), eine Liebesgeschichte, die unglücklich endete. Ihr Bruder sah das reiche Stift Quedlinburg dem preußischen Zugriff entgleiten und zerstörte rücksichtslos das Glück seiner Schwester.

Trenck wurde in Glatz in Schlesien gefangengesetzt; der immer argwöhnische König sah in Trenck jetzt auch einen österreichischen Spitzel. Trenck konnte entfliehen, aber 1754 bis 1763 saß er wieder als Gefangener des Königs in Magdeburg. 1787 verfaßte er eine dreibändige Lebensgeschichte, und 1794 wurde er – ein würdiger Abschluß seines Abenteurerlebens – auf Befehl Robespierres in Paris hingerichtet.

Als Anna Amalie am 11. April 1756 in Quedlinburg eingeführt wurde, sah sie sich zuerst einmal gründlich um. Eine der ersten Maßnahmen, die sie befahl, war die Suche nach dem Grab König Heinrichs I. Das hatte ihr sicher ihr Bruder eingeredet, denn die »Reliquienerhebung« des Stammvaters des Deutschen Reichs konnte nur den Glanz des Hohenzollernkönigs vermehren. Doch wie dann auch die folgenden politisch motivierten Grabungen nach den »Heinrichsgebeinen« blieb auch diese schon erfolglos. Ein zeitgenössischer Bericht schildert uns diese Bemühungen:

»Den 14. April 1756 wurde auf Befehl Ihrer Königlichen Hoheit der Hochwürdigst. Durchl. Fürstin Abbatissin und Frauen, Frauen Anna Amalie, das Grab des Höchstgedachten Kaisers vor dem Altar S. Petri im großen Münster geöffnet, dessen Sarg zu besehen, dasselbige aber nicht gefunden, obgleich die Erde 6 Fuß ausgegraben ... Weil nun neben dem Orte, wo solcher Sarg ... stehen sollte zur rechten Seite gegen obgedachten Altar der steinerne Sarg der Gemahlin des Höchstgedachten Kaisers gar bald ohngefähr 2 Fuß tief unter der Erde gefunden wurde mit dieser Aufschrift ›II Idus Mar. obiit Regina Mathildis, quae et hic requiescit, cuius anima obtineat aeternam requiem‹ ohne beigefügte Jahreszahl, der Deckel desselbigen aber verschoben und unterwärts gegen den Altar ... abgebrochen, so wurde daraus geschlossen, daß der Sarg des Kaisers allbereits müßte aufgegraben, als ein hölzerner und verfaulter gefunden und die angetroffenen Reliquien vom Körper des Kaisers in den steinernen Sarg seiner Gemahlin gelegt sein ...«[74]

Nach diesen mißglückten archäologischen Recherchen und nach Erledigung der bei Regierungsbeginn notwendigen und üblichen Maßnahmen kehrte die Äbtissin bald wieder nach Berlin zurück.

Von dort aus versuchte Anna Amalie recht und schlecht ihr Stift Quedlinburg zu regieren, insbesondere die ihr von dort zufließenden Einnahmen zu erhöhen. 1759/60 unternahm sie sogar den Versuch, das ihr zustehende Münzregal zu reaktivieren. Da ihr Bruder während des Siebenjährigen Krieges geringhaltige Münzen in Umlauf gebracht hatte, mit denen er seine finanziellen Verhältnisse zu verbessern hoffte, versuchte Anna Amalie für Quedlinburg ein Gleiches und verpachtete ihr Münzregal an zwei Magdeburger Kaufleute. Damit war ihr Bruder aber nicht einverstanden: Es war ihm ganz gleichgültig, daß das reichsunmittelbare Stift seit dem 10. Jh. münzberechtigt war. Für ihn war Quedlinburg bereits eine preußische Provinz, und so verbot er seiner Schwester die Münzprägung. Die für viel Geld angeschafften Gerätschaften zur Münzprägung mußte Anna Amalie verkaufen.

Im Siebenjährigen Krieg (1756–1763) schonten die Gegner Friedrichs natürlich auch Quedlinburg nicht, das damals schwerste Repressalien erdulden mußte; im Oktober 1760 gelang es einem französischen General, über 40.000 Taler aus dem Stiftsgebiet herauszupressen. Die Verbindung mit Preußen ließ die Stadt verarmen.

Auf den Druck Friedrichs hin mußte die Schwester nach dem Ende des Siebenjährigen Krieges die gesamte Finanzverwaltung des Stiftes ins Königreich Preußen transferieren. So zog also die »Kammer«, eine nach preußischem Vorbild von Amalie ins Leben gerufene Finanzbehörde, samt Kammerdirektor und Beamten nach Berlin um.

Auch Anna Amalie richtete sich in Berlin häuslich ein.

1772 kaufte sie das 1737 bis 1739 erbaute Palais Verne-
zobre an der heutigen Wilhelmstraße. Dort besuchte sie
ihr Bruder Friedrich II. regelmäßig in seinen letzten Jahren.

Die Geschichte dieses von Amalie bewohnten Palais, von
dem aus sie Quedlinburg regierte, war mit ihrem Tode im
übrigen noch nicht zu Ende. Noch im 20. Jh. sollte es eine
traurige Berühmtheit erlangen: Um 1830 wird es vom Baumeister Friedrich Schinkel für den Prinzen Albrecht umgebaut. In diesem Prinz-Albrecht-Palais nimmt dann im
Dritten Reich das berüchtigte Reichssicherheitshauptamt
seinen Sitz. Im Kriege schwer zerstört, ist das Palais heute
verschwunden.

Amalie starb 1787, ein Jahr nach ihrem Bruder. Das Verhältnis zwischen Friedrich und seiner Schwester hatte sich
im Laufe der Zeit gebessert: Am Ende seines Lebens war
Anna Amalie die einzige von allen Familienmitgliedern, mit
der der greise Friedrich noch häufiger verkehrte. Es bot einen höchst grotesken Anblick, wenn der König, nur noch
eine Karikatur seiner selbst, seine Visiten machte.

General von Marwitz schildert in seinen Memoiren, wie
er als Junge einen solchen Besuch des Königs bei der in
ihrem Berliner Palais residierenden Äbtissin von Quedlinburg erlebt hat:

»Mein Hofmeister war mit mir nach dem Halleschen Tor
gegangen, weil man schon wußte, daß er an dem Tage alle-
mal seine Schwester, die Prinzessin Amalie, besuchte ... Bei
dem Palais der Prinzessin Amalie angekommen, war die
Menge noch dichter, denn sie erwarteten ihn da; der Vor-
hof war gedrängt voll ... Er lenkte in den Hof hinein, die
Flügeltüren gingen auf und die alte, lahme Prinzessin
Amalie, auf zwei Damen gestützt, die Oberhofmeisterin
hinter ihr her, wankte die flachen Stiegen hinab ihm entgegen. Sowie er sie gewahr wurde, setzte er sich in Galopp,
hielt, sprang rasch vom Pferde, zog den Hut, umarmte sie,

bot ihr den Arm und führte sie die Treppe wieder hinauf. Die Flügeltüren gingen zu; alles war verschwunden und noch stand die Menge, entblößten Hauptes, schweigend, alle Augen auf den Fleck gerichtet, wo er verschwunden war ...«

Schwedisches Intermezzo:
Äbtissin Sophia Albertina (1787–1803)

Seit der »Reichspröpstin« Aurora von Königsmarck und der Äbtissin Maria Elisabeth von Holstein-Gottorp spielte das Königreich Schweden in der Geschichte des Damenstifts Quedlinburg immer wieder eine interessante Nebenrolle.

Erinnern wir uns: Als Herzog Adolf Friedrich von Holstein-Gottorp 1751 von den schwedischen Reichsständen zum König von Schweden gewählt worden war, profitierte von dieser Rangerhöhung natürlich auch seine Großtante, Äbtissin Maria Elisabeth. Und auch das Damenstift Quedlinburg gewann an Ansehen: Erstmals seit der Zeit der Ottonen und Salier residierte wieder eine Äbtissin aus königlichem Geblüt in Quedlinburg!

Dieser König Adolf Friedrich von Schweden (1751–1771) war seit 1744 mit der älteren Schwester der Äbtissin Anna Amalie, der preußischen Prinzessin Luise Ulrike (1720–1782) verheiratet. Dieser Ehe entsproß die letzte Äbtissin von Quedlinburg, Sophia Albertina.

Königin Luise Ulrike von Schweden war wie ihre anderen Schwestern eine große Briefschreiberin. Sie kokettierte gern mit ihrer Bildung und ihrer preußischen Herkunft. Ihr Mann ertrug das alles mit großer Gelassenheit. Ihrem begabten Sohn, dem späteren König Gustav III., ging das Getue der Mutter indes auf die Nerven, und er distanzierte sich von ihr.

So verlegte Luise Ulrike ihre ganze mütterliche Liebe auf ihre Tochter Sophia Albertina. Diese war bereits 1767 von ihrer Tante als Koadjutorin in Quedlinburg aufgenommen worden. Am 28. September 1787 trat sie nach dem Tode Amalies deren Nachfolge an.

Saß Anna Amalie während ihrer Regierung in Berlin, so blieb nun Sophia Albertina, diesem Beispiel folgend, den größten Teil ihrer Regierung in Stockholm. Schon im Juni 1788 hatte sie Quedlinburg wieder Richtung Schweden verlassen.

Die in Berlin amtierenden Beamten des Stifts entließ man. In Quedlinburg wurde als zentrale Finanzbehörde wieder eine Kammer gebildet.

Kurz nach ihrem Regierungsantritt veranlaßte Sophia Albertina die Aufstellung eines Schatzverzeichnisses. Kaum war das Verzeichnis fertiggestellt, gab die Äbtissin den Befehl, die weniger wertvollen und überflüssigen Stücke aus dem Schatz zu veräußern. Die 1789 durchgeführte Versteigerung erbrachte nur dürftige 142 Taler.

1792 kehrte Äbtissin Sophia Albertina wieder nach Quedlinburg zurück. In Stockholm hatte sie Schreckliches erleben müssen: Ihr Bruder, König Gustav III., war während eines Maskenballs in der Oper einer Adelsverschwörung zum Opfer gefallen: Der Gardehauptmann Ankarström hatte einen tödlichen Pistolenschuß auf ihn abgefeuert, dem er am 29. März 1792 erlag.

Das Ereignis erregte in Europa ungeheures Aufsehen. Die Französische Revolution von 1789 schien nun zunehmend auch außerhalb Frankreichs die antimonarchistischen Elemente zu ermuntern! Der schwedische Königsmord von 1792 diente bekanntlich noch Verdi 1859 als Vorlage für seine Oper »Ein Maskenball«.

Äbtissin Sophia Albertina mußte nach ihrer Rückkehr 1792 vor allem ihr Stiftskapitel wieder in Ordnung bringen. Was nämlich der Äbtissin recht war, war auch den übrigen drei hochadeligen Damen des Stiftskapitels, der Pröpstin, der Dekanissin und der Kanonissin, billig: Sie weilten nur selten in Quedlinburg, begnügten sich mit dem Bezug der Einkünfte und hielten die Augen offen, wenn sich eine vielversprechende Heiratspartie bot. Die Pröpstin Prinzessin Friederike Charlotte von Preußen hatte sich 1791 mit dem Herzog von York, verheiratet und eine weitere preußische Verwandte der Äbtissin, Friederike Luise Christine, die als Dekanissin vorgesehen war, machte sich daran, den Erbprinzen von Oranien zu heiraten.

So mußte Sophia Albertina also 1792 eine neue Pröpstin und eine neue Kanonissin einführen. Auch die neue Kanonissin hielt es nicht lange in Quedlinburg, sie heiratete wenig später.

Im Herbst 1792, mit Einbruch der kalten Witterung, verließ die Äbtissin Sophia Albertina wieder ihr Damenstift und machte eine Reise ins sonnige Italien, wo sie bis zum Frühjahr 1793 blieb. Sie bestieg in Neapel den Vesuv und kehrte voller Eindrücke nach Quedlinburg zurück. Ihr in Italien geschärftes Kunstverständnis lenkte ihren Blick auf den Domschatz und den wunderschönen Alabasterkrug, den sogenannten Weinkrug von Kanaa. Diesen nahm sie an sich, als sie 1794 nach Stockholm aufbrach.

In Quedlinburg sah man die Äbtissin erst wieder im Jahre 1799: In Schweden standen wegen großer Mißernten und der wegen der Revolutionskriege unterbrochenen Handelsverbindungen eine Hungersnot und ein schrecklicher Winter vor der Tür. Doch auch die Verhältnisse in Quedlinburg entwickelten sich keineswegs erfreulich: Die Existenz des Damenstifts stand nun auf dem Spiel!

Das Ende reichsstiftischer Herrlichkeit[75]

Am 25. Februar 1803 wird in Regensburg der Reichsdeputationshauptschluß verkündet. Das folgenreichste Dokument der deutschen Verfassungsgeschichte. Es vollzieht den am 9. Februar 1801 zwischen Österreich und Frankreich geschlossenen Frieden von Lunéville. Der Kaiser und das Reich traten in diesem Frieden alle Gebiete links des Rheins an Frankreich ab. Die betroffenen Fürsten sollten in Deutschland anderweitig entschädigt werden.

Als Entschädigungsmasse standen vor allem geistliche Gebiete, insbesondere Hochstifte und Reichsabteien, zur Verfügung – darunter auch das Damenstift Quedlinburg. In § 3 des Reichsdeputationshauptschlusses wird es dem Königreich Preußen zugewiesen – zusammen mit dem gesamten beweglichen Vermögen.

Im Vorgriff auf die Bestimmungen des Reichsdeputationshauptschlusses hatte Preußen schon im August 1802 das Damenstift Quedlinburg annektiert und in der Stadt das stiftische Wappen mit den gekreuzten Messern durch den preußischen Adler ersetzt. Das Einkommen der Äbtissin ließ der preußische König (der seit 1797 regierende Friedrich Wilhelm III.) unangetastet – Sophia Albertina war ja schließlich seine Großtante!

Preußen konnte sich aber nicht lange an den Entschädigungen freuen, die es 1802/03 hauptsächlich auf Kosten geistlicher Besitzungen erhalten hatte. In der Schlacht von Jena und Auerstedt am 14. Oktober 1806 triumphierte Napoleon über das alte Preußen und seinen von Friedrich II. begründeten militärischen Mythos.

Vom alten Preußen sollte nach Napoleons Plänen nur noch ein ungefährlicher Rest übrigbleiben. Preußen mußte im Frieden von Tilsit am 7./8. Juli 1807 erhebliche Gebietsverluste hinnehmen. Im Westen wurde ihm eine ebenbürtige und von Frankreich abhängige Macht an die Seite gestellt: das Königreich Westfalen. An dieses neue Königreich Westfalen mußte Preußen neben vielen anderen Territorien auch Quedlinburg abtreten.

Zum König von Westfalen wurde am 18.8.1807 Napoleons Bruder Jérôme gekrönt. Er residierte als leichtlebiger, aber liebenswürdiger »Bruder Lustig« in Kassel.

Trotz der etwas fragwürdigen Person des Königs und der kriegsbedingten Not gelang es den Franzosen – wenigstens in Ansätzen –, Westfalen zu einem Musterstaat umzugestalten: Das Königreich Westfalen erhielt als erstes Territorium auf deutschem Boden eine Verfassung und übernahm die modernen französischen Verwaltungsgrundsätze.

Bald spürte man auch in Quedlinburg den nüchtern-praktischen Geist der französischen Verwaltung: Die letzten Erinnerungen an die Existenz des geistlichen Staates Quedlinburg verschwanden nun. Das ehemalige Stiftsgebiet wurde Teil des Departements Harz. Ab 1808 beseitigte man die Behörden des ehemaligen Damenstifts, zuletzt 1810 die Kammer und damit die selbständige Finanzverwaltung.

Die Ländereien des Damenstifts und die laufenden Einkünfte daraus übertrug man mit Dekret vom 31. Januar 1810 dem von König Jérôme am Weihnachtstag 1809 in Paris gestifteten »Orden der Westfälischen Krone«.

Dieser »Orden der Westfälischen Krone« war ein Verdienstorden, wie er um diese Zeit in den napoleonischen Königreichen gerade Mode geworden war. Im Königreich Italien war beispielsweise 1805 der Orden von der Eisernen Krone gestiftet worden, der wohl für König Jérôme das Vorbild abgegeben hatte. Der westfälische Orden diente »zur innigeren Verkettung des neuen Staates mit Vielen der Würdigsten im Lande, zur Befreundung mit dem neuen Zustande der Dinge und zur Erregung allgemeinen Wetteifers«.

Zehn Großkommandeure, 30 Kommandeure und

300 Ritter sollte dieser eigenartige Verdienstorden zählen, der aus dem Quedlinburger Kirchengut unterhalten werden mußte. Doch die Zeit lief diesem wie auch anderen Unternehmungen Jérômes davon.

König Jérôme – der glücklose Schatzräuber

Da die Hofhaltung des Königs in Kassel Unsummen verschlang und Napoleon seinen Bruder pausenlos mit Geldforderungen und Kontributionen überzog, reichten bald die Einkünfte des Königreichs – trotz hoher Steuern – hinten und vorne nicht mehr. Als nun im Frühjahr 1812 Napoleon seinen Feldzug nach Rußland vorbereitete und seine Forderungen und Briefe an den Bruder immer drängender und unfreundlicher wurden, schritt man im Königreich Westfalen zum Totalausverkauf. Man versuchte alles zu Geld zu machen, was Erlös versprach.

Auch in Quedlinburg. Zuerst sicherte sich König Jérôme den Schatz. Mit Befehl vom 24. April 1812 ließ er ihn in seine Residenz Kassel bringen. Es waren sicher keine denkmalpflegerischen Gesichtspunkte, die Jérôme zu dieser Transferierung bewogen.

Um sich die lästigen Unterhaltskosten für das unverkäufliche Kirchengebäude vom Hals zu schaffen, übertrug die Regierung des Königreichs Westfalen am 23. Oktober 1812 das Eigentum an der Stiftskirche St. Servatius an die Kirchengemeinde von St. Wiperti, an die Quedlinburger »Vorstädter«.

Kirche und Schloß hatten nun verschiedene Eigentümer. Das sollte für das Schicksal des Domschatzes von Bedeutung werden.

Im August und September 1813, einen Monat vor der Leipziger Völkerschlacht, versteigerte man dann in aller gebotenen Eile das Mobiliar des Stiftsschlosses, darunter 88 Tische, 27 Schreibtische, 43 Spiegel und 27 Sofas.[76] Nur die kahlen Räume blieben übrig. An die ehemalige fürstliche Residenz erinnerten nur noch die Stuckdecken und Parkettfußböden.

Wertvollstes Stück der Versteigerung war angeblich ein Spiegel aus Bergkristall.

Dieser Spiegel hat es zu literarischen Ehren gebracht. Er wird von Theodor Fontane, der als häufiger Kurgast im nahen Thale auch das Quedlinburger Schloß kannte, in seinem 1884 entstandenen Roman »Cecile« erwähnt. Fontane läßt seinen Roman (eine tragisch endende Ehegeschichte) im Kurort Thale beginnen. Von dort aus besichtigen die Hauptakteure das Schloß zu Quedlinburg, und der Kastellan zeigt ihnen einen leeren Goldrahmen, der einst die angebliche Hauptsehenswürdigkeit des Schlosses barg, einen Spiegel aus Bergkristall. Der Kastellan in Fontanes Roman weiß dazu das folgende zu berichten:

» ›Unsere letzte Fürstabbatissin war nämlich eine Prinzessin von Schweden, Josephine Albertine, Tochter der Königin Ulrike, Schwester Friedrich des Großen. Über zwanzig Jahre hatte Josephine Albertine hier glänzend und segensreich residiert und sich an dem Kristallspiegel, der ihr Stolz und ihr Lieblingsstück war, erfreut, als diese Gegenden eines Tages westfälisch wurden und unter König Jerome kamen. Da mußte sie sich trennen von ihrem Schloß, samt allem, was darinnen war, und natürlich auch von ihrem Spiegel. Denn es war ihr kaum Zeit gelassen zum Notwendigsten, geschweige zum Einpacken und Mitnehmen dessen, was das Nebensächliche, wenn auch freilich für sie das Liebste war.‹

›Und was wurde?‹

›Nun, König Jerome, der wegen dem ewigen „Morgen wieder lustik sein" sehr viel Geld brauchte, stand alsbald vor der Notwendigkeit, das ganze Schloßinventar unter den

Hammer zu bringen, und eines Tages hieß es in allen Zeitungen, deutschen und fremden, daß, neben den anderen Schätzen des Schlosses, auch der berühmte Kristallspiegel versteigert werden soll. Das war der Moment, auf den Prinzessin Josephine Albertine, die mittlerweile nach Schweden zurückgekehrt war – denn die Bernadottesche Zeit war noch nicht da –, gewartet hatte, weshalb sie nunmehr strikten Befehl gab, auf den Spiegel zu fahnden und jeden Preis zu zahlen, zu dem er angesetzt oder am Auktionstage selbst hinaufgetrieben werden würde. Wie hoch er kam, weiß ich nicht; nur das eine weiß ich, daß es ein Vermögen gewesen sein soll. Ich habe von einer Tonne Goldes sprechen hören. Unter allen Umständen aber kam der Spiegel nach Schweden, nach Stockholm, woselbst er sich bis diesen Tag befindet und im Ridderholm-Museum gezeigt wird.‹ «

Der Kastellan in Fontanes Roman übertrieb natürlich wie alle Schloßführer. Die Versteigerung des Schloßinventars erbrachte insgesamt 3941 Taler; das war weit weniger als der Gegenwert für eine Tonne Gold!

Als Jérôme Quedlinburg ausplünderte, ging es bereits mit seiner und seines Bruders Herrlichkeit zu Ende. Noch vor der Leipziger Völkerschlacht wird Jérôme von russischen Kosaken aus seiner Residenzstadt Kassel vertrieben. Zwischen dem 17. und dem 26. Oktober 1813 kehrt er noch einmal zurück, sichert sich den Kronschatz und macht sich aus dem Staube. Den Quedlinburger Schatz ließ er in Kassel zurück. Er hatte ihm kein Glück gebracht.

Nach der Niederlage Napoleons und nach der Vertreibung Jérômes kam der Quedlinburger Schatz vorerst nicht wieder nach Quedlinburg zurück. Eifrige preußische Beamte vereinigten ihn im Dezember 1814 mit dem Halberstädter Domschatz.

Die Quedlinburger protestierten vergeblich in Berlin. Erst 1820 nahm sich König Friedrich Wilhelm III. der Sache an. Mit Kabinettsordre an die Regierung von Magdeburg vom 13. Dezember 1820 befahl er, den Schatz wieder nach Quedlinburg zurückzubringen:

»Des Königs Majestät haben mittels Kabinettsordre ... zu bestimmen geruht, daß sowohl die Altertümer und Kostbarkeiten als auch die Bücher und Manuskripte, welche ursprünglich der Stiftskirche in Quedlinburg gehört haben und jetzt im Dom zu Halberstadt einstweilen verwahrt sind, ohne Ausnahme der Stiftskirche zu Quedlinburg zurückgestellt werden sollen ...«

Über die Eigentumsverhältnisse am Schatz gibt die Kabinettsordre keine Auskunft. Die Stiftskirche gehörte zweifelsfrei seit 1812 der Kirchengemeinde. Das Schloß und der gesamte »Domberg« stand dagegen im Eigentum des preußischen Staates, der ja Rechtsnachfolger des Königreichs Westfalen bzw. des Damenstifts Quedlinburg war.

Wer aber konnte nun das Eigentum am Schatz beanspruchen? Eine erste Äußerung dazu finden wir 1830. Damals machte man sich an eine Inventarisierung des Schatzes. In diesem Zusammenhang schrieb die Regierung in Magdeburg (Abteilung Kirche, Verwaltung und Schulwesen) an den Superintendenten Schmidt in Quedlinburg: »Die in der Zither der Servatiikirche aufbewahrten ... Gegenstände müssen als Eigentum dieser Kirche, der sie von den vormaligen Stiftspersonen und anderen geschenkt worden sind, verbleiben ...«

Am 11. Januar 1831 äußerte sich die Regierung in Magdeburg noch einmal gegenüber dem Quedlinburger Superintendenten Schmidt. Man gestand zu, daß »die Altertümer ... welche ursprünglich der Stiftskirche gehört haben, ohne Ausnahme für dieselbe von Sr. Majestät dem Könige durch die Allerhöchste Kabinettsordre vom 13.12.1820 bestimmt worden sind«.

Vom Eigentum der Kirchengemeinde am Schatz war in beiden Äußerungen ausdrücklich nicht die Rede. Deshalb wollte es die Kirchengemeinde 1834 genau wissen. Es

171

kommt zu einem weiteren Briefwechsel. Am 14. März 1834 schreibt schließlich die Regierung an den Kirchenvorstand, daß man »das Eigentum der St. Servatii-Kirche an den im Cythergewölbe der dasigen Schloß- vormaligen Stifts-Kirche noch vorhandenen Kunstgegenständen und an den drei Evangelistarien dieser Kirche ausdrücklich anerkennen will ...«.

Wichtig für die spätere Würdigung der Eigentumsverhältnisse hinsichtlich des Stiftsschatzes ist in diesem Zusammenhang, daß sowohl die Regierung als auch die Kirchengemeinde den Schatz als wesentlichen Bestandteil der Kirche betrachteten.

Ein Romantiker auf dem Thron und seine Quedlinburger Träume vom deutschen Mittelalter: König Friedrich Wilhelm IV. von Preußen[77]

Der von 1840 bis 1858 regierende König Friedrich Wilhelm IV. von Preußen gehört nach Meinung seiner heutigen Biographen zu den erfreulichsten und interessantesten Gestalten der neueren deutschen Geschichte.

Die preußischen Geschichtsschreiber des 19. Jh. waren da allerdings anderer Meinung. Sie gaben dem König fast durchwegs schlechte Zensuren: Friedrich Wilhelm habe den »wahren Beruf« des preußischen Staates innerhalb Deutschlands nicht erkannt!

Friedrich Wilhelm IV., der 1840 an die Regierung kam, hatte bereits als Kronprinz große Hoffnungen in der deutschen Öffentlichkeit geweckt. Außerordentlich begabt und kunstsinnig, besaß er den bei den Hohenzollern des 19. Jh. seltenen »Sinn für Recht und höhere Dinge« (Ludwig v. Gerlach).

Ganz anders als sein Vater war Friedrich Wilhelm IV. unmilitärisch und dicklich. Seine hohen geistigen und künstlerischen Gaben sind wohl ein Erbteil der Mutter, der geist- und gemütvollen Königin Luise. Er genoß eine vorbildliche Erziehung, u. a. durch Künstler wie Schinkel und Rauch. Reisen nach Italien (1828) förderten seinen Kunstsinn. Seine Idealisierung mittelalterlicher Zustände, seine Vorstellungen vom Gottesgnadentum sind wohl seinem Lehrer Johann Ancillon (1767–1837) zuzuschreiben.

Schon früh erlag er den Verführungen der romantischen Idee. 1813, beim sächsischen Feldzug gegen Napoleon, schwärmte er beim Anblick der sächsischen Burgen. Zu seinem damaligen Reisegepäck gehörte auch der eben erschienene »Zauberring« von de la Motte-Fouquet, ein Roman, der von Literaturkennern zwar belächelt wurde, aber von ungeheurem Einfluß war. De la Motte-Fouquet versuchte zu schildern, wie das germanische Blut neue Völker erzeugte und um den deutschen Mittelpunkt die Kultur des Mittelalters hervorbrachte.

Friedrich Wilhelm IV. war ein guter Redner, und er liebte historische Inszenierungen. Der Dombau in Köln, die Restaurierung der Marienburg in Ostpreußen und eine Reihe anderer Projekte erlaubten ihm, dem »Romantiker auf dem Thron«, Geschichte zu spielen. Auch in Quedlinburg dachte er an eine solche Geschichtsinszenierung.

Die Hohenzollern waren im 15. Jh. durch die Belehnung mit der Mark Brandenburg zwar Kurfürsten geworden, also Kaiserwähler, aber es war ihnen nie gelungen, die Kaiserkrone selbst zu erlangen. Erst im 19. Jh. sollte der Kaisertraum des Hauses Hohenzollern in Erfüllung gehen.

Friedrich Wilhelm träumte schon als Kronprinz zusammen mit seinem Architekten Schinkel die großen Träume des deutschen Mittelalters. Die steinernen Überreste der deutschen Kaiserdynastien wurden vom Hause Hohenzollern liebevoll gehütet, ausgebaut, neuerbaut.

Was er für die Ottonen in Quedlinburg tun wollte, das hatte Friedrich Wilhelm IV. als Kronprinz bereits für die Luxemburger in der Klause über dem Saartal getan:

1833, bei einem Besuch in der Rheinprovinz, erhielt er sowohl die Klause als auch die Gebeine von König Johann dem Blinden von Luxemburg zum Geschenk. Die Überreste des Königs, der in der Schlacht von Crecy 1346 als glanzvoller Vertreter des mittelalterlichen Rittertums fiel, waren auf Umwegen in die Hände des Steinzeugfabrikanten Boch in Mettlach gelangt. Dieser schenkte sie dem König, der sich an der Geschichte des Luxemburgers (Vater des Kaisers Karl IV.) begeisterte und beschloß, ihm ein Mausoleum über der Saar bauen zu lassen.

So also baute der Architekt Schinkel auf der Klause hoch über dem Saartal in den Jahren 1833 bis 1835 eine Grabkapelle für König Johann den Blinden.

Der Marmorsarkophag in der Klause ist heute leer. Die Überreste wurden 1945 von den Besatzungstruppen in den Dom zu Luxemburg gebracht.

Friedrich Wilhelms IV. politischen Vorstellungen und Maßnahmen waren nach dem Urteil der nachgeborenen Kritiker »eine lange Kette von Mißverständnissen«. Wir wissen heute, daß nicht der König die Welt mißverstanden hat, sondern eher seine späteren Kritiker. Was Friedrich Wilhelm wollte, war den preußischen Großmachtingenieuren viel zu versponnen und unrealistisch und vor allem den Interessen des preußischen Staates zuwider: eine habsburgische Kaiserwürde, ein mitteleuropäisch orientiertes Deutsches Reich! Mittelalterliche Träumerei!

Ein so mit der Geschichte verbundener und schließlich in die Geschichte flüchtender Monarch ließ sich schnell vom mittelalterlichen Zauber Quedlinburgs fangen. Friedrich Wilhelm dürfte Quedlinburg schon als Kronprinz besucht haben. Sein Bruder Karl, der 1836 die Schatzkammer besichtigt hatte, hat ihn wohl zuerst auf die Schönheiten Quedlinburgs aufmerksam gemacht.

Von 1843 bis 1847 wohnte der König jedes Jahr im Herbst, zur schönsten Jahreszeit, zur Zeit der königlichen Herbstjagden im Harz, im Schloß. Er ließ sich dort eine Zimmerflucht mit Mahagonimöbeln einrichten.

1854: Schatz und Kirche kommen in die Hand der Hohenzollern zurück

Friedrich Wilhelm IV. pflegte die Projekte, die er verwirklichte, vorauszuträumen: So muß es auch mit Quedlinburg gewesen sein. Der Hohenzollernkönig träumte von einer Grab- und Weihestätte seines Hauses auf dem heiligen Berg des Sachsenkönigs Heinrich. Die Hohenzollern – ohne große Bedeutung in der mittelalterlichen Reichsgeschichte – als Vollstrecker und Vollender der Sachsenkaiser – eine große Vision!

Wie viele seiner Zeitgenossen träumte der König die Geschichte in Architekturvisionen. Er sah auf dem Burgberg von Quedlinburg die ottonische und salische Residenz wiedererstehen.

Auch das adelige Damenstift will der König wieder begründen.

Am 20. April 1854 überträgt die Kirchengemeinde Quedlinburg auf Wunsch des Königs die Kirche samt Inventar in das persönliche Eigentum des Königs. Die Kirche war, wie wir hörten, durch Dekret vom 27. Oktober 1812 von der westfälischen Regierung an die Kirchengemeinde gegeben worden.

Der Vertrag ist für die Kirchengemeinde äußerst vorteilhaft. Sie muß nicht mehr für die Baulast, also für die teuren Instandsetzungsarbeiten im Kirchenbereich, aufkommen.

Trotzdem wird ihr aber die Nutzung der Kirche weiterhin ausdrücklich zugestanden, wenigstens soweit nicht das zu errichtende Damenstift den Kirchenraum benötigt.

Nicht an den König abgetreten werden die zur Ausübung des Gottesdienstes erforderlichen Kirchengeräte. Diese bleiben im Eigentum der Kirchengemeinde. Der Schatz dagegen geht als Zubehör der Kirche an den König über. Dieser Eigentumsübergang hat aber für die Kirchengemeinde keine unmittelbare Wirkung, denn in § 6 des Vertrags wird der Kirchengemeinde der Verbleib des Schatzes in der Kirche zugesichert: »Der St. Servatii-Kirchengemeinde wird die Zusicherung erteilt, daß die werthvolle Sammlung von Antiquitäten und Merkwürdigkeiten, welche in dem sogenannten Cythergewölbe neben der Schloßkirche aufbewahrt werden, auch dort verbleiben und fernerhin wie bisher vorgezeigt werden können.«

Keinesfalls darf aus dieser Zusicherung eine Eigentumsübertragung herausgelesen werden. Juristisch besteht kein Zweifel: Spätestens seit 1854 sind die preußischen Könige wieder Eigentümer des Quedlinburger Schatzes. Kirche und Schatz gehören zusammen, so hatte es noch 1834 der Kirchenvorstand konstatiert. Und was wäre des Königs Vision von der ottonisch-salischen Residenz mit Kaisergrab und Damenstift ohne den Schatz?

Da ist es auch kein Zufall, wenn 1855 der berühmte, in Quedlinburg geborene Harzmaler Wilhelm Steuerwaldt auf Anregung des Königs einen Prachtband mit Lithographien der Kunstschätze des Quedlinburger Domschatzes vorlegt. Auch eine 1838 erschienene »Beschreibung und Geschichte der Schloßkirche zu Quedlinburg und der in ihr vorhandenen Alterthümer«, die vor allem der Göttinger Gymnasialdirektor Ranke (der Bruder des Historikers Leopold von Ranke!) verfaßte, verdankte ihr Erscheinen allein dem Interesse des preußischen Königshauses.

Breites Interesse an der sächsischen Kaiserzeit und damit

auch an Quedlinburg weckte die 1855 erstmals erschienene Kaisergeschichte Wilhelm von Giesebrechts. Der Mittelalterfreund Friedrich Wilhelm IV. belohnte Giesebrecht für seine Arbeit mit einem Lehrstuhl für Geschichte an der Universität Königsberg.

König Friedrich Wilhelm IV. sollte die Verwirklichung seiner Quedlinburger Pläne jedoch nicht mehr erleben. 1856 weilt er ein letztes Mal auf dem Schloßberg. 1857 bricht bei ihm eine Geisteskrankheit aus, 1861 stirbt er.

Sein Bruder und Nachfolger König Wilhelm I., der spätere deutsche Kaiser, greift das Quedlinburger Projekt auf. Wilhelm kannte Quedlinburg. Seinem Bruder hatte er dort bei dessen Jagdausflügen Gesellschaft geleistet.

1862 wird die Eisenbahnlinie Magdeburg–Halberstadt–Thale eröffnet. Quedlinburg ist nun von Berlin aus mühelos zu erreichen. Im gleichen Jahr beginnt man mit der Restaurierung der Stiftskirche St. Servatius.[78]

1862 bis 1867 werden alle späteren Einbauten beseitigt, besonders die Holzbalustraden des 17. Jh., die das Langschiff verunstalteten. Dann wird das Innere vollständig »reromanisiert«, etwa die Fenster verkleinert. Der Konservator der Kunstdenkmäler in Preußen, Ferdinand von Quast, der auch die Stiftskirche in Gernrode renoviert hat, leitet die Baumaßnahmen. Der Baumeister vor Ort war Johann Gottfried Werner. Beide Herren sind eigenwillig und haben unterschiedliche Vorstellungen. Der Baumeister Werner gewinnt den Kronprinzen, der 1865 auf Besuch in Quedlinburg weilt, für seine Pläne. Der Kronprinz wünscht, daß der gotische Chor romanisch umgewandelt und daß der Zither als Herrscherloge gestaltet wird.

Quast redet das dem Kronprinzen bei einer Audienz in Berlin wieder aus, und am 1. November 1867 wird das Langhaus ohne Änderungen am Chor und am Zither eingeweiht.

Nach der Reichsgründung von 1871 gewann Quedlinburg als Grablege des Gründers des 1. Deutschen Reiches für die Hohenzollern noch mehr als bisher Bedeutung.

1872 bis 1882 baute man an der Stiftskirche weiter. Man entdeckte die »Confessio«, die bis 1879 instand gesetzt wurde. Johann Gottfried Werner gestaltete nun auch das Westwerk völlig um. Dort hatten die Baumeister des 11./12. Jh. zwei Türme geplant, aber nur einen fertiggestellt, der später mit einer Barockhaube versehen worden war. Nun fügte Werner einen zweiten Turm dazu und setzte beiden Türmen rheinische Turmhelme auf.

Als 1882 die Bauarbeiten vollendet waren, stand das Bauwerk in der makellosen Pracht des 12. Jh. vor den Beschauern.

Mit dem Ausbau von Quedlinburg hatte der Hohenzollernkaiser Wilhelm (»Wilhelm der Große« wird er auf den zeitgenössischen Standbildern genannt) für sich und sein Haus die erste der Gedenkstätten rings um den Harz geschaffen, Gedenkstätten, die deutsche Kaisergeschichte zugunsten der Hohenzollern zelebrierten. Die wiederaufgebaute Kaiserpfalz in Goslar und das Kyffhäuserdenkmal bilden dann Ende des Jahrhunderts die salische bzw. staufische Ergänzung zum »ottonischen Kaisergedenken« in Quedlinburg.

Heinrich Himmlers Weihestätte

Nach den Umbaumaßnahmen der Hohenzollernkönige kehrte auf dem Domberg – so nannte man (spätestens seit dem 19. Jh.) den Burg- bzw. Schloßberg – für ein halbes Jahrhundert lang Ruhe ein.

Was den Schatz betraf, so verhielten sich die Kirchengemeinde und die preußische Verwaltung so, als ob er im Eigentum des Königs stehen würde: Als etwa die Berliner

Museen originalgetreue Kopien der wertvollsten Stücke im Schatz anfertigen wollten, hielt sich die Kirchengemeinde nicht für befugt, die Genehmigung zur Ausleihe zu erteilen, und fragte in Berlin beim zuständigen Ministerium nach.

Kurz vor dem Ersten Weltkrieg, am 1. Juli 1914, wurde vom Vorstand der Kirchengemeinde in einem Schreiben an die Regierung in Magdeburg erstmals nach dem Abschluß des Vertrags von 1854 die Frage aufgeworfen, wer Eigentümer des Stiftsschatzes sei.

Die Regierung vertrat in ihrem Antwortschreiben den Standpunkt, daß durch die Übertragung vom 20. April 1854 nicht nur das Kirchengebäude von St. Servatius, sondern auch der Domschatz Eigentum des Königshauses geworden sei.

Der Vertreter der Kirchengemeinde stimmte der Rechtsauffassung der Regierung zu: »Von Herrn P. Caesar am 9.7.1914 in dem Sinne beantwortet, daß sich der Vorsitzende im Irrtum befunden habe und daß der Kirchengemeinde nicht das Eigentumsrecht auf die Zitherschätze zustehe.«

Nach dem Ersten Weltkrieg ergriff der preußische Staat als Rechtsnachfolger des Königshauses ganz selbstverständlich Besitz von der Kirche. Hinsichtlich des Stiftsschatzes war eine rechtliche Klärung der Eigentumsverhältnisse nicht geboten, da ja niemand den Verbleib in der Kirche von St. Servatius in Frage stellte.

1928 wurden die Schloßgebäude der Stadt Quedlinburg überlassen, die dort ein Museum einrichtete.

1935 erfuhr die SS durch einen Zufall vom Plan der Quedlinburger Stadtväter, den 1000. Todestag König Heinrichs I. am 2. Juli 1936 feierlich zu begehen.

SS-Brigadeführer Dr. Reischle, Chef des Rasseamtes in Berlin, berichtete nach einem Informationsbesuch in Quedlinburg am 24.10.1935 vertraulich an den Reichsführer SS Heinrich Himmler: »Wenn von uns Heinrich I. als erster deutscher König ... herausgestellt werden muß, dann ist die Tatsache der Tausendjahrfeier im nächsten Jahr für uns propagandistisch geradezu ein Geschenk des Himmels. Denn durch ihre zweckmäßige Gestaltung können wir natürlich mit einem großen Schlage das erreichen, was sonst auf propagandistischem Wege nur mühsam in Jahren durchgekämpft werden könnte.«

Damit rannte er bei Heinrich Himmler offene Türen ein: Heinrich Himmler war seit seiner Jugend ein großer Freund der mittelalterlichen Geschichte. Stundenlang konnte er von Heinrich IV. und Canossa, von den Kreuzzügen und von der Völkerwanderung erzählen. Fast entrückt wirkte er jedoch, wenn er von Heinrich »dem Vogler« erzählte.

Der heidnische Sachsenkönig, Sieger über Ungarn und Slawen, war (neben Heinrich »dem Löwen«) Heinrich Himmlers Abgott: Was dem Reichsführer SS an Heinrich so gefiel, war dessen militärisch zupackende Art, die Distanz zur Kirche, die Sicherung des »Lebensraums« im Osten und die ungeheure Schnelligkeit und Effektivität, mit der Heinrich seine Aufgabe, die Schaffung des Deutschen Reiches, bewältigt hatte. Himmler scheint sich an der »Schnelligkeit« der Geschichte zur Zeit Heinrichs berauscht zu haben.

Die Parallele zum Dritten Reich bot sich natürlich an. 1939 verlangte Himmler von der mit der SS verbundenen Stiftung »Ahnenerbe« eine Auskunft darüber, »mit welcher Schnelligkeit große Leistungen in der deutschen Vergangenheit vollbracht worden sind«. Er dachte dabei vor allem an die Zeit der Ottonen.

Die um Auskunft gebetene Stiftung drückte sich um die Beantwortung der seltsamen Frage und verwies auf die unzureichenden Quellen aus der Zeit des ersten Sachsenkönigs.

Der 2. Juli 1936

Der 1000. Todestag des Sachsenkönigs am 2. Juli 1936 bot also Heinrich Himmler einen willkommenen Anlaß, in Quedlinburg mit Hilfe der SS ein großes Fest zu Ehren seines großen Idols zu inszenieren:

Zu diesem Zweck verwandelte man den Dom provisorisch in eine altdeutsche Königshalle; später sollten nach den Plänen von Prof. Wille die entsprechenden Baumaßnahmen folgen. Das Gestühl wurde entfernt, die Kronleuchter hochgezogen, das Schiff mit königsblauem Samt ausgeschmückt, auf dem 20 Wappen von niedersächsischen Städten prangten.

Schließlich der große Tag: Ganz Deutschland sollte an diesem 2. Juli 1936 nach dem Willen Himmlers auf Quedlinburg blicken. Die Presse brachte die Heinrichsfeier auf ihren Titelseiten. Besonders ausführlich berichtete natürlich der »Völkische Beobachter« mit der Titelgeschichte: »Die König-Heinrich-Feier in Quedlinburg. Niedersachsens Fest für den Erbauer des Reichs.«

Der »Völkische Beobachter« weiter: »... Seit den Morgenstunden des Donnerstags ist die Stadt in Bewegung. Formationen der nationalsozialistischen Gliederungen aus ganz Niedersachsen marschieren mit klingendem Spiel durch die Straßen. Zu Beginn der Feierlichkeiten zeigt sich die Blumenstadt Quedlinburg in ihrem schönsten Festgewand.

Inzwischen waren im Dom und in der Heinrich-Krypta alle Vorbereitungen für die große Gedenkfeier der Schutzstaffeln getroffen. Auf dem Schloßberg bildeten SS-Männer ... Spalier. Der Dom zeigt sich nunmehr, nachdem das Gestühl aus ihm entfernt ist, in seiner echt deutschen Monumentalität.

... Zwei SS-Männer halten hier die Ehrenwache an den

Gräbern König Heinrichs I. und seiner Gemahlin Mathilde ... Über der Krypta haben auf der Empore die Fahnen der Bewegung Aufstellung genommen. 1200 Männer aller nationalsozialistischen Gliederungen waren im Kirchenschiff angetreten.

Kurz vor 12 Uhr trafen mit Reichsführer SS Himmler die Reichsminister Dr. Frick, Darre, Rust und Dr. Frank, die Reichsleiter Rosenberg, Dr. Ley, v. Schirach, Buch, Bormann, Bouhler, Hierl und Grimm, die Chefs der Polizei, Daluege und Heydrich, alle Oberabschnitts- und Abschnittsführer der SS, Vertreter der Wehrmacht und hoher Partei- und Staatsstellen sowie die Reichsfrauenführerin Frau Scholtz-Klinck ein.

Unmittelbar darauf nahm im Dom zu Quedlinburg die König-Heinrich-Feier ihren Anfang, in der die Männer der Partei und der Schutzstaffel gemeinsam mit dem ganzen niedersächsischen Volk dem ersten deutschen Volkskönig eine einzigartige Ehrung bereiteten. Im Auftrage des Führers und im Namen des deutschen Volkes würdigte Reichsführer SS in einer großangelegten Rede ... die germanische Führerpersönlichkeit eines der größten aller Deutschen als ein leuchtendes Beispiel von Führer und Gefolgschaftstreue und staatsmännischer Größe, den zu ehren die Treue und unser eigenes Werk von uns Lebenden begehren. Ihm gab der Reichsführer SS den höchsten Ehrentitel ›Erbauer des Reichs‹.«

Dann berichtete der »Völkische Beobachter« über die Fahnenweihe der Hitlerjugend, die der Reichsjugendführer Baldur von Schirach mit folgenden Worten vornahm:

»... Heute stehen wir hier im Dom zu Quedlinburg an der Gruft jenes großen Sachsenherzogs, der später deutscher Kaiser und Gründer unseres Reichs wurde. Ich weihe euch, ihr Fahnen der Jugend, in seinem Gedächtnis! Wenn ihr jetzt an seiner Gedächtnisstätte vorübermarschiert, seid euch dessen bewußt, daß ihr euch würdig zu erweisen habt eines Jahrtausends der deutschen Geschichte und fühlt euch verpflichtet, eine Jugend zu führen in ein neues Jahrtausend gleicher Größe und gleicher Ehre!«

Der 2. Juli 1936 klang in Quedlinburg aus mit Wettkampfspielen der SS, einem Großen Zapfenstreich und einem Feuerwerk auf dem Schloßberg.

Für Himmler war dieser Tag von Quedlinburg, den er so eindrucksvoll in Szene gesetzt hatte, der Höhepunkt seiner bisherigen Laufbahn als Führer der Schutzstaffel.

Er war davon überzeugt, Vergangenheit, Gegenwart und Zukunft bildhaft zusammengebracht zu haben: Hatte er damit nicht dem Nationalsozialismus die historische Dimension gegeben? Und den Menschen Stoff zum Atmen und Träumen?

Was er an der Krypta von Quedlinburg sagte, spiegelt mehr als anderes seine Weltsicht wider. Und wenn er die Tugenden des Sachsenkönigs lobte, so war allen Anwesenden der Bezug klar:

»Er war, wie seine Zeitgenossen berichten, ein Führer, der seine Gefolgsleute an Kräften, Größe und Weisheit überragte. Er führte durch die Kraft seines starken und gütigen Herzens und es wurde ihm gehorcht aus der Liebe der Herzen heraus. Der alte und ewig neue germanische Grundsatz der Treue des Herzoges und des Gefolgsmannes zueinander wurde von ihm in schärfstem Gegensatz zu den karolingischen kirchlich-christlichen Regierungsmethoden wieder eingeführt ...

Heilig war ihm das gegebene Wort und der Handschlag. Er hielt getreulich abgeschlossene Verträge und erfuhr dafür in den langen Jahren seines Lebens die ehrfurchtsvolle Treue seiner dankbaren Gefolgsmänner ...

Er hat keinen Augenblick vergessen, daß die Stärke des deutschen Volkes in der Reinheit seines Blutes und der odalsbäuerlichen Verwurzelung im freien Boden beruht ...

Er war der Erste unter Gleichen und es wurde ihm eine

größere und wahrere menschliche Ehrfurcht entgegenge-
bracht, als späteren Kaisern, Königen und Fürsten, die sie
nach volksfremdem byzantinischem Zeremoniell forder-
ten, je zuteil wurde. Er hieß Herzog und König und war ein
Führer vor tausend Jahren ...«

Das Heinrichsfieber oder:
Wo ist Heinrichs Grab?[79]

Himmlers Freude über die Heinrichsfeier war nicht ganz
ungetrübt. In der Gruft hatte man den Sarg des Königs
geöffnet – und leer gefunden. So mußte Himmler am Ende
seiner Rede vom 2. Juli 1936 zugeben, daß die Gebeine des
großen Führers nicht mehr in der Krypta ruhten. Himmler
verdächtigte die Geistlichkeit, einst die Reste des heidnischen Königs verschleppt zu haben. Himmler endigte seine Rede mit einem Aufruf, den Dom zu Quedlinburg als
künftige Weihestätte anzunehmen:

»Dieses einstmalige Grab auf dem seit Jahrtausenden von
Menschen unseres Blutes bewohnten Burgberg von Quedlinburg, mit der wunderbaren, aus sicherem germanischem
Gefühl heraus geschaffenen Gotteshalle, soll eine Weihestätte sein, zu der wir Deutschen wallfahren, um König Heinrichs zu gedenken, sein Andenken zu ehren und auf diesem
heiligen Platz im stillen Gedenken uns vorzunehmen, die
Menschen- und Führertugenden nachzuleben, mit denen er
vor einem Jahrtausend unser Volk glücklich gemacht hat ...«

Ein Jahr später wurde die sensationelle Nachricht ver-
breitet, man habe die Gebeine Heinrichs gefunden: Der ge-
fundene Schädel habe ein Stirnband mit Schmuckbesatz getragen. Dieses sei als Unterteil der Hasenfellkappe zu deuten, die Heinrich zu tragen pflegte.

Anläßlich der zweiten König-Heinrich-Feier am 2. Juli

1937 wurden in Anwesenheit von Himmler die angeblichen Gebeine König Heinrichs wieder in seiner Gruft neben seiner Gemahlin Mathilde beigesetzt.

Doch ganz sicher war man sich nicht. Dr. Rolf Höhne vom Persönlichen Stab des Reichsführers, der die Ausgrabungen überwacht hatte, ließ auch nach der »Entdeckung« der Gebeine noch weitergraben. Den gefundenen Schädel ließ man von einem Schädelspezialisten untersuchen.

Sehr sorgfältig hatte die SS nicht gegraben: Dem Mittelalterhistoriker Prof. Erdmann, der das Problem Heinrichsgrab von der Seite der schriftlichen Quellen aus zu lösen versuchte, konnte man 1937 keine Auskunft darüber geben, wo nun die Knochen genau gefunden worden waren. Und so verwundert es nicht, wenn Erdmann in seiner abschließenden Untersuchung 1941 feststellt, daß König Heinrichs Grab immer noch nicht gefunden sei. Immerhin konnte Erdmann ohne Behinderung durch die SS forschen und seine (negativen) Ergebnisse auch unbehindert veröffentlichen.[80]

Die SS übernimmt St. Servatius

Die jährlichen Feiern hatten für die SS-Ideologie nur noch eingeschränkten Wert. Sie verkümmerten mehr und mehr zu privaten Meditationsübungen des Reichsführers:

So wiederholte sich an jedem 2. Juli, am Todestag Heinrichs, das gleiche Schauspiel: Himmler wallfahrte nach Quedlinburg und hielt in der Krypta des Doms stille Zwiesprache mit dem Namenspatron und Gründer des Deutschen Reiches – Totenbefragung –, eine gespenstische Szene, wenn die zwölf Glockenschläge die Mitternacht ankündigten. Da stand Himmler mit bleichem, von Fackellicht durchzucktem Gesicht allein in der kalten Krypta und sprach unhörbar mit seinem eigenen Geist. Vor der Kirche standen erstarrte SS-Wachen.

Himmler glaubte die Fähigkeit der Geisterbeschwörung zu besitzen. Sein finnischer Arzt Felix Kersten berichtet, daß Himmler überzeugt davon war, mit Geistern von Toten verkehren zu können, die mehr als 100 Jahre tot waren. Himmler vertraute seinem Arzt an, daß ihm die Geister besonders im Halbschlaf erscheinen würden. So auch der Geist König Heinrichs, der ihm nützliche Ratschläge erteile. Himmler begann seine Ausführungen oft mit der Redensart: »König Heinrich hätte in diesem Falle folgendes getan.«

Seine Beschäftigung mit König Heinrich wurde mit der Zeit so intensiv, daß sich Himmler für eine Reinkarnation des Königs hielt.

Es war naheliegend, daß Himmler versuchte, Quedlinburg als eine germanische Weihestätte der SS zu sichern.

Der Ahnen- und Germanenkult sollte nach dem Willen Hitlers der SS die ideologische Geschlossenheit verleihen: »Die SS marschiert nach unabänderlichen Gesetzen als ein nationalsozialistischer Orden nordisch bestimmter Männer und als eine geschworene Gemeinschaft ihrer Sippen.«

Die 1000-Jahrfeier von 1936 hatte für Quedlinburg, für die Kirche und schließlich auch für den Domschatz unmittelbare Folgen.

Himmler rief eine König-Heinrich-I.-Gedächtnisstiftung ins Leben. Diese sollte sich vor allem um den Dom, die Umbauten, die Führungen und die Heinrichsfeiern kümmern. Finanziert werden sollte die Stiftung aus Beiträgen der mit dem Wirken Heinrichs I. verbundenen Städte und aus Eintrittsgeldern von Besuchern des Domes.

König Heinrich wurde im übrigen auch zum Patron anderer historischer Unternehmungen der NS-Zeit: Anläßlich des 1000. Todestags König Heinrichs I. rief der damalige Reichsminister für Wissenschaft, Erziehung und Volksbildung, Rust, ein Reichsinstitut für Vor- und Frühgeschichte unter Leitung von Prof. Dr. Hans Reinerth ins Leben.

Ein ähnliches Unternehmen wie in Quedlinburg starteten die Nationalsozialisten auch in Braunschweig. Auch dort gestaltete man den Dom und die Gruft mit dem Grab Heinrichs des Löwen zu einer nationalen Weihestätte um. Man malte das Kirchenschiff mit Szenen aus, die Heinrich den Löwen als Förderer der Ostkolonisation zeigten. Auch das Grab Heinrichs öffnete man 1935. Ob die damals gefundenen Gebeine tatsächlich die des Herzogs waren, ist bis heute unter den Wissenschaftlern strittig.

Auf dem Quedlinburger Domberg machte sich in der Folgezeit die SS immer mehr breit. Die Geschäfte in Quedlinburg für die König-Heinrich-Gedächtnisstiftung führte der Oberbürgermeister SS-Obersturmbannführer Selig, der Untersturmführer Fischer und später der SS-Oberscharführer Schmidt.

Die SS, die nur noch vom »König-Heinrich-Dom« sprach, sicherte sich bald die vollständige Verfügung über den Schatz. Am 30. Januar 1938 wurde dem SS-Obersturmführer Dr. Höhne im persönlichen Stab des Reichsführers SS ein Inventar des Domschatzes übersandt. Dem Schloßführer wurde untersagt, etwas über die »besonderen Verhältnisse« der SS zur Schatzkammer nach außen dringen zu lassen. Die Kirchengemeinde wurde völlig zur Seite geschoben. Am 6. Februar 1938 mußte Superintendent Schmidt die Kirchenschlüssel übergeben. Ostern 1938 fand der letzte Gottesdienst in der St. Servatius-Stiftskirche statt. Dann ließ die SS Kanzel, Altar und Kirchenbänke entfernen.

Der gotische Chor wurde romanisch umgestaltet. Die gotischen Fenster völlig zugebaut. In der neuromanischen Apsis prangte das Hakenkreuz, und an der Stelle des Altars wurden Urnen mit Erde aus allen deutschen Gauen versenkt.[81]

Auch der Domschatz war seit 1938 in der alleinigen Verfügungsgewalt der SS. 1941 veranlaßte die König-Heinrich-Gedächtnisstiftung, daß die Kirchengemeinde als Eigentümerin des Domschatzes aus dem Verzeichnis der Museen in der Provinz Sachsen gestrichen wurde.

Mit Kriegsbeginn in Polen ordnete die Reichsregierung sofortige Luftschutzmaßnahmen an. Am 1. September 1939 ließ SS-Obersturmbannführer Schmidt den Domschatz in einen Tresorraum der städtischen Sparkasse bringen.

Wegen der zunehmenden »Terrorangriffe« ordnete Bürgermeister Selig am 21. Mai 1942 die Verbringung des Schatzes an einen besseren Verwahrungsort an.

Man wählte dafür die Höhlen unter der Altenburg aus, einen Höhenzug unweit des Burgbergs. In den Höhlen befand sich eine Champignonzucht.

Nach dem Ausbau der Höhlen brachte man dort im Juli 1942 den Schatz unter und ließ ihn rund um die Uhr bewachen. Für die Wächter der »Altenburg-Verwahrstelle« erließ man eine Dienstanweisung mit 14 Paragraphen.

Je ein Verpackungsverzeichnis für die 16 Kisten erhielten der Provinzialkonservator in Halle, die Stadt Quedlinburg und die SS.

In der Altenburg-Höhle befanden sich noch weitere 40 Kisten, u. a. mit Beständen des Museums und des Klopstockhauses, sowie viele Gemälde in Lattengestellen.

Der Inhalt der Kisten wurde während der Kriegsjahre durch den städtischen Archivverwalter Gille regelmäßig überprüft, zuletzt noch am 27. Mai 1944.

Am 1./2. Juli 1944 zelebrierte man die letzte König-Heinrich-Feier mit der obligaten Kranzniederlegung. Die Beteiligung war nur gering. Himmler war nicht mehr unter den Gästen. Für Kränze, Bewirtung der Gäste, Zigarren und Zigaretten sowie für das Telegramm an den Reichsführer mit der Vollzugsmitteilung stellte die Stiftung der SS 1100,– Reichsmark in Rechnung.

Götterdämmerung

Mit der Bildung eines Brückenkopfes bei Northeim an der Leine und massiven Panzervorstößen begann am 9. April 1945 die amerikanische Armee den Angriff auf die »Harzfestung«.

Deutsche Truppen der 11. Armee hatten in den Bergen des Harzes eine Widerstandslinie aufgebaut und hofften auf die 12. Armee unter General Wenck, die, von Berlin aus vorstoßend, die Wende bringen sollte.

War der Harz gefallen, so war der Weg nach Berlin frei, Deutschland verloren.

Unter dem Befehl von General Lucht, dem Befehlshaber der 11. Armee, sammelten sich im Harz 70 000 Mann zur entscheidenden Schlacht.

Diese letzte Schlacht war ebenso sinnlos wie für die Amerikaner unerwartet. Hitler hoffte auf eine von der 12. Armee geführte Gegenoffensive: Man wollte vom Harz aus Richtung Ruhr vorstoßen und damit im Westen Ruhe schaffen für einen entscheidenden Schlag im Osten.

Die 12. Armee hielt aber in keinem Punkte das, was sich Hitler von ihr versprochen hatte: Zusammengewürfelt aus den verschiedenen Truppenteilen und aus jungen Männern, die eben eingezogen worden waren, fehlte es den im Prinzip gutmotivierten Soldaten vor allem an Panzern und schweren Waffen.

Eine der Divisionen der 12. Armee, die Division Potsdam, die sich im wesentlichen aus jungen Leuten zusammensetzte, die aus Ausbildungslagern am Harz kamen, wurde vom schnellen Vormarsch der Amerikaner völlig überrumpelt. Andere Divisionen konnten nicht an der richtigen Stelle eingesetzt werden. General Wenck mußte mit relativ schwachen Kräften versuchen, die bereits an der Elbe stehenden Amerikaner aufzuhalten.

Südlich von Magdeburg hatte die 2. amerikanische Panzerdivision bereits einen Brückenkopf gebildet, den sie aber bald darauf unter heftigen Gegenangriffen wieder räumte. Dagegen gelang es der 83. amerikanischen Infanteriedivision an der Elbe bei Barby einen Brückenkopf zu bilden und zu halten. Die Amerikaner schlugen eine Brücke über den Fluß und nannten sie »Gateway to Berlin«. Die 9. amerikanische Armee, zu der die 83. Infanteriedivision gehörte, machte schon Pläne für einen Marsch auf Berlin.

Oberbefehlshaber Eisenhower winkte ab. Die Amerikaner blieben an der Elbe stehen.

Die Entscheidungsschlacht zwischen Amerikanern und Deutschen im Osten wurde im Harz geschlagen. Dort waren 70 000 Mann der 11. Armee eingeschlossen. General Lucht war indes kein Selbstmörder. Er wußte, daß ihn General Wencks 12. Armee nicht aus seinem Kessel befreien würde. Darüber hinaus war der Harz nicht als ernst zu nehmende Verteidigungsstellung ausgebaut, Vorräte waren nicht vorhanden. Man konnte nur noch zeitlich begrenzten Widerstand leisten, mehr nicht.

Den Brocken, den höchsten Berg im Harz (1142 m) und seine Funkstation, die einzige Verbindung der 11. Armee zum Oberkommando, griffen die Amerikaner am 18. April an. Die 200 deutschen Verteidiger mußten nach einem Tag aufgeben.

Mit der Eroberung des Brocken durch die Amerikaner am 19. April war der Harz praktisch gefallen. Ab dem 20. April ergaben sich die deutschen Einheiten in Massen. Die 9. und die 1. amerikanische Infanteriedivision machten an diesem Tag insgesamt 18 000 Gefangene. Am 23. April schließlich ergab sich das Hauptquartier der 11. Armee mit General Lucht in der Nähe von Blankenburg, nachdem es durch den ganzen Harz geirrt war und in einem Steinbruch, einem Forsthaus, in einer Höhle und einem Kloster Unterschlupf gefunden hatte.

Am 16. April hatten die Russen ihren Angriff auf Berlin begonnen. Jetzt erst merkte Hitler, daß er die 12. Armee in die falsche Richtung geschickt hatte. Als er sie am 23. April zu Hilfe holen wollte, war es zu spät. Bis zuletzt hatten sich die Deutschen gewundert, daß die Amerikaner von ihrem Brückenkopf bei Barby aus nicht nach Berlin marschierten. Eisenhower hielt sein Wort, das er Stalin gegeben hatte.

Der Angriff der Amerikaner auf Quedlinburg begann am 14. April. Die amerikanischen Truppen wollten Richtung Thale, weiter ins Bodetal und in den Harz hinein vorstoßen.

Die amerikanische Artillerie schoß dabei auch Richtung Domberg und beschädigte die Turmhauben. Nach dreitägigem Artilleriebeschuß rückten am 19. April 1945 die amerikanischen Truppen in Quedlinburg ein, am gleichen Tag, an dem die Amerikaner mit dem Brocken das mystische Herz des Harzes erobert hatten.

Es waren Soldaten des 87th Armored Field Artillery Batallion, die als erste die Stadt und den Domberg betraten und die in Quedlinburg ihre letzten Schüsse in diesem Krieg abgefeuert hatten. Das 87th Armored Field Artillery Batallion, das zur 4th Cavalry Group (7th Corps) gehörte, erhielt die Aufgabe, in der Stadt als Besatzung zu bleiben. Die Amerikaner durchsuchten jedes Haus nach Waffen und überprüften alle Bewohner.

Angehörige einer Aufklärungsabteilung (24th Reconnaissance Squadron) berichteten am 20. April über die Entdeckung der Altenburg-Höhle.

Eine andere Version weiß die offizielle Geschichte des 87th Armored Field Artillery Batallion:[82]

»Einer der wichtigsten Orte, die es zu bewachen galt, war eine Höhle in den Außenbezirken der Stadt. Diese war gefüllt mit Wertgegenständen, Kunstwerken, wertvollen Edelsteinen und Archivalien aller Art. Es handelte sich offensichtlich um ein Versteck von Nazi-Raubgut und wurde durch Zufall von einem betrunkenen Soldaten entdeckt.«

Etwas anders lautet die Darstellung eines Veteranen, den man 1990 befragte. Nach dessen Version war die Altenburg-Höhle noch von einem deutschen Zivilisten bewacht, der dann die Höhle an vorbeikommende amerikanische Soldaten übergab: »Er sagte, die Stadt habe ihn für die Bewachung der Höhle verpflichtet. In der Höhle würden sich die Kunstschätze der Stadt befinden.«

Die Amerikaner untersuchten die Höhle, fanden über 50 Kisten und zahlreiche Gemälde in Holzverschlägen.

Für den Inhalt der Kisten interessierte sich auch einer der ranghöchsten Offiziere der Feldartillerieeinheit, der 1st Lieutenant Joe T. Meador aus Whitewright in Texas. Meador war Kunsthistoriker und daher besonders sachkundig!

Joe Tom Meador – der diebische Kunstfreund

Der damals 29jährige Oberleutnant Joe Tom Meador war als das älteste von vier Kindern in Arkadelphia/Kansas geboren worden. Seine Eltern zogen ein Jahr nach seiner Geburt nach Whitewright/Texas, wo sie einen Haushaltswarenladen betrieben und ihren Sohn auf die Universität nach Denton schickten. Dort erhielt er 1938 einen Bachelor of Art in Kunstgeschichte.

Meadors Kunstliebe ist das Erbteil seiner Mutter Mabel. Diese hatte vor ihrer Ehe am Art Institute in Chicago und in Kansas City studiert und unterrichtete später Kunstgeschichte. Nach ihrer Ehe und nach dem Umzug nach Texas erteilte sie in Whitewright Unterricht im Töpfern, Öl- und Porzellanmalen.

Zwei Tage nach dem Angriff auf Pearl Harbor wurde Joe Meador zur Armee eingezogen. Nachdem er 1944 mit dem 87. Feldartillerie-Bataillon in Frankreich gelandet war, begann er seine kunsthistorischen Studien auf unzulässige Weise fortzusetzen: Seine Kameraden berichten, wie er sich in französischen Kirchen gelegentlich an den Altären zu schaffen machte oder in besetzten Schlössern Bilder aus den Rahmen schnitt.

Die von ihm ausgewählten Gegenstände schickte er seiner Mutter nach Texas. Diese freute sich über die Geschenke ihres Sohnes; als Kunstfreundin erkannte sie sehr wohl den Wert und die Herkunft der Dinge.

Seinen Vorgesetzten blieb das Treiben Meadors nicht lange verborgen. Sie monierten, daß er sich zu oft um Angelegenheiten nichtmilitärischer Natur kümmerte.

Was nun in Quedlinburg Ende April/Anfang Mai geschah, insbesondere, wie und wann Meador 'es schaffte, die Kisten zu öffnen und die teilweise sperrigen Gegenstände wegzuschaffen, läßt sich nicht mehr genau rekonstruieren.

Wahrscheinlich war Meador von seiner Einheit mit der Überprüfung der in der Altenburg-Höhle gelagerten Gegenstände betraut worden. Die amerikanische Wachmannschaft wird auch keine Bedenken gehabt haben, wenn sich der vorgesetzte Offizier Meador in der Höhle zu schaffen machte.

Offensichtlich hat Meador die geraubten Gegenstände nicht gleich via Feldpost seiner Mutter Mabel geschickt, sondern vorher versteckt.

Die Mutter Meador dankt nämlich ihrem Sohn in einem noch erhaltenen Schreiben für eine Zusendung vom 2. August 1945; sie schwärmte vom »Geist des Mittelalters«, der nun in ihr Haus eingezogen sei.

Am 2. August hatte Meadors Einheit, das 87th Armored Field Artillery Batallion, Quedlinburg schon längst wieder verlassen. Sie war am 11. Mai Richtung Landkreis Sangershausen, am Südende des Harzes, abgezogen. Meador wurde dann im Sommer nach Frankreich versetzt, an das »Art Departement« der American University in Biarritz an der

Atlantikküste, wo er als Lehrer, wahrscheinlich für Kunstgeschichte, tätig war.

Dort kam es zu einem für Meador sehr unangenehmen Zwischenfall. Am 17. November 1945 verurteilte ihn ein Kriegsgericht wegen Diebstahls zu 600 Dollar Geldbuße. Was war geschehen? Meador hatte am 6. Oktober 1945 aus einer der Villen, in denen das »Art Departement« der American University von Biarritz einquartiert war, Porzellan und Silberbesteck entwendet, die der Marquise von St. Carlos gehörten. Dabei hatte ihn eine Hausangestellte beobachtet.

Das Kriegsgericht ließ Meador deswegen so glimpflich davonkommen, weil er nicht vorbestraft war und weil er behauptete, er hätte die Gegenstände für Zwecke des »Art Departement« verwenden wollen: Geschirr und Bestecke könne man in Biarritz nicht zu einem angemessenen Preis kaufen!

Die Überprüfungsinstanz hielt das Urteil für unangemessen mild und erteilte Meador noch einen scharfen Verweis. Meadors militärische Karriere dürfte damit beendet gewesen sein.

Nachdem Meadors Einheit im Mai abgerückt war und die Deutschen erstmals wieder die Altenburghöhle betreten und den Inhalt der Kisten überprüfen konnten, machten sie eine sehr unangenehme Entdeckung: Vier Kisten waren aufgebrochen worden, und mit die wertvollsten Gegenstände des Stiftsschatzes fehlten.

Der mit der Überprüfung der Kisten beauftragte Archivverwalter Gille stellte am 19. Mai folgende Verluste fest:

Im Kasten 2 fehlte das sogenannte Samuhel-Evangeliar, im Kasten 3 das Evangelistar von 1513 aus dem Wiperti-Kloster, im Kasten 4 der Reliquienkasten Heinrichs I. und im Kasten 5 fehlten schließlich drei Bergkristallflakons, der Kamm Heinrichs I. und drei Bergkristallreliquiare in Türmchenform.

Der Archivverwalter hatte übersehen, daß noch weitere Dinge fehlten, nämlich eine Silberkapsel in Herzform (»Agnus Dei«) und ein aufklappbares emailliertes Reliquienkreuz, das angeblich Heinrich I. auf der Brust getragen hatte; insgesamt also zwölf Stücke.

Gestohlen waren also nicht alle wertvollen Stücke – aber eigenartigerweise alle Erinnerungsgegenstände an Heinrich I.

Obwohl die Amerikaner sofort über den Verlust informiert wurden, gelang es nicht, die Stücke wieder ausfindig zu machen.

Dies ist deswegen erstaunlich, weil ja Meadors Vorgeschichte hätte bekannt sein müssen: Noch nach 45 Jahren konnten sich Kameraden an ihn und seine diebischen Eskapaden erinnern. Einer der Befragten behauptete sogar, er hätte Meador mit dicken Taschen aus der Altenburg-Höhle kommen sehen.

1945 jedenfalls waren die Amerikaner nicht in der Lage oder willens, Meador dingfest zu machen.

Gab es ein SS-US-Agreement in Quedlinburg?

Im Jahre 1979 schrieb der Sohn eines Pfarrers aus einem kleinen Ort in Holstein an den damaligen Pfarrer von St. Servatius in Quedlinburg einen merkwürdigen Brief: Seinem inzwischen verstorbenen Vater wären bei Kriegsende zwei Knochen König Heinrichs übergeben worden. Auf einem beiliegenden Zettel sei vermerkt gewesen, daß man die Knochen 1877 in der Krypta der Kirche gefunden habe.

Die Knochen, so berichtete der Briefschreiber weiter, seien 1945 im Besitz einer SS-Einheit gewesen, die sich bei Kriegsende in Holstein auflöste.

In Quedlinburg ging man der Sache nicht weiter nach, obwohl man natürlich wußte, daß 1936 zwei angebliche Heinrichsknochen, die man 1877 in der Krypta gefunden hatte, in das Kastenreliquiar Heinrichs I. eingelegt worden waren.

Und dieses Kastenreliquiar gehörte zu den wichtigsten Stücken in der Verlustliste von 1945.

Wie konnte eine SS-Einheit am Ende des Krieges in den Besitz dieser Dinge kommen? Merkwürdig war auch, daß 1945 vorwiegend Erinnerungsstücke an König Heinrich I. verschwanden, und merkwürdig war, daß Listen der verwahrten Gegenstände in Quedlinburg nur bei der Stadt und bei der SS lagen, die ja bis zuletzt das Kommando hatte.

Bis heute nicht ganz geklärt ist auch, wie ein einziger Soldat ohne Kenntnis des Inhalts die prinzipiell richtigen Kisten in der Höhle öffnen und die sperrigen Gegenstände wegschaffen oder verstecken konnte.

Doch wenn 1945 auch mehrere Personen beteiligt gewesen sein sollten, fest steht, daß alle Gegenstände schließlich in Texas landeten, in einem kleinen verschlafenen Nest namens Whitewright.

Kunstraub oder Kriegsbeute?

Der Quedlinburger Kunstraub war zwar der größte, aber bei weitem nicht der einzige spektakuläre Kunstraub in den Tagen der amerikanischen Besatzung.

Großes Aufsehen erregte beispielsweise der Raub der kurhessischen Kronjuwelen. Als im Februar 1946 Prinzessin Sophie von Griechenland, die Witwe des im Krieg gefallenen Prinzen Christoph von Hessen, sich mit Prinz Georg Wilhelm von Hannover verheiraten wollte, kündigte das Haus Hessen an, daß Sophie während der Trauungszeremonie Schmuck aus dem Bestand der hessischen Kronjuwelen tragen würde.

Ein Bediensteter, der beauftragt war, die Kronjuwelen aus ihrem Versteck im Schloß Friedrichshof bei Kronberg im Taunus zu holen, kam mit leeren Händen zurück. Der in den letzten Kriegsjahren aus Frankfurt nach Schloß Friedrichhof geflüchtete und dort eingemauerte Schatz sei von den Amerikanern beschlagnahmt worden.

Doch die offiziellen amerikanischen Stellen wußten von nichts. Das Haus Hessen, insbesondere die energische Schwiegermutter der Braut, Margarethe, geborene Prinzessin von Preußen, wandte sich sofort an den amerikanischen Provost Marshall in Frankfurt und die Criminal Investigation Division (CID) der amerikanischen Armee.

Und diese legte nun einen ungewohnten Eifer an den Tag: Peinlicherweise hatten nämlich die Betroffenen beste Beziehungen zum verbündeten Großbritannien. Prinzessin Sophies Onkel war General Mountbatten of Burma, und ihr Bruder Philipp machte sich eben daran, die englische Thronfolgerin Elisabeth zu heiraten.

Im Mai 1946 hatten die Amerikaner die Schuldigen gefaßt:

Man stellte fest, daß Einheiten der 3. Armee Pattons bei ihrem Vormarsch das Schloß besetzt hatten und daß ein weiblicher Captain, Kathleen Burke Nash, die mit der Verwaltung des im Schloß untergebrachten Offizierskasinos beauftragt war, den kurhessischen Schatz »beschlagnahmt« hatte.

Das Versteck der hessischen Schätze im Weinkeller des Schlosses verrieten Schloßbedienstete an die Amerikaner.

Captain Nash sicherte sich den Schatz mit Hilfe von zwei weiteren Offizieren, Colonel J. S. Jack Durant und Major David Watson. Die drei entwickelten einen Plan, um die Preziosen aus Deutschland nach Amerika zu schmuggeln. Major Watson schickte seiner Familie einen Silberkrug nach Hause. Captain Nash ein aus 36 Stücken bestehendes Gold-Service, und Colonel Durant packte, um ganz sicherzugehen und das Porto zu sparen, seinen Beuteanteil in Umschläge mit dem Vermerk »Official«.

Captain Nash und Colonel Durant kamen sich durch die gemeinsame Aktion so nahe, daß sie heirateten. Ende Mai 1946 wurde das Ehepaar in Chicago, am 2. Juni 1946 Captain Watson in Deutschland verhaftet.

Der Prozeß fand in Deutschland statt. Als erste wurde Captain Durant, geborene Nash, angeklagt. Zu ihrer Verteidigung brachte sie vor allem vor, daß die Schätze durch das Haus Hessen beim Einmarsch der Amerikaner aufgegeben worden wären und daß die Aneignung nichts anderes als die Ausübung des legalen Beuterechts der amerikanischen Truppen gewesen sei. Auch der Angeklagte Watson verteidigte sich damit, daß »looting was commonplace in Germany« (Plündern allgemein üblich war) und verwies darauf, daß die Inhaber des Schatzes – damit meinte er Mitglieder des Hauses Hessen – überzeugte Nazis gewesen seien und daß schon aus diesem Grund die Gegenstände niemals zurückgegeben werden dürften.

Das Militärgericht verwarf diese Argumente der Verteidigung und verurteilte die Angeklagten. Die Hauptschuldige erhielt fünf Jahre Gefängnis. Das Gericht führte aus, daß offensichtlich viele Soldaten die verworrenen Verhältnisse im besetzten Deutschland ausgenutzt hätten, daß es aber auch Millionen von ehrlichen Soldaten gegeben hätte, die der Versuchung widerstanden hätten, sich unrechtmäßig zu bereichern. Auch im Feindesland gelte die Verpflichtung, daß Privateigentum respektiert werden müsse.[83]

Die Verurteilung, die von den Amerikanern groß herausgestellt wurde, half den Betroffenen freilich wenig. Die sichergestellten Beutestücke verblieben im Gewahrsam des amerikanischen Staates, weil man nicht wußte, ob es sich nicht tatsächlich um amerikanisches Eigentum handelte.

Immerhin hatte ja die diebische Captain Nash eine Art »offizielle« Beschlagnahmung durchgeführt, bevor sie sich die Sachen aneignete!

1951 kamen spärliche Reste des kurhessischen Kronschatzes an die kurhessische Hausstiftung und die Familienangehörigen zurück. Die Verluste und Beschädigungen waren angeblich so groß, daß der Wert der zurückerstatteten Gegenstände nur noch ein Zehntel vom ursprünglichen Gesamtwert betrug. Die kurhessische Hausstiftung und die Familienmitglieder erhielten von den Amerikanern eine entsprechende Entschädigung.

Wo der Rest des Schatzes geblieben ist, gehört zu den ungeklärten Fragen der amerikanischen Besatzungszeit.

Whitewright/Texas

Am 14. Juni 1990 zeigte die »New York Times« auf der Titelseite das Bild einer kleinen, heruntergekommenen Siedlung irgendwo im Norden von Texas, nicht weit von der Grenze zu Oklahoma: Whitewright, 1760 Einwohner.

Die überraschten Amerikaner erfuhren, daß dort fast über 45 Jahre lang einer der größten deutschen Kunstschätze versteckt lag – Diebesbeute des Joe Tom Meadors aus Besatzungszeiten.

»Einer der größten Kunstdiebstähle aller Zeiten«, kommentierte Florentine Mütherich vom Zentralinstitut für Kunstgeschichte in München. Den Wert des Diebesguts wollten Kunstexperten nicht angeben, da noch nie derartige Gegenstände auf dem Markt gewesen waren.

Nun erfuhr man einiges zum Charakter dieses Joe T. Meador: Freunde erzählten, daß die Kriegsjahre Meador aus einem umgänglichen freundlichen jungen Mann in einen zurückgezogenen, seltsamen Einzelgänger verwandelt hatten. »Er war wirklich seltsam, anders«, berichtete eine Nachbarin. Ein Bekannter: »Joe wollte ein Künstler sein, aber irgendwie klappte das nicht. Er hatte mit den Leuten hier nichts gemeinsam, also mußte er sich um andere Dinge kümmern.«

Er kümmerte sich um seine Orchideenzucht: Er baute drei Gewächshäuser hinter dem Haushaltswarenladen, den er von seinen Eltern übernommen hatte. Meador lebte die Jahre nach dem Krieg immer bei seinen Eltern, seine Mutter überlebte den Vater. Sie kümmerte sich auch um Meador.

Die wenigen Besucher, die er nach Hause einlud, waren überrascht von den Antiquitäten, den herrlichen Teppichen und Gemälden. Manchmal zeigte er auch seine Schätze, die er angeblich in Europa gesammelt hatte. Dann breitete er alte Manuskripte vor Angestellten seines Ladens aus und vor flüchtigen Freunden, die ihn mehr oder weniger heimlich besuchten.

Und was man in Whitewright nicht wußte: Meador führte in den letzten Jahren vor seinem Tod ein Doppelleben: Nach dem Tod seiner Mutter mietete er sich in Dallas für seine Männerfreundschaften eine Zweitwohnung. Dorthin brachte er oft Teile seines Schatzes und zeigte sie seinen mehr oder weniger flüchtigen Bekannten. Und diese griffen auch gelegentlich zu.

So kam etwa das wie eine Mitra geformte Bergkristallreliquiar abhanden: Ein Freund Meadors, der offensichtlich Zugang zu seinem Appartement hatte, ließ es mitgehen. Meador nahm es ihm zwar wieder ab, aber als er krebskrank im Pflegeheim lag, verschwand es endgültig.

In Meadors Appartement in Dallas verlieren sich auch die Spuren eines aufklappbaren Kruzifixes, das König Heinrich zugeschrieben wird.

Am 1. Februar 1980 starb Meador mit 64 Jahren an Krebs. Sein Bruder Jack, der den Haushaltswarenladen des

Vaters in Whitewright weiterführte, und seine Schwester Jane, die mit einem Zahnarzt namens Cook verheiratet war, beerbten ihn. In seinem Testament setzte Meador seine Schwester zur Testamentsvollstreckerin ein. Vor dem Nachlaßgericht gab diese als Nachlaß den Grundbesitz im Wert von 24.331 Dollar und Aktien im Wert von 81.225 Dollar zu Protokoll. Vom Quedlinburger Schatz ist weder im Testament Meadors noch in den Angaben seiner Schwester die Rede.

»Finderlohn« für einen gestohlenen Schatz – wie das Samuhel-Evangeliar nach Deutschland zurückkam

Drei Jahre nach Meadors Tod versuchten die Erben den Schatz zu Geld zu machen. Zu diesem Zweck wählten sie das Samuhel-Evangeliar und das aus St. Wiperti stammende Evangelistar von 1513 aus. Im Januar 1983 bat ein von ihnen beauftragter Rechtsanwalt den amtlichen Schätzer Mr. Collins aus Dallas, sich die Sachen anzusehen.

In der Kanzlei, in der Collins die Evangeliare vorgelegt wurden, warteten drei Rechtsanwälte sowie die Schwester und der Bruder Meadors auf das Ergebnis der Besichtigung. Obwohl der Schätzer sonst nicht mit Kunstgegenständen dieser Art konfrontiert wurde, erkannte er sofort deren Wert. Er war entsetzt über die Art der Behandlung der beiden Evangeliare, die man ungeachtet ihres wertvollen Einbands wie Telefonbücher übereinandergelegt hatte.

Die drei Rechtsanwälte und die zwei Erben taten nach Angabe des Schätzers sehr geheimnisvoll. Er durfte keine Photos machen und auch nicht die Maße der beiden Manuskripte nehmen.

Auf die Frage Collins', wo die Sachen herstammten, gab

man nur die Auskunft, es handle sich um eine Erbschaft. Dann fragte man Collins, wieviel die beiden Sachen wohl wert seien. »Um die zwei Millionen Dollar«, fügte aber gleich hinzu, daß sie kaum verkäuflich seien, da sie ganz offensichtlich in Europa gestohlen worden wären.

Daraufhin hörte Collins drei Jahre nichts mehr von den Handschriften. Schließlich wurde er 1986 wieder eingeladen. Diesmal durfte er sich die beiden Evangeliare genauer ansehen.

Da Collins wieder die Unverkäuflichkeit der Gegenstände betonte, versuchten Meadors Bruder Jack und sein Schwager, der Zahnarzt Dr. Don H. Cook, die Evangeliare anderswo schätzen zu lassen – und zu verkaufen. Zuerst wollte man das offensichtlich wertvollste Stück des Diebesguts losschlagen: das sogenannte Samuhel-Evangeliar.

Die Erben beauftragten einen Rechtsanwalt aus Houston, John S. Torigian, mit dem Verkauf. Dieser verhandelte mit D. H. Turner, Direktor der Forschungsbibliothek an der Universität von Texas in Austin, und mit Paul-Louis Couailhac, einem bekannten Pariser Antiquar.

Da diese beiden für die »heiße Ware« zuwenig boten, wurden die Meador-Erben mit ihnen nicht handelseinig.

Dr. Roland Folter, Inhaber eines der berühmtesten Antiquariate der Welt (H. P. Kraus Rare Books in New York) erfuhr 1986 von der Existenz des Evangeliars, bekam es aber angeblich nicht zu Gesicht.

Auch die Auktionshäuser Sotheby's und Christie's wußten, welch heiße Ware da auf dem Markt war. Über sie erhielten auch deutsche Kunstexperten, die man um Gutachten gebeten hatte, davon Kenntnis. In eingeweihten Kreisen wußte man jetzt also, daß der Stiftsschatz von Quedlinburg die Kriegswirren überstanden hatte und wahrscheinlich in den Vereinigten Staaten zu suchen war.

Schließlich bot im Herbst 1988 der Londoner Antiquar Samuel Fogg das Samuhel-Evangeliar der Stiftung Preußischer Kulturbesitz an. Diese winkte als unzuständig ab, benachrichtigte aber die zuständigen DDR-Behörden. Diese zeigten sich nicht interessiert: Man wollte die wackligen Beziehungen zu den USA nicht gefährden – darüber hinaus hatte man für einen Kauf dieser Größenordnung keine Devisen.

So wanderte das Samuhel-Evangeliar bzw. die Photographien des Evangeliars von einem Kunsthändler zum anderen, und niemand wußte so recht, wie man das Stück zu Geld machen konnte.

Da der frühere Eigentümer – bis heute geht man eigenartigerweise davon aus, es sei die Kirchengemeinde von St. Servatius in Quedlinburg – kein Geld hatte, und der Verkauf eines so offensichtlich gestohlenen Gegenstandes an einen Privatmann nicht viel brachte, standen Rechtsanwalt Torigian und die von ihm angesprochenen Kunsthändler vor der Aufgabe, jemanden zu finden, der das Stück für die Kirchengemeinde kaufte. Das konnte nur ein reicher Mäzen sein oder eine westdeutsche Institution, die gegebenenfalls viel Geld für eine Rückführung von abhanden gekommenen Kunstschätzen bezahlen würde.

In Frage kam hier nur die bundesdeutsche »Kulturstiftung der Länder«, die bereits in einem ähnlichen Fall – beim Kauf des Evangeliars Heinrichs des Löwen – das nötige Geld (11,5 Millionen Dollar) beschafft hatte. Gerade die ungeheure und unangemessene Summe, die damals fahrlässigerweise bezahlt wurde, hatte den Marktpreis für mittelalterliche Handschriften bedenklich hinaufgetrieben und Spekulanten ermutigt.

So wurde eine Art »Kulturgut-Lösegeld-Stück« inszeniert, das den staatlichen Stellen und eventuellen Spendern durch Vorspiegelung einer unmittelbaren Gefährdung eines unersetzlichen deutschen Kulturgutes auf die Sprünge helfen und Gelder lockermachen sollte.

Torigian fand den geeigneten Partner für sein Anliegen in

dem niederbayerischen Antiquar Heribert Tenschert. Tenschert, der seine Geschäfte von dem kleinen Ort Rotthalmünster in Niederbayern aus führt, hatte es in den letzten zehn Jahren durch viel Energie und Geldeinsatz geschafft, im Geschäft mit alten Büchern und Handschriften eine steile Karriere zu machen. Tenschert ließ üppig ausgestattete Kataloge drucken und verstand es, den Wert seiner Bücher und Handschriften durch ausufernde Beschreibungen und Zuschreibungen zu heben.

Besonders listig agierte und agiert Tenschert, wenn es darum geht, staatliche Mittel anzuzapfen. Um eine Lutherbibel aus dem niederbayerischen Ortenburg an den »Staat« zu bringen, scheute er sich nicht, in Ortenburg (im 16. Jh. eine evangelische Enklave im katholischen Herzogtum Bayern) auf die Kanzel zu steigen, um den geladenen Gästen, vor allem natürlich der Presse, klarzumachen, daß es (bei Strafe der Kulturschande) eine heilige Pflicht des Freistaats Bayern sei, das Werk von ihm zu erwerben. Der Preis, den er haben wollte, war natürlich völlig überteuert. In München bei der Staatsbibliothek winkte man ab und so wanderte das Werk mit Preisabschlägen nach Berlin in den unersättlichen Schlund des Deutschen Historischen Museums.

Tenschert inszenierte nun auch im Fall des Samuhel-Evangeliars eine Kulturgutgroteske.

Neben Tenschert tauchten in diesem Stück noch zwei andere Personen auf, die nicht genau zu ermittelnde Nebenrollen spielten:
– der Pariser Kunsthändler Paul-Louis Couailhac
– der Genfer Kunsthändler Jacques Quentin

Quentin war offensichtlich Torigians bevorzugter Vertrauensmann in Europa. Mit Brief vom 23. August 1988 hatte Torigian erstmals Quentin die beiden Evangelien angeboten.

Später hat Quentin dann wohl die in die Schweiz überführten Evangeliare für Torigian aufbewahrt. Er war es wohl auch, der den niederbayerischen Kunsthändler Tenschert bei Torigian einführte.

Der Pariser Kunsthändler Couailhac, der ja schon 1988 das Samuhel-Evangeliar feilgeboten hatte (ob mit oder ohne Billigung Torigians sei dahingestellt), war weiterhin um potentielle Käufer bemüht.

Die glückhafte »Auffindung« des Samuhel-Evangeliars

Dr. Klaus Maurice, Kunsthistoriker und Fachmann für alte Uhren, Generalsekretär der 1988 ins Leben gerufenen »Kulturstiftung der Länder« schilderte im Frühjahr 1991, wie das Samuhel-Evangeliar in die Hände der Kulturstiftung kam:[84]

»Am Freitag, dem 23. März 1990, rief gegen 10.00 Uhr der Antiquar Heribert Tenschert aus Rotthalmünster die Stiftung an, er könne in der Schweiz von einer anonymen amerikanischen Gruppe die Handschrift aus Quedlinburg erwerben. Er habe nach energischen Verhandlungen eine erhebliche Reduzierung des Kaufpreises erreicht, nämlich auf einen » ›Finderlohn von 3 Millionen US-Dollar; aber es sei Eile geboten bei der Entscheidung‹.«

Es folgte mittags die Entscheidung des Vorstands gegenüber Herrn Tenschert: »Vorausgesetzt, zwei Gutachter (Frau Professor Dr. Florentine Mütherich und Dr. Karl Dachs) bestätigen den Rang und die vorzügliche Erhaltung; vorausgesetzt, daß keine Kommission für die Vermittlung entsteht; und vorbehaltlich einer positiven Entscheidung des Stiftungsrats am 27. April, wird Herr Tenschert ermutigt, das Evangeliar zu erwerben, um es seinerseits der Kulturstiftung unmittelbar weiterzuvermitteln. Den Kauf-

vertrag fertigte dann die renommierte Berliner Anwaltskanzlei Dr. Raue.«

Dann berichtet Dr. Maurice, daß der »Kauf« ein entspre-
chendes Presseecho hervorgerufen habe. Einem Journalisten der »New York Times«, William Honan, sei es gelungen, die Familie Meador als Anbieter des Evangeliars zu
identifizieren. »... die neuen Umstände ermöglichten dann
die Einleitung rechtlicher Schritte, z. B. die Beauftragung
einer amerikanischen Anwaltskanzlei durch die Stiftskirche Quedlinburg ... Im Verlauf der sich anschließenden
juristischen Untersuchungen ergaben sich bisher unbekannte Details. Erste unmittelbare Konsequenz war, daß
die letzte Rate des ›Finderlohns‹ durch Herrn Tenschert
nicht mehr ausgezahlt wurde, sondern der Kulturstiftung
zurückerstattet werden konnte: immerhin 1.125.000 US-
Dollar. Für die nunmehr bekannten Erben öffnete sich eine
Zwickmühle zwischen nachzuzahlender Erbschafts- und
Vermögenssteuer und strafrechtlicher Verfolgung. In dieses
Umfeld fiel auch die ›Rückgabe‹ einer weiteren, bislang ver-
mißten und auch in den Banktresoren in Amerika nicht auf-
findbaren Quedlinburger Handschrift: eines Evangelistars
von 1513, das anonym der Kulturstiftung in Genf ›zuge-
spielt‹ wurde«.

Der unbefangene Leser stutzt: Da wird ein Kaufvertrag
über ein gestohlenes Evangeliar von einer renommierten
Anwaltsfirma in Höhe von drei Millionen Dollar aufge-
setzt, der Antiquar Tenschert erhält das Geld, die Kulturstiftung das Evangeliar – und wenig später erhält die
Kulturstiftung der Länder wieder über eine Million Dollar
von Herrn Tenschert zurück und dazu noch gratis und auf
sehr geheimnisvollem Weg ein Evangelistar aus dem Mea-
dor-Raub.

Was war wirklich geschehen? Warum wurde die Ab-
wicklung des Kaufvertrags gestört? Wußte denn nicht ein
jeder, daß es sich um ein gestohlenes Evangeliar handelte?

Ganz offensichtlich: Irgendwie war das »Rechtsanwalt-Kunsthändler-Stück« durcheinandergeraten. Nichtbeamtete und kunsthandelsfremde Privatermittler und eine neugierige Presse waren die Störenfriede. Die erstaunten Laien durften dank des nun einsetzenden Presseechos einen kleinen Blick in die sonst abgedunkelten Keller des internationalen Kunsthandels tun. Was man in den Zeitungen lesen konnte, war mehr, als die offiziellen Verlautbarungen brachten.

Am 7. November 1990 kommentiert Herbert Riehl-Heyse in der »Süddeutschen Zeitung« die Vorgänge um das Samuhel-Evangelistar mit der Bemerkung: »Wahr ist nämlich vor allem, daß die Geschichte des verlorenen Quedlinburger Domschatzes, seiner Wiederauffindung und Heimholung nach Sachsen-Anhalt einen derart eindrucksvollen Blick in die verschwiegene Branche des internationalen Kunst- und Antiquitätenhandels erlaubt, daß sich dem laienhaften Betrachter fast zwangsläufig die merkwürdigsten Vergleiche aufdrängen. (Immerhin sind aber als Opfer dieser Branche, anders als beim Waffen- und Drogenhandel, selten Tote zu beklagen).«

Lassen wir die Tatsachen, die zum Erwerb des Evangeliars führten, anhand der Dokumente und Bezeugungen der Beteiligten Revue passieren. Was war wirklich geschehen?

Am 21. März 1990 wurde Dr. Maurice vom Pariser Kunsthändler Couailhac angerufen, der ihm das Samuhel-Evangeliar für 15 Millionen Dollar anbot. Couailhac wies darauf hin, daß Sotheby's das Stück auf 20 Millionen geschätzt habe, und meinte, bei einer sofortigen Entscheidung könne er den Preis des Stückes auf neun Millionen Mark drücken.

Zwei Tage später, am 23. März um 10.00 Uhr morgens, rief dann Heribert Tenschert bei Dr. Maurice an. Tenschert war mit drei Millionen Dollar entschieden billiger und genoß darüber hinaus das Vertrauen des Dr. Maurice.

Gegen Mittag erhielt Tenschert von Dr. Maurice grünes

Licht für seine Transaktionen. Am gleichen Tag, an jenem 23. März 1990, faxte Heribert Tenschert einen Vertrag von Rotthalmünster an den »trustee« John Torigian im Hotel »Schweizerhof« in Zürich. Tenschert verpflichtete sich darin, das Samuhel-Evangeliar persönlich für drei Millionen US-Dollar zu kaufen. Der Betrag war laut Vertrag zahlbar in drei Raten: zu 125.000 Dollar (bei Vertragsabschluß), zu 1.525.000 Dollar (am 30. April) und zu 1.250.000 Dollar (am 30. September).

Tenschert sollte das Evangeliar nach der zweiten Rate erhalten. Tenschert sicherte zu, das Stück für drei Millionen an die deutsche Regierung oder an eine deutsche Institution zu verkaufen. Falls der Verkauf an eine deutsche Stelle nicht zustande kommen und das Manuskript für mehr als drei Millionen Dollar von Tenschert verkauft werden sollte, so verpflichtete sich dieser, 50 % des Gewinns an Torigian abzugeben.

Torigian unterzeichnete den Vertrag noch am gleichen Tag und faxte ihn zurück.

Das geht wenigstens aus dem Vertragstext hervor, der beim Prozeß in Amerika vorlag. Nach Aussagen Tenscherts wurde der Vertrag zwischen ihm und Torigian am 23. März im Hotel »Königshof« in München geschlossen. Torigian wäre also an diesem Tag in München gewesen, was aber eher unwahrscheinlich ist.

Es ist anzunehmen, daß Tenschert den genannten Vertrag auch der Kulturstiftung der Länder vorgelegt hat, um seine Uneigennützigkeit zu demonstrieren. Er ließ sich bei der feierlichen Überreichung des Evangeliars an die Kulturstiftung der Länder dann auch gehörig feiern.

Was er verschwieg: In einer vertraulichen Zusatzklausel einigten sich Tenschert und Torigian darauf, daß Tenschert für seine Tätigkeit als Zwischenhändler 500.000 Dollar vom Kaufpreis behalten konnte, d. h., die letzte Rate, die Tenschert an Torigian zu zahlen hate, betrug in Wirklichkeit nur noch 750.000 Dollar und nicht, wie im Vertragstext, 1.250.000 Dollar. Dies stellt Tenschert in einem Schreiben an Torigian vom 23.3.1990 noch einmal ausdrücklich fest.

Am 17. April 1990 schloß die Kulturstiftung der Länder, bei der inzwischen die zuständigen Gremien für den Ankauf votiert hatten, mit Tenschert einen Kaufvertrag.

Tenschert mußte darin bestätigen, »daß dieses Evangeliar von den jahrzehntelangen Eigentümern über deren Anwalt angeboten wird und daß kein Zweifel daran besteht, daß Dritte kein Eigentumsrecht an dem Evangeliar geltend machen«. Darüber hinaus sicherte Tenschert zu, »daß er das Evangeliar selbst zum Preise von 3 Millionen US-Dollar erworben, eine Provision für dieses Geschäft nicht erhalten, er das Evangeliar also selbstlos zum Einkaufspreis der Stiftung verkauft hat«.

Daß man an diesem gestohlenen Evangeliar beim besten Willen kein Eigentum erwerben konnte, mußte den Beteiligten klar sein. Was sollte diese Bestimmung bezwecken?

Die zwischen Tenschert und Kulturstiftung vereinbarten Zahlungsmodalitäten waren die folgenden: Tenschert sollte bei Übergabe des Evangeliars 4,5 Millionen Mark erhalten. Den Rest (etwa 1,5 Millionen Mark) spätestens am 30. September 1990.

Anfang Mai erhielt dann die Kulturstiftung der Länder das Evangeliar und Tenschert seine 4,5 Millionen Mark. Den Rest wohl wenig später.

An Torigian zahlte Tenschert insgesamt nur 1.750.000 Dollar aus. Den Rest von 750.000 Dollar, der am 30. September fällig gewesen wäre, behielt er ein, als er merkte, daß die Meador-Erben juristisch in Bedrängnis geraten waren.

Die Presse, besonders die amerikanische, berichtete über den pikanten Fall. In Amerika zeigte man sich erstaunt, daß die Deutschen drei Millionen Dollar für eine private, illegitime Kriegsbeute ausgaben.

Besonders eifrig kümmerte sich William H. Honan von der »New York Times« um die Quedlinburg-Story. Ihm teilte Dr. Maurice auf Anfrage mit, daß Herr Tenschert mit dem Hinweis auf japanische Kunden zur Eile gedrängt habe und daß er, Dr. Maurice, die drei Millionen als »Finderlohn« und nicht als Kaufpreis geboten habe.

Im Vertrag der Kulturstiftung mit Tenschert sucht man das Wort Finderlohn freilich vergeblich. Juristisch wäre ein solcher Finderlohn auch ein Unsinn gewesen.

Honan wollte mehr wissen. Das Evangeliar war ja nur ein Teil des verschwundenen Quedlinburg-Schatzes, von dem man nun sicher annehmen konnte, daß er sich in den Vereinigten Staaten, wahrscheinlich in Texas, befand.

Fest stand nun auch, daß – wie man schon immer vermutet hatte – ein amerikanischer Besatzungsoffizier der Schatzräuber war, aber wie hieß er? Lebte er noch, oder versuchten nun die Erben seinen wertvollen Nachlaß zu versilbern?

Die Ermittlung des Täters

All diese Fragen stellte sich auch der junge deutsche Historiker und Jurist Willi M. Korte in Washington D. C. Ihm kommt das Verdienst zu, daß der restliche Schatz schließlich aufgefunden und nach Deutschland zurückgebracht wurde.

Korte, Jahrgang 1954, hatte seit einigen Jahren in den National Archives in Washington D. C. im Auftrag der Bayerischen Archivverwaltung die seit 1976 freigegebenen Akten der amerikanischen Militärregierung in Deutschland (OMGBY) aus den Jahren 1945 bis 1949 gesichtet, verzeichnet, verfilmt und an die deutschen Archive weitergeleitet.

Korte kannte sich daher wie kein zweiter in der Geschichte der amerikanischen Besatzung in Deutschland 1945–1949 aus. Deshalb erhielt er auch von deutschen Stellen immer wieder den Auftrag, nach Kunstschätzen zu fahnden, die während der Besatzungszeit »abhanden gekommen« waren. Einer seiner Auftraggeber war beispielsweise die Stiftung Preußischer Kulturbesitz in Berlin, die größere Verluste zu beklagen hatte.

Von der Stiftung Preußischer Kulturbesitz in Berlin wurde Korte am 24. März 1989 auch mit dem Fall Quedlinburg bekannt gemacht. Von dort erfuhr er, daß ein Londoner Buchhändler versucht hatte, das Samuhel-Evangeliar am 11. Oktober 1988 der Stiftung für neun Millionen US-Dollar zu verkaufen.

Sobald Korte erfahren hatte, daß das Samuhel-Evangeliar im Kunsthandel zirkulierte, machte er sich in den amerikanischen Archiven über das Schriftgut derjenigen amerikanischen Truppen, die im April und Mai 1945 an der Einnahme und Besetzung Quedlinburgs beteiligt waren. Vielleicht fand sich in den amerikanischen Akten ein Hinweis über den Diebstahl des Schatzes, und vor allem: vielleicht war früher einmal gegen Verdächtige ermittelt worden.

Das amtliche amerikanische Schriftgut erwies sich jedoch in diesem Punkt als unergiebig. Korte ermittelte die Namen von fast 1000 Soldaten, auch einige Adressen von noch lebenden Soldaten. Doch niemand konnte oder wollte Hinweise geben, die weiterhalfen. Korte: »Offiziere sprechen nicht gerne über unliebsame Vorfälle, die in ihren Einheiten stattgefunden haben.«

Nun machte sich Korte auch auf die Suche nach der im Kunsthandel quasi »unterderhand« angebotenen Handschrift. Doch erhielt er als Außenseiter nur spärliche Informationen über den aktuellen Aufbewahrungsort der Handschrift.

Bis dahin hatte Korte für sich allein gearbeitet. Deutsche

Stellen zeigten sich nicht daran interessiert, Korte offiziell mit der »Schatzsuche« zu beauftragen.

Hilfe, wenn auch nicht finanzieller Art, fand er jedoch bei Journalisten, insbesondere bei William N. Honan von der »New York Times«. Mit ihm sprach Korte erstmals über Quedlinburg am 23. August 1989.

Anfang 1990 wandte sich Korte an die Stiftung Preußischer Kulturbesitz und an die Kulturstiftung der Länder und bat um Unterstützung für seine Nachforschungen. Die Kulturstiftung, der damals das Samuhel-Evangeliar noch nicht angeboten worden war (dies geschah erst am 23. März 1990), war nicht interessiert. Ein freiberuflicher Schatzsucher paßte nicht in das hergebrachte Miteinander von Kulturbürokratie und Kunsthandel.

Im März fand Korte heraus, daß beide im Kunsthandel angebotenen Handschriften beim renommierten Antiquariat Kraus in New York begutachtet worden waren. Obwohl Korte ein lästiger Außenseiter war, erhielt er einige nützliche Hinweise. Und als dann schließlich im April 1990 der Erwerb des Samuhel-Evangeliars durch die Kulturstiftung perfekt war, wußten Korte und seine journalistischen Helfer bereits, daß der Schatz irgendwo in Texas versteckt war. Aus Texas kam der Rechtsanwalt Torigian, der das Evangeliar in Europa verkauft hatte.

Man begann nach texanischen Kunsthändlern zu suchen, die Tips geben konnten, und wurde mit Collins fündig. Der erinnerte sich an das Evangeliar, an die Erben und die Rechtsanwälte. Auch andere Kunsthändler, denen man das Evangeliar angeboten hatte und die nun etwas verschnupft waren, weil das Geschäft ohne sie abgelaufen war, erzählten Einzelheiten über die »Einlieferer«.

Ganz heiß wurde die Spur, als Korte erfuhr, daß ein Teil des bezahlten »Finderlohns« an eine Bank in Whitewright/Texas bezahlt worden war.

Die Kulturstiftung der Länder war immer noch nicht an

dem »freien Mitarbeiter« Korte interessiert. Im Mai 1990 flog Willi Korte von Washington D. C. nach Dallas und fuhr von dort 60 Meilen nördlich nach Whitewright, eine texanische 1760-Seelen-Gemeinde. Hier, in der First National Bank, vermutete er die Reste des Schatzes. Zu Recht. Wie sich später erweisen sollte, hatten die Erben den Schatz als Sicherheit für Verbindlichkeiten bei der Bank hinterlegt.

Am 11. Mai 1990 erschien Korte unangemeldet in der First National Bank von Whitewright. Der Direktor der Bank, John R. Farley, dachte zuerst an einen Scherz, als ihm Korte erklärte, deutsche Stellen seien auf der Suche nach dem Quedlinburger Stiftsschatz. Er gab keine weiteren Informationen und verwies auf das Bankgeheimnis. Korte sollte sich mit den Rechtsanwälten der Bank in Verbindung setzen.

Korte war nun völlig davon überzeugt, daß er am richtigen Ort war, am Ende der heißen Spur.

Noch fehlte aber der Name des diebischen Soldaten bzw. seiner Erben und damit auch die Identität der Verkäufer. Korte hörte sich in lokalen Veteranenklubs um, studierte die Todesanzeigen. Die Suche war mühsam, denn Korte war der Meinung, daß der verdächtige Soldat erst vor kurzem gestorben sein könne. Er wußte natürlich nicht, daß sich die Erben nach Meadors Tod 1980 mit der Verwertung des kostbaren Nachlasses Zeit gelassen hatten. Anfang Juni schließlich wurde er mit Hilfe von William N. Honan von der »New York Times« fündig: Der Dieb war niemand anders als John T. Meador!

Am 6. Juni 1990 erhielt Korte schließlich eine »Schatzsuche-Vollmacht« von der Kirchengemeinde St. Servatius in Quedlinburg: Das erste grüne Licht aus Deutschland. Freilich erklärte der zuständige Pfarrer, daß der Pfarrei natürlich keinerlei Geldmittel für die Wiedererlangung ihres Schatzes zur Verfügung stünden...

Am 14. Juni 1990 erfuhren die Leser der »New York Times« die Geschichte des Diebstahls. Die First National Bank von Whitewright weigerte sich, der Zeitung gegenüber eine Stellungnahme abzugeben.

Korte hatte inzwischen mit den Anwälten der Bank und mit den Anwälten der Meador-Erben Kontakt aufgenommen. Er wollte die Gegenstände sehen, photographieren und über deren Rückführung verhandeln. Die Meador-Erben waren natürlich wenig erfreut über den neugierigen und geschäftsschädigenden Deutschen, der da angeblich unersetzliches deutsches Kulturgut retten wollte.

Am 16. Juni 1990 berichtete die »New York Times«, daß Tenschert eine zweite Quedlinburger Handschrift angeboten hatte. Das in der Schweiz liegende Stück sollte 500.000 Dollar kosten.

Wollten die Erben den Quedlinburger Schatz Stück für Stück ins Ausland bringen und verkaufen?

Nun war Gefahr im Verzug. Korte und die von ihm zur Unterstützung herangezogene Anwaltskanzlei brachen die Verhandlungen mit den Meador-Erben ab. Am 18. Juni 1990 klagte die von Korte beauftragte Kanzlei beim Bundesgericht in Dallas auf Herausgabe und beantragte erfolgreich eine einstweilige Verfügung zur Sicherung des Schatzes.

Jetzt war die Kulturstiftung der Länder bereit, die erforderliche Kaution zu übernehmen. Es wurde ein Inventar angelegt. Bei dieser Gelegenheit bekam Korte erstmals die Stücke zu Gesicht. Zwei Stücke fehlten: eine Reliquienflasche und ein Reliquienkreuz.

Die Familie Meador bestritt, daß die noch vorhandenen Stücke des Schatzes von Joe T. Meador gestohlen worden waren. Die Anwälte der Familie behaupteten, die Stücke seien rechtmäßig erworben und ererbt. Immerhin einigte man sich darauf, die Gegenstände im Kunstmuseum von Dallas zu deponieren.

Den Prozeß für die deutsche Seite führte in Dallas die von Korte beauftragte Anwaltskanzlei Andrews & Kurth mit Sitz in Dallas und Washington D. C. Diese besaß in Thomas Kline einen Fachmann für die Wiedererlangung gestohlener Kunstwerke. Kline war es eben in einem aufsehenerregenden Prozeß gelungen, für die Republik Zypern gestohlene Mosaiken aus dem amerikanischen Kunsthandel einzuklagen. Diese byzantinischen Mosaiken waren im türkisch besetzten Teil der Insel aus einer dem Verfall preisgegebenen Kirche gestohlen worden.

Nun wurde in Dallas und Houston der Prozeß gegen die Meador-Erben vorbereitet. Auch deutsche Stellen zeigten sich interessiert, nachdem Photos des sichergestellten Schatzes durch die Presse gegangen waren.

Der Prozeß brachte für die Kulturstiftung der Länder wenig Erfreuliches an den Tag. Als der »trustee« Torigian im Prozeß die Verkaufsdokumente präsentierte, aus denen hervorging, welche Provision für den »selbstlosen Makler« Tenschert vorgesehen war, herrschte bei allen Beteiligten peinliche Betroffenheit. Große Folgen hatte die Enthüllung freilich nicht: Museen, Kultusbeamte und Kunsthändler sind aufeinander angewiesen, Vertrauen und Diskretion beherrschen die Szene. Man tut sich nicht unnötig weh. Irgendwann braucht man sich wieder einmal.

Die Kirchengemeinde Quedlinburg entzog am 18. Oktober 1990 dem erfolgreichen Schatzsucher Korte, der zusammen mit der von ihm beauftragten Kanzlei den Prozeß in Dallas führte, ihre Vollmacht. Korte, der damit aus dem Prozeß ausschied, war mit seinen beharrlichen Recherchen in der Kunsthandelsszene den Beteiligten und der Kulturstiftung der Länder offensichtlich allzu lästig gefallen. Der Quedlinburger Pfarrer Goßlau hielt es verständlicherweise lieber mit denjenigen, die ihm eine Finanzierung der Rückführung garantieren konnten.

Für den deutschen Steuerzahler hatte der Prozeß in Dallas eine zunächst erfreuliche Wirkung: Plötzlich war die Kulturstiftung der Länder wieder im Besitz eines Teils des »Finderlohns«: Tenschert, dessen angebliche Selbstlosigkeit so peinlich demaskiert worden war, hatte die letzte Rate des Finderlohns in Höhe von 1.250.000 Dollar, die am 30. September 1990 fällig gewesen wäre, nicht mehr an Torigian ausbezahlt (500.000 Dollar davon hätte er von Haus aus behalten dürfen!) und sie der Kulturstiftung zurückerstattet – allerdings unter Abzug von 125.000 Dollar! Warum, hat bisher niemand schlüssig erklären können. Dieser Betrag war ganz offensichtlich als Entgelt für das zweite Evangeliar gedacht, das jetzt ganz schnell den Besitzer wechselte. Auch dieses Rechenkunststück Tenscherts wurde von der Kulturstiftung verschwiegen: Nach ihrer offiziellen Version wurde das gute Stück der Quedlinburger Domkirche großzügig geschenkt! Der geheimnisvolle »Unbekannte« (so Dr. Maurice), der in Genf das Stück an Dr. Maurice übergab, war natürlich niemand anders als der allseits bekannte Kunsthändler Jacques Quentin. Die Presse nahm das beamtete Kriminalstück dankbar zur Kenntnis.

Happy-End

Der in Dallas geführte Prozeß um die Herausgabe der restlichen Stücke erschien der deutschen Seite zu risikoreich. Man strebte einen Vergleich an, der dann auch im Frühjahr 1992 zustande kam.

Der Diebstahl ihres Bruders zahlte sich für die Meador-Erben aus. Ihnen blieb trotz großer Ausgaben für Rechtsanwälte noch eine schöne Summe aus dem Verkauf des Samuhel-Evangeliars und aus dem Vergleich, nämlich insgesamt fast 2 Millionen Dollar.

Daß sie einen gestohlenen Kirchenschatz vor den Augen der Weltöffentlichkeit zu Geld gemacht haben, hat die Meador-Erben moralisch offensichtlich nicht belastet. Für sie war der Schatz aus dem besetzten Nazi-Deutschland rechtmäßig erworben.

Hätten sie um die Verbindung des Schatzes mit der SS gewußt oder festgestellt, daß der Kläger (die Kirchengemeinde) gar nicht der Eigentümer des Schatzes war (sondern das Land Sachsen-Anhalt!), wäre der Preis für den Schatz sicher höher ausgefallen.

Einige Amerikaner haben nach dem Presserummel um den Quedlinburg-Schatz ihr Gewissen erforscht: Mancher der inzwischen hochbetagten Veteranen des Zweiten Weltkriegs erinnerte sich daran, daß auch er ein »Souvenir« aus den letzten Kriegs- oder Besatzungstagen zu Hause liegen oder an der Wand hängen hatte. Ein Souvenir, das in einem deutschen Schloß, Museum oder Archiv seit dem Kriege fehlt. Und das nun mehr oder weniger heimlich seinen Weg aus den Vereinigten Staaten in das wiedervereinigte Deutschland zurückfindet – ohne Finderlohn. So sind beispielsweise 1991 viele wertvolle Urkunden aus fränkischen Archiven, die 1945 »abhanden kamen«, wieder an ihren alten Lagerort zurückgekommen. Vor laufender Kamera erklärte ein eigens für die Übergabe einer Urkunde nach Deutschland gereister und inzwischen ergrauter GI, wie er sich 1945 eine Urkunde aus einem fränkischen Schloß angeeignet hatte: »Damals sagte der befehlshabende Offizier, daß wir einen bestimmten Teil des Schlosses nicht betreten dürfen. Das war für uns junge Soldaten natürlich eine ausdrückliche Aufforderung!« Als sich der Ex-GI von seiner Urkunde trennen mußte und sie dem Eigentümer, einem fränkischen Adeligen, wieder zurückgab, hatte er Tränen in den Augen. War es die wehmutsvolle Erinnerung an seine Kriegs- und Nachkriegszeit in Deutschland, oder war es ein Stück schlechtes Gewissen?

Der Quedlinburger Domschatz wird nach einer Zwischenstation in Berlin 1993 wieder an seinem alten Platz zu sehen sein, auf dem uralten Burgberg zu Quedlinburg, in der Stiftskirche St. Servatius – beladen mit einer geheimnisvollen Geschichte und mit einem Quentchen des alten »Fluchs« von Quedlinburg, der besonders die Personen trifft, die sich am Schatz vergreifen.

Anhang

Die Äbtissinnen des Stifts Quedlinburg

Königin Mathilde, Gemahlin Heinrichs I., leitet das Stift
936 bis 966 († 14.3.968)
1. Mathilde 966–999
Tochter Kaiser Ottos I. und der Kaiserin Adelheid (* 955,
† 7.2.999)
2. Adelheid I. 999–1045
Tochter Kaiser Ottos II. und der Kaiserin Theophanu, auch
Äbtissin von Gernrode, Gandersheim und Essen (* 977,
† 14.1.1045)
3. Beatrix I. 1045–1062
Tochter Kaiser Heinrichs III. und der Kaiserin Gundhild,
auch Äbtissin von Gandersheim (* 1038, † 13.7.1062)
4. Adelheid II. 1062–1095
Tochter Kaiser Heinrichs III. und der Kaiserin Agnes, auch
Äbtissin von Gandersheim (* 1048, † 11.1.1095)
5. Eilika 1095–1103
Unbekannter Herkunft (Billunger?), als Äbtissin nur durch
eine Münze belegt
6. Agnes I. 1103–1126
Tochter des Herzogs Wladislaw von Polen und Judiths, der
Tochter des Kaisers Heinrich III.
7. Gerburg 1126–1137
Gräfin von Kappenberg († 12.7.1137)
8. Beatrix II. 1138–1160
Tochter des Grafen Hermann I. von Winzenburg und der
Gräfin Hedwig († 2.4.1160)
9. Meregart 1160–1161
Nur durch Münzen nachgewiesen
10. Adelheid III. 1161–1184
Tochter des Pfalzgrafen Friedrich V. von Sachsen-Sommer-

schenburg und der Gräfin Luitgard, auch Äbtissin von Gandersheim († 1.5.1184)

11. Agnes II. 1184–1203
Tochter des Markgrafen der Ostmark und Meißen Konrad I. und der Gräfin Luitgard (* vor 19.6.1145, † 21./22.1.1203)

12. Sophia 1203–1226
Tochter des Markgrafen Friedrich von Brehna und der Gräfin Hedwig (* 1182, † 9.6.1226)

13. Bertradis I. 1226–1230
Tochter des Dedo II. von Krosigk und Adelheids

14. Kunigunde 1230–1231
Tochter des Grafen Volrad von Kranichfeld

15. Osterlindis 1231–1233
Tochter des Grafen Otto I. von Falkenstein († 1233)

16. Gertrud 1233–1270
Tochter des Edlen Werner von Ampfurth (?) († 11.10.1270)

17. Bertradis II. 1270–1308
Herkunft unbekannt, Grafen von Barby? († 13.10.1308)

18. Jutta 1308–1347
Tochter des Grafen Volrad VIII. von Kranichfeld und der Gräfin Mechtild von Blankenburg (* 1285, † 5.11.1347)

19. Lutgart 1347–1353
Tochter des Grafen Heinrich von Stolberg und der Gräfin Jutta von Hadmersleben († 19.12.1353)

20. Agnes III. 1354–1362
Tochter des Edlen Burchard von Schrapelau und der Luitgard Gans von Wittenberge und Perleberg, abgedankt 1362 († 9.10.1364)

21. Elisabeth I. 1362–1375
Tochter des Edlen Albrecht von Hackeborn und der Gräfin Richza von Schrapelau († 1375)

22. Margarete 1376–1379
Tochter des Edlen Burchard von Schrapelau und der Luitgard Gans von Wittenberge und Perleberg; Margarete war eine Schwester der Äbtissin Agnes III. († Dezember 1379)

23. Irmgard 1379–1405
Tochter des Burggrafen Albrecht von Kirchberg und der Gräfin Elisabeth von Orlamünde (* 1350, † August 1405)

24. Adelheid IV. 1405–1435
Tochter des Grafen Heinrich II. von Isenburg und der Gräfin Adelheid, abgedankt am 15.3.1435 († 15.3.1441)

25. Anna I. 1435–1458
Tochter des Grafen Heinrich IX. von Plauen-Reusa und der Gräfin Anna († 14.1.1458)

26. Hedwig 1458–1511
Tochter des Kurfürsten Friedrich II. von Sachsen und der Erzherzogin Margarete von Österreich (* 31.10.1445, † 13.6. oder 14.7.1511)

27. Magdalena 1511–1515
Tochter des Fürsten Albrecht IV. von Anhalt und der Gräfin Elisabeth von Mansfeld, legte vermutlich ihr Amt nieder († 2.10.1515)

28. Anna II. 1516–1574
Tochter des Grafen Botho III. von Stolberg und der Gräfin Anna von Eppenstein (* 28.1.1504, † 4.3.1574)

29. Elisabeth II. 1574–1584
Tochter des Grafen Ulrich VI. zu Regenstein und der Gräfin Magdalena von Stolberg († 20.7.1584)

30. Anna III. 1584–1601
Tochter des Grafen Heinrich d. Älteren von Stolberg und der Gräfin Elisabeth von Gleichen (* 1565, † 12.5.1601)

31. Maria 1601–1610
Tochter des Herzogs Johann Wilhelm von Sachsen-Weimar und der Pfalzgräfin bei Rhein Dorothea Susanna (* 7.11.1571, † 8.3.1610)

32. Dorothea 1610–1617
Tochter des Kurfürsten Christian I. von Sachsen und der Markgräfin Sophia von Brandenburg (* 8.1.1591, † 17.11.1617)

33. Dorothea Sophia 1617–1645

Tochter des Herzogs Friedrich Wilhelm von Sachsen und der Herzogin Sophie von Württemberg (* 19.12.1587, † 10.2.1645)

34. Anna Sophia I. 1645–1680

Tochter des Pfalzgrafen Georg Wilhelm von Birkenfeld und der Gräfin Dorothea von Solms-Sonnenwalde (* 2.4.1619, † 1.9.1680)

35. Anna Sophia II. 1681–1683

Tochter des Landgrafen Georg II. von Hessen-Darmstadt und der Herzogin Sophia Eleonore von Sachsen (* 17.12.1638, † 13.12.1683)

36. Anna Dorothea 1684–1704

Tochter des Herzogs Johann Ernst von Sachsen-Weimar und der Herzogin Christine Elisabeth von Holstein-Sonderburg (* 12.11.1657, † 24.6.1704)

Maria Aurora, Pröpstin, führte von 1704 bis 1718 die Geschäfte des Stifts, Tochter des Generals Konrad Christoph von Königsmarck und der Fürstin Maria Christina von Wrangel (* 8.5.1662, † 17.2.1728)

37. Maria Elisabeth 1718–1755

Tochter des Herzogs Christian Albrecht von Holstein-Gottorp und der Prinzessin Friederike Amalie von Dänemark (* 21.3.1678, † 17.7.1755)

38. Anna Amalie 1756–1787

Tochter des Königs Friedrich Wilhelm I. von Preußen und der Prinzessin Sophie von Hannover (* 9.11.1723, † 30.3.1787)

39. Sophia Albertina 1787–1803

Tochter des Königs Adolph Friedrich von Schweden und der Prinzessin Luise Ulrike von Preußen (* 18.10.1753, † 17.3.1829)

Zeittafel

919 Der Sachsenherzog Heinrich wird zum deutschen König gewählt.

922 Erste schriftliche Erwähnung Quedlinburgs in einer Urkunde Heinrichs I.

929 Quedlinburg wird von König Heinrich als Witwengut der Königin Mathilde verschrieben.

936 Fürstenversammlung von Erfurt. 1. Juli: Heinrich stirbt in Memleben. Nach seinem Tod wird er in Quedlinburg beigesetzt. Königin Mathilde richtet auf dem Burgberg ein Damenstift ein und läßt es von ihrem Sohn, König Otto, am 13. September bestätigen.

941 Otto I. feiert Ostern zu Quedlinburg; Aufdeckung einer Verschwörung gegen sein Leben.

966 Mathilde, die Tochter Ottos I., wird als erste Äbtissin des Damenstifts geweiht.

968 Tod der Königinwitwe Mathilde; Bestattung in Quedlinburg neben ihrem Gemahl.

973 Otto I. feiert das Osterfest in Quedlinburg; Hoftag.

974 Otto II. feiert das Osterfest in Quedlinburg; Strafgericht über seinen Vetter Heinrich den Zänker.

983 Otto II. stirbt. Die Kaiserinnen Adelheid und Theophanu bringen den vierjährigen Otto III. nach Quedlinburg in Sicherheit.

986 Otto III. feiert Ostern in Quedlinburg.

987 Äbtissin Mathilde stiftet Marienkloster auf dem Münzenberg.

994 Verleihung des Markt-, Münz- und Zollrechts durch Otto III.

997 Vergrößerung der Stiftskirche.

999 26. April: Otto III. überweist seiner Schwester Äbtissin Adelheid die Provinz Gera.

1000 Otto III. feiert Ostern in Quedlinburg.

1003 Heinrich II. feiert Ostern in Quedlinburg.

1021 24. September: Weihe des dritten Kirchenbaus.

1026 Konrad II. feiert Ostern in Quedlinburg.

1070 Stiftskirche und Stiftsgebäude durch Brand zerstört.

1079 Der Gegenkönig Rudolf von Schwaben (Rheinfelden) († 1080) feiert Ostern in Quedlinburg.

1085 Der Gegenkönig Hermann von Lützelburg feiert Ostern in Quedlinburg.

1088 Heinrich IV. bei seiner Schwester Äbtissin Adelheid II. in Quedlinburg. Verurteilung und Absetzung des Markgrafen Ekbert von Meißen († 1090).

1129 Einweihung der neuerbauten Stiftskirche.

1134 Kaiser Lothar von Supplinburg in Quedlinburg. Privilegien für die Stadt.

1139 Herzog Heinrich der Stolze stirbt in Quedlinburg.

1208 Ein staufisches Heer sammelt sich in Quedlinburg gegen Otto IV.

1224 Graf Hoyer von Falkenstein erobert Quedlinburg und zerstört die Befestigungsanlagen.

1300 Die Äbtissin Bertradis II. verkauft die Neustadt Quedlinburg als Lehen an die Grafen von Regenstein.

1320 Neubau des Ostchors.

1326 Die Städte Quedlinburg, Halberstadt und Aschersleben schließen einen ewigen Dreibund.

1335–37 Quedlinburg und der Bischof von Halberstadt kämpfen gegen den Grafen von Regenstein.

1338 Der Bischof von Halberstadt erhält die Schutzherrschaft über das Damenstift Quedlinburg.

1426 Die Stadt Quedlinburg wird Mitglied der Hanse.

1477 Die Stadt Quedlinburg unterwirft sich nach militärischer Belagerung den sächsischen Herzögen und der Äbtissin Hedwig von Sachsen. Der Halberstädter Bischof gibt seine Schutzherrschaft auf.

1539 Einführung der Reformation im Stiftsgebiet durch Äbtissin Anna II. von Stolberg.

1574 Wahlkapitulation zwischen der Äbtissin Elisabeth und dem Kurfürsten August von Sachsen: keine Äbtissin darf mehr ohne Zustimmung des Schutzherren gewählt werden.

1697 Kurfürst August von Sachsen verkauft die Schutzherrschaft über das Stift an den Kurfürsten von Brandenburg.

1698 Gegen den vergeblichen Protest der Äbtissin wird das Stift vom Kurfürsten von Brandenburg besetzt.

1742 Ausgleich mit dem preußischen Schutzherren.

1802/03 Das Stift wird aufgelöst und geht in preußischen Besitz über.

1807 Das ehemalige Quedlinburger Stiftsgebiet wird Teil des Königreichs Westfalen.

1812 Versteigerung des Stiftsinventars. Der Stiftsschatz im Zither wird nach Kassel gebracht.

1815 Quedlinburg wieder beim Königreich Preußen.

1821 Rückführung des seit 1815 in Halberstadt verwahrten Stiftsschatzes nach Quedlinburg.

1854 König Friedrich Wilhelm IV. kauft der Kirchengemeinde die Stiftskirche ab.

1862–82 Restaurierung der Stiftskirche. Neues Westwerk mit zwei Türmen.

1936 Feier der SS zum 1000jährigen Todestag des Königs Heinrich I. Beginn von Grabungen und der Umgestaltung der Stiftskirche in eine nationalsozialistische »Weihestätte«.

1937 Auffindung der »Heinrichsgebeine«.

1942 Der Quedlinburger Domschatz wird zur Sicherung in die Altenburg-Höhle gebracht.

1945 Quedlinburg wird von amerikanischen Truppen besetzt. Ein Teil des in der Altenburg-Höhle verwahrten Schatzes wird von einem amerikanischen Offizier entwendet und in die Vereinigten Staaten gebracht.

1990 Die Kulturstiftung der Länder erwirbt durch Vermittlung eines Antiquars das gestohlene Samuhel-Evangeliar aus dem Stiftsschatz. In den Vereinigten Staaten wird der Rest des gestohlenen Schatzes ermittelt.

1992 Der Quedlinburger Domschatz kommt nach Deutschland zurück.

Quellen und Literatur

G. Althoff, Gandersheim und Quedlinburg. Ottonische Frauenklöster als Herrschafts- und Überlieferungszentren, in: Frühmittelalterliche Studien 25 (1991), S. 123–144.

Atlas des Saale- und mittleren Elbegebietes, bearb. von Otto Schlüter und Oskar August, 3 Teile, 1959–61

A. Bauer, R. Rau (Hg.), Quellen zur Geschichte der sächsischen Kaiserzeit (Frh.-vom-Stein-Gedächtnisausgabe A, Bd. 8), 3. Aufl. 1990

W. Bernhardi, Lothar v. Supplinburg, Jahrbücher der deutschen Geschichte, Leipzig 1879

A. Besgen, Der stille Befehl. Medizinalrat Kersten und das Dritte Reich, München 1960

Atlas des Saale- und mittleren Elbegebietes, bearb. von Otto Schlüter und Oskar August, 3 Teile, 1959–61

F. Bellmann, Die Krypta der Königin Mathilde in der Stiftskirche zu Quedlinburg, in: Kunst des Mittelalters in Sachsen. Festschrift W. Schubert, Weimar 1967, S. 44–59

W. Bernardi, Lothar von Supplinburg (Jahrbücher der Deutschen Geschichte 15), Leipzig 1879

H. Beumann, Die Ottonen (Urban TB 384), 2. Aufl., Göttingen 1991

B. Bischoff, Mittelalterliche Schatzverzeichnisse I. Von der Zeit Karls des Großen bis zur Mitte des 13. Jh. (Veröffentlichungen des Zentralinstituts für Kunstgeschichte 4), München 1967

D. Blasius, Friedrich Wilhelm IV. 1795–1861. Psychopathologie und Geschichte, Göttingen 1992

A. Brinkmann, Beschreibende Darstellung der älteren Bau- und Kunstdenkmäler des Kreises Stadt Quedlinburg I (Beschreibende Darstellung der älteren Bau- und Kunstdenkmäler der Provinz Sachsen 33, I), Berlin 1922

P. Burg, Die Quedlinburger Äbtissinnen, 1914

A. Büsing, Mathilde, die Gemahlin Heinrichs I., Diss. Halle 1910

W. Bußmann, Zwischen Preußen und Deutschland. Friedrich Wilhelm IV., Berlin 1990

H. Ph. Cappe, Beschreibung der Münzen des vormaligen kaiserlichen freien weltlichen Stifts Quedlinburg, Dresden 1851

G. Dehio, Handbuch der Deutschen Kunstdenkmäler, Sachsen-Anhalt II (Der Bezirk Halle), München – Berlin 1976

L. Dehio, Friedrich Wilhelm IV. von Preußen, ein Baukünstler der Romantik, 1967

Die Zeit der Staufer, Katalog der Ausstellung, Band 1, Katalog, Stuttgart 1977

A. Düning, Das Ende des kaiserlichen freiweltlichen Stifts Quedlinburg, Quedlinburg 1891

A. U. Erath, Codex diplomaticus Quedlinburgensis, Frankfurt a. M. 1764

J. Flemming, E. Lehmann, E. Schubert, Dom und Domschatz zu Halberstadt, Leipzig 1990

E. Georg, Die wirtschaftlichen Unternehmungen der SS, Stuttgart 1963

C. Erdmann, Beiträge zur Geschichte Heinrichs I. (IV–VI), in: ders., Ottonische Studien, Darmstadt 1968, S. 83–130

J. Fleckenstein, Pfalz und Stift Quedlinburg. Zum Problem ihrer Zuordnung unter den Ottonen (Nachrichten der Akademie der Wissenschaften in Göttingen, I. Philologisch-Historische Klasse, Jg. 1992 Nr. 2), Göttingen 1992

J. H. Fritsch, Geschichte des Reichsstifts Quedlinburg, 2 Bde, Quedlinburg 1828

H. Fuhrmann, Vom einstigen Glanze Quedlinburgs, in: Das Samuhel-Evangeliar aus dem Quedlinburger Dom, München 1991, S. 13–22

B. Gebhardt u. H. Grundmann (Hg.), Handbuch der deutschen Geschichte, Bd. 1, 9. Aufl., Stuttgart 1970

U. Glathe, Wappen der Äbtissinnen des Freien Weltlichen Reichsstifts Quedlinburg, 1982

A. Goldschmidt, Die Elfenbeinskulpturen aus der Zeit der karolingischen und sächsischen Kaiser, VIII. bis XI. Jh., 2 Bde., Berlin 1914 u. 1918 (ND Berlin 1969 u. 1970)

W. Grosse, Zur Verfassungsgeschichte Quedlinburgs, in: Zeitschrift des Harzvereins 49 (1916), S. 1 ff.

W. Grosse, Ursprung und Bedeutung der Quedlinburger Vogtei, in: Zeitschrift des Harz-Vereins 46 (1913), S. 132–143

R. Hellfaier, Quedlinburg und Quedlinburger in einer Ausstellung der Lippischen Landesbibliothek, Detmold 1977

A. Höbbel, Die verfassungsgeschichtliche und politische Entwicklung der Reichsabtei und Stadt Quedlinburg bis zum 14. Jh., Phil Diss. Halle 1910

R. Holtzmann, Die Quedlinburger Annalen, in: Sachsen und Anhalt 1 (1925), S. 64–125

R. Holtzmann, Geschichte der sächsischen Kaiserzeit 900–1024, München 1941 (ND Darmstadt 1961)

W. Hoppe, Erzbischof Wichmann von Magdeburg, in: Die Mark Brandenburg, Wettin und Magdeburg. Ausgewählte Aufsätze, 1965, S. 1 ff.

J. Irmscher, Konrad von Krosigk, Bischof von Halberstadt, als Teilnehmer des Vierten Kreuzzuges, in: Byzanto-bulgarica 1 (1981), S. 187–193

K. Janicke, Urkundenbuch der Stadt Quedlinburg, 2. Abt. 1872–1882

K. Jordan, Der Harzraum in der Geschichte der deutschen Kaiserzeit. Eine Forschungsbilanz, in: Festschrift für Helmut Beumann zum 65. Geburtstag, Sigmaringen 1977, S. 163–181

K. Jordan, Heinrich der Löwe. Eine Biographie, 2. Aufl. München 1980

F. Kersten, Totenkopf und Treue. Heinrich Himmler ohne Uniform. Aus den Tagebüchern des finnischen Medizinalrates, Hamburg 1952

F. E. Kettner, Kirchen- und Reformations-Historie des kaiserlichen freien weltlichen Stifts Quedlinburg, Quedlinburg 1710

S. Kleemann, Kulturgeschichtliche Bilder aus Quedlinburgs Vergangenheit (Quedlinburgische Geschichte 2), Quedlinburg 1922

K. Klumpp, Der Quedlinburger Teppich, ungedr. Diss. Halle 1969

R. Köpke, E. Dümmler, Kaiser Otto der Große (Jahrbücher der Deutschen Geschichte 9), Leipzig 1876 (ND Darmstadt 1962)

D. Kötzsche (Hg.), Der Quedlinburger Schatz – wieder vereint, Berlin 1992

D. Kötzsche, Der Buchdeckel des Quedlinburger Evangeliars, in: Das Samuhel-Evangeliar aus dem Quedlinburger Dom, München 1991, S. 43–50

R. Kötzschke, H. Kretzschmar, Sächsische Geschichte, Frankfurt a. Main, 1965

H.-J. Krause, Zur Geschichte von Schatz und Schatzkammer der Stiftskirche St. Servatius in Quedlinburg, in: D. Kötzsche (Hg.), Der Quedlinburger Schatz – wieder vereint, Berlin 1992, S. 21–36

R. Kroos, Der Schrein des heiligen Servatius in Maastricht und die vier zugehörigen Reliquiare in Brüssel (Veröffentlichungen des Zentralinstituts für Kunstgeschichte 8), München 1985

E. Lehmann, Die Confessio in der Servatiuskirche zu Quedlinburg, in: Skulptur des Mittelalters, Funktion und Gestalt, hrsg. von F. Möbius und E. Schubert, Weimar 1987, S. 8–26

G. Leopold, Die Stiftskirche der Königin Mathilde in Quedlinburg. Ein Vorbericht zum Gründungsbau des Damenstifts, in: Frühmittelalterliche Studien 25 (1991), S. 143–170

G. Leopold, Die Stiftskirche und die Wipertikirche in Quedlinburg (Das christliche Denkmal 37/37a), Berlin 1988

M. Lintzel, Heinrich I. und die fränkische Königssalbung, Berlin 1955

H. Lorenz, Die Schicksale des Quedlinburger Domschatzes, in: Sachsen und Anhalt 6 (1930), S. 227–250

H. Lorenz, Marie Aurora Gräfin Königsmarck, in: Mitteldeutsche Lebensbilder 5, Magdeburg 1930, S. 18–36

H. Lorenz, Werdegang von Stift und Stadt Quedlinburg (Quedlinburger Geschichte, Bd. 1) Quedlinburg 1922

P. J. Meier, Die Kirchen in Quedlinburg, Burg bei Magdeburg 1932

G. Meyer von Knonau, Jahrbücher des Deutschen Reiches unter Heinrich III. (Jahrbücher der Deutschen Geschichte 13), Leipzig 1874–81

K. Militzer u. P. Przybilla, Stadtentstehung, Bürgertum und Rat. Halberstadt und Quedlinburg bis zur Mitte des 14. Jh., Göttingen 1980

G. A. Mülverstedt, Hierographia Quedlinburgensis, in: Zeitschrift des Harzvereins 2 (1869), S. 78 ff.

G. A. Mülverstedt, Die Einführung des Stiftshauptmanns v. Berg in Quedlinburg im Jahre 1774, in: Zeitschrift des Harzvereins 15 (1882), S. 105 ff.

Quellen zur Geschichte der sächsischen Kaiserzeit, hg. v. A. Bauer u. R. Rau, Darmstadt 1972

Quellen zur städtischen Verwaltungs-, Rechts- und Wirtschaftsgeschichte von Quedlinburg, 1. Teil, bearb. von H. Lorenz (Geschichtsquellen der Provinz Sachsen 44), Halle 1916

E.F. Ranke und Kugler, Beschreibung und Geschichte der Schloßkirche von Quedlinburg, Berlin 1838

E. F. Ranke, Über den Ursprung Quedlinburgs, Quedlinburg 1833

Chr. Rienäcker, Quedlinburg in Geschichte und Gegenwart, hrsg. von der Quedlinburg-Information, Quedlinburg 1989

Chr. Rienäcker, St. Servatius in Quedlinburg (Große Baudenkmäler 403), Berlin 1991

R. Rückert, Zur Form der byzantinischen Reliquiare, in: Münchner Jahrbuch der bildenden Kunst 3 F. 8 (1958), S. 7–36

H. Schäfer, Die Kanonissenstifter im deutschen Mittelalter, Kirchenrechtliche Abhandlungen 43/44, Stuttgart 1907

E. Scheibe, Studien zur Verfassungsgeschichte des Stifts und der Stadt Quedlinburg, Diss. Phil. Leipzig 1938

K. Schirwitz, Die Grabungen auf dem Schloßberg zu Quedlinburg, in: Jahresschrift für Mitteldeutsche Vorgeschichte 44 (1960), S. 9–50

W. Schlesinger (Hg.), Sachsen (Handbuch der historischen Stätten Deutschlands 8), Stuttgart 1965

G. Schmidt, Urkundenbuch des Hochstifts Halberstadt und seiner Bischöfe 1 (Publikationen aus den K. Preußischen Staatsarchiven 17), Leipzig 1883

P. E. Schramm, Herrschaftszeichen und Staatssymbolik, 3 Bde., Stuttgart 1954–56

P. E. Schramm, F. Mütherich, Denkmale der deutschen Könige und Kaiser. Ein Beitrag zur Herrschergeschichte von Karl dem Großen bis Friedrich II. 768–1250 (Veröffentlichungen des Zentralinstituts für Kunstgeschichte 2), 2. Aufl., München 1981

E. Schubert, Stätten sächsischer Kaiser, Leipzig 1990

W. Schulze, Der Quedlinburger Dom als Kultstätte der SS, in: Jahrbuch für Wirtschaftsgeschichte 1966, Teil IV, S. 220

B. Schwineköper (Hg.), Provinz Sachsen-Anhalt (Handbuch der Historischen Stätten Deutschlands 11), 2. Aufl., Stuttgart 1987

B. Schwineköper, Gesamtübersicht über die Bestände des Landeshauptarchivs Magdeburg, Bd. 2, Halle 1955

B. Schwineköper, Eine unbekannte heraldische Quelle zur Geschichte Kaiser Ottos IV. und seiner Anhänger, in: Festschrift für Hermann Heimpel zum 70. Geburtstag, Bd. 2, Göttingen 1972, S. 959–1022

H.-D. Starke, Die Pfalzgrafen von Sommerschenburg, in: Jahrbuch für die Geschichte Mittel- und Ostdeutschlands 4 (1955), S. 1–71

B. Graf zu Stolberg-Wernigerode, Geschichte des Hauses Stolberg 1210–1511, Magdeburg 1883

W. Trillmich (Hg.), Thietmar v. Merseburg: Chronik, 6. Aufl., Darmstadt 1985

K. Uhlirz, Jahrbücher des Deutschen Reichs unter Otto II. und Otto III., Bd. 1, Otto II. 973–983, Leipzig 1902 (ND Berlin 1967)

M. Uhlirz, Jahrbücher des Deutschen Reiches unter Otto II. und Otto III. Bd. 2, Otto III. 983–1002, Berlin 1954

Urkundenbuch der Stadt Quedlinburg, 2 Bde., bearb. von C. Janicke (Geschichtsquellen der Provinz Sachsen 2), Halle 1873–82

G. Chr. Voigt, Geschichte des Stiftes Quedlinburg, 3 Bde., Leipzig 1786–91

K. Voigtländer, Die Stiftskirche St. Servatii zu Quedlinburg. Geschichte ihrer Restaurierung und Ausstattung, Berlin 1989

G. Waitz, Jahrbücher des Deutschen Reichs unter König Heinrich I., Leipzig 1885 (ND Darmstadt 1963)

J. A. Wallmann, Abhandlung von den schätzbaren Alterthümern der hohen Stiftskirche zu Quedlinburg, Quedlinburg 1776

J. A. Wallmann, Beyträge zur Aufklärung der Geschichte des Reichsstiftes Quedlinburg, Quedlinburg 1783

H. Wäscher, Der Burgberg in Quedlinburg. Geschichte seiner Bauten bis zum ausgehenden 12. Jahrhundert nach den Ergebnissen der Grabungen von 1938 bis 1942, Berlin 1959

H. E. Weirauch, Die Güterpolitik des Stifts Quedlinburg im Mittelalter, in: Sachsen und Anhalt 13 (1937), S. 117–181

H. Wentzel, Das byzantinische Erbe der ottonischen Kaiser. Hypothesen über den Brautschatz der Theophanu, in: Aachener Kunstblätter 40 (1971), S. 15–39; 43 (1972), S. 11–96

E. W. Wies, Otto der Große, Kämpfer und Berater, 2. Aufl., Esslingen u. München 1991

E. W. Wies, Kaiser Friedrich Barbarossa, Mythos und Wirklichkeit, Esslingen u. München 1990

H. Wilke, Die Ornamentik im Dom zu Quedlinburg. Untersuchungen über Gestalt und Sinn der Bauornamentik des 10.–12. Jh. im Harzraum, in: Zeitschrift des Harzvereins für Geschichte und Altertumskunde 82 (1950), S. 72–94

E. Winkelmann, Philipp von Schwaben und Otto IV. von Braunschweig (Jahrbücher der Deutschen Geschichte 18), Bd. 2, Kaiser Otto IV. von Braunschweig 1208–1218, Leipzig 1878 (ND Darmstadt 1963)

Anmerkungen

Abkürzungen: AnnQb = Quedlinburger Annalen
              MGH   = Monumenta Germaniae
                      Historica
              DD   = Diplomata
              SS   = Scriptores
              Chron. = W. Trillmich (Hg.), Thietmar
                      von Merseburg, Chronik

1. Einhard, Vita Caroli Magni. Das Leben Karls des Großen, lat. und deutsch (Übersetzung, Nachwort und Anmerkungen von E. Sch. Coleman), Stuttgart 1968, S. 19
2. Zum Heidentum der Sachsen vgl. Lorenz, Quedlinburger Geschichte, S. 18 ff.
3. Holtzmann, Geschichte der sächsischen Kaiserzeit; Erdmann, Ottonische Studien; Waitz, Jahrbücher des deutschen Reichs unter König Heinrich I.
4. Vgl. dazu Lorenz, Quedlinburger Geschichte, S. 37 ff.
5. Vgl. Fleckenstein, Das Reich der Ottonen im 10. Jh., in: Gebhardt 1, S. 230 ff.
6. Widukind I 35 (in: Quellen zur Geschichte der sächsischen Kaiserzeit)
7. Zur Frühgeschichte Quedlinburgs vgl. vor allem Wäscher
8. MGH DD Heinrich I. Nr. 3
9. Schramm, Herrschaftszeichen II, S. 492 ff.
10. MGH SS 12, S. 100
11. Widukind I, 33; Chron. I, 13
12. Wies, S. 71 ff., Holtzmann, Geschichte der sächsischen Kaiserzeit, S. 105 ff.
13. Lorenz, Quedlinburger Geschichte, S. 45 ff.
14. MGH DD Otto I. Nr. 1
15. Vgl. dazu Bellmann
16. Zu Samuhel-Evangeliar vgl. Das Samuhel-Evangeliar aus dem Quedlinburger Dom, Ausstellungskatalog 1991
17. Bernhard Bischoff, Die Schrift des Evangeliars, in: Das Samuhel-Evangeliar aus dem Quedlinburger Dom, München 1991, S. 29–34
18. Vgl. Lorenz, Quedlinburger Geschichte, S. 56 ff.
19. Holtzmann, S. 224
20. Köpke, Dümler, S. 501
21. Chron. III, 25

22. AnnQb MGH SS. 3, 88
23. Uhlirz, Jahrbücher Otto III., S. 69
24. AnnQb MGH SS. 3, 67
25. M. Uhlirz, Studien über Theophanu, in: Deutsches Archiv 13 (1957)
26. Chron. IV, 10
27. Chron. II, 15
28. Arne Effenberger, Provenienzgeschichtliche Probleme des byzantinischen Kunstbesitzes in der DDR, in: Byzantinischer Kunstexport (Wissenschaftliche Beiträge der Martin-Luther-Universität Halle-Wittenberg 13) 1978, S. 173; Kötzsche, Schatz, S. 62 ff.
29. Uhlirz, Jahrbücher Otto III., S. 147 ff.
30. MGH DD Otto III. Nr. 81
31. MGH DD Otto III. Nr. 155
32. Zur weiteren Entwicklung des Marktes Quedlinburg vgl. Militzer, Przybilla, S. 124 ff.
33. AnnQb MGH SS. 3, 72 f.
34. Holtzmann, S. 361 ff.
35. Vgl. dazu Fleckenstein, S. 20
36. Schramm, Mütherich, S. 153; Brinkmann, S. 136 ff.; Kötzsche, Schatz, S. 72 ff.
37. Vgl. die Nachweise bei Voigtländer, S. 195 f. (Nr. 343–359)
37a. Der Reliquienschrein trägt das Wappen der Äbtissin und der Pröpstin (Mechthild v. Hackeborn); vgl. auch Kötzsche, Schatz, S. 114
37b. Chron. V, 3
38. Erath, S. 50
39. Mittelalterliche Schatzverzeichnisse, Teil 1, Von der Zeit Karls des Großen bis zur Mitte des 13. Jahrhunderts, München 1967, S. 82
40. Brinkmann, S. 118 f.; Kötzsche, Schatz, S. 42 f.
40a. Kötzsche, Schatz, S. 39
41. Voigtländer, S. 198 f.; Kötzsche, Schatz, S. 39
42. Brinkmann, S. 121 ff.
43. Brunos Buch vom Sächsischen Krieg, übersetzt von W. Wattenbach (Die Geschichtsschreiber der deutschen Vorzeit), 2. Aufl., Leipzig 1888, S. 13 f.
44. Schubert, S. 188 ff.
45. Gesta Frederici I, 7
46. Das Leben Kaiser Heinrich des Vierten, nach der Ausgabe der Monumenta Germaniae, übersetzt von Philipp Jaffe, 2. Aufl., bearb. von W. Wattenbach (Die Geschichtsschreiber der deutschen Vorzeit), Leipzig 1898, S. 18 f.

47. Fuhrmann, S. 17

48. Wegen der salierfeindlichen Haltung der Äbtissin Gerburg kann nur Agnes als Auftraggeberin für die drei Grabplatten in Frage kommen. Zu den Inschriften vgl. Das Reich der Salier 1024–1125. Katalog zur Ausstellung des Landes Rheinland-Pfalz, Sigmaringen 1992, S. 308 ff.

49. Magdeburger Annalen MGH SS. 16, 183

50. Jordan, Heinrich d. Löwe, S. 201 ff.

50a. Zur Datierung vgl. Krause, S. 25 f. Die Bezeichnung der (die, das) Zither (bzw. Zitter u. ä.) leitet sich wohl vom lateinischen »secretarium« (Schatzkammer) ab.

51. K. Klumpp, Der Quedlinburger Teppich, ungedr. Diss. Halle 1969; Ausstellungskatalog Staufer Nr. 807a und b

52. Lorenz, Quedlinburger Geschichte, S. 101 ff.

53. Vgl. E. Winkelmann, Philipp von Schwaben und Otto IV. v. Braunschweig, Bd. 2

54. Vgl. dazu Schwineköper; Ausstellungskatalog Staufer Nr. 525

55. Bischoff, Mittelalterliche Schatzverzeichnisse, S. 150 f.

56. Steven Runciman, Geschichte der Kreuzzüge, München 1975, S. 899

57. Vgl. dazu Katalog Stauferausstellung Nr. 580; Brinkmann, S. 125 ff.; Kötzsche, Schatz, S. 84 ff.

58. MGH Const. 3, S. 379, Nr. 394

59. Vgl. dazu Hans Neumann, Beiträge zur Textgeschichte des »fließenden Lichts der Gottheit« und zur Lebensgeschichte Mechthilds von Magdeburg, in: Altdeutsche und altniederländische Mystik, hrsg. von Kurt Ruh (Wege der Forschung 23), Darmstadt 1964, S. 175–239

60. Vgl. dazu Lorenz, Werdegang, S. 129 ff.

61. Lorenz, Quedlinburger Geschichte, S. 92 ff.

62. Kötzschke/Kretzschmar, S. 137

63. Lorenz, Quedlinburger Geschichte, S. 109 ff.

64. Lorenz, Quedlinburger Geschichte, S. 295 ff.

65. Vgl. zum folgenden Lorenz, Schicksale, S. 230 ff.

66. Vgl. dazu Lorenz, Schicksale des Quedlinburger Domschatzes

67. Lorenz, Schicksale, S. 246 f.

68. Lorenz, Quedlinburger Geschichte, S. 316 ff.

69. Vgl. zum folgenden vor allem: Lorenz, Königsmarck (1930)

70. Zur Person des Kurfürsten vgl. Karl Czok, August der Starke und Kursachsen, 3. Aufl. Leipzig 1990; ders., Am Hofe Augusts des Starken, Stuttgart 1990

71. Die Baugeschichte des Quedlinburger Schlosses im 18. Jh. bedarf noch der Aufhellung, vgl. Voigtländer, S. 20 f.

72. Lorenz, Quedlinburger Geschichte, S. 334 ff.

73. Bruno Frank, Trenck. Roman eines Günstlings (Fischer Bücherei 12), Frankfurt a. M. 1952, S. 52 ff.

74. Kugler, S. 54 f.

75. Lorenz, Quedlinburger Geschichte, S. 360 ff.

76. Brinkmann (1922), S. 39; Voigtländer, S. 21

77. Zu König Wilhelm IV. vgl. jetzt D. Blasius

78. Vgl. zu den Restaurierungsmaßnahmen Voigtländer, S. 32 ff.

79. Vgl. dazu Voigtländer, S. 38 ff.

80. Carl Erdmann, Das Grab Heinrich I., in: Ottonische Studien, Darmstadt 1968, S. 31–52

81. Vgl. dazu Voigtländer, S. 38 ff.

82. History of the 87th Armored Field Artillery Batallion, 1945, S. 126

83. The Army Lawyer: A History of the Judge Advocate Generals Corps 1775–1975, Washington D. C. 1975, S. 172

84. Klaus Maurice, Die Rückgewinnung der Handschrift, in: Das Samuhel-Evangeliar aus dem Quedlinburger Dom, München 1991, S. 9

Personenregister

Abkürzungen:

Äbt.	Äbtissin
B.	Bischof
EB	Erzbischof
Gf.	Graf
Hg.	Herzog
Hl.	Heiliger
Kf.	Kurfürst
Kg.(n.)	König(in)
Ks.(n.)	Kaiser(in)
Mgf.	Markgraf
Q.	Quedlinburg

Adalbert, Hl. 47
Adalbert, EB v. Bremen 55
Adalbert, EB v. Mainz 64
Adalbert, Pfalzgraf v. Sachsen-
　Sommerschenburg 70
Adelgoto, EB v. Magdeburg 62
Adelheid, Ksn. 39
Adelheid I., Äbt. v. Q. 28, 39, 42f, 45, 50f,
　55, 63f, 95, 219
Adelheid II., Äbt. v. Q. 46, 55f, 57f, 59,
　63, 219
Adelheid III., Äbt. v. Q. 70, 78, 219
Adelheid IV., Äbt. v. Q. 221

Adelheid v. Dorstat, Kanonissin in Q. 101
Adelheid v. Isenburg, Äbt. v. Q. 101
Adolf Friedrich, Hg. v. Holstein-Gottorp,
　Kg. v. Schweden 153, 157, 163
Agnes I., Äbt. v. Q. u. Gandersheim 60ff,
　65, 219
Agnes II. von Meißen, Äbt. v. Q. 37, 54,
　71f, 73f, 78, 220
Agnes III. v. Schrapelau, Äbt. v. Q. 107,
　220
Agnes v. Poitou, Ksn. 55
Albrecht, Prinz 162
Albrecht d. Bär, Mgf. v. Brandenburg, Hg.
　v. Sachsen 64, 67f, 69f
Albrecht II., Gf. v. Regenstein 100, 120
Albrecht, Hg. v. Sachsen 104ff
Alexander III., Papst 72
Ancillon, Johann 172
Ankarstöm, Gardehauptmann 164
Anna I., Äbt. v. Q. 221
Anna II., Äbt. v. Q. 40, 108ff, 112f, 116ff,
　119ff, 126, 221
Anna III., Äbt. v. Q. 122, 124, 221
Anna Amalie, Äbt. v. Q. 157ff, 160ff,
　163f, 222
Anna Dorothea, Äbt. v. Q. 131f, 136ff,
　139f, 151, 222

Anna Sophia I., Äbt. v. Q. 127ff, 130, 222
Anna Sophia II., Äbt. v. Q. 130, 132, 222
Anna v. Plauen, Äbt. v. Q. 101, 103
Anton Günther, Gf. v. Schwarzburg-
　Sondershausen 129
Anton Ulrich, Hg. v. Braunschweig 142f
Antonius, Ks. 49
Arnulf, Hl., B. v. Metz 53
Arnulf v. Halberstadt, B. 95
Attila, Hunnenkg. 24
August der Starke, Kf. v. Sachsen, Kg. v.
　Polen 136f, 144ff, 147ff, 150f
August, Kf. v. Sachsen 117ff, 121
Aurore de Saxe,Tochter d. Moritz v.
　Sachsen 148

Beatrix, Ksn. 80f, 85
Beatrix I., Äbt. v. Q. 55, 63, 219
Beatrix II., Äbt. v. Q. 67, 68ff, 219
Bernhard, B. v. Halberstadt und
　Hildesheim 44
Bertradis I. v. Krosigk, Äbt. v. Q. 87ff, 90,
　92f, 220
Bertradis II., Äbt. v. Q. 95f, 220
Bodo II., Gf. v. Regenstein 122
Bormann, Martin, Reichsleiter 182
Botho v. Stolberg, Gf. 109
Bouhler, Philip, Reichsleiter 182
Bruder, Hans Christoph 141
Brun (Sohn Heinrichs I.) 30
Bruno, Geschichtsschreiber 56
Buch, Walter, Reichsleiter 182
Burchard, Mgf. 71
Burchard II., B. v. Halberstadt 59, 96
Burkhard v. Loccum 68

Cäsarius v. Braunschweig, Vogt v. Q. 82, 86
Calixtus II., Papst 63
Christian I., Kf. 125
Christian II., Kf. 125f
Christian Albrecht, Hg v. Holstein-
　Gottorp 153
Christine, Kgn. v. Schweden 141
Christoph v. Hessen, Prinz 196
Collins, John, amtlicher Schätzer 201f
Cook, Dr. Don H., Zahnarzt u. Ehemann
　v. Jane Meador 201
Corona, Hl. 49f
Couailhac, Paul-Louis, Pariser Antiquar
　202, 204f, 207

Daluege, Kurt, Polizeichef 182
Darré, Richard Walter, Reichsminister
　182

Dietrich v. Krosigk, B. v. Halberstadt 88
Dionysius, Hl., Bischof 22, 27f, 125
Dipold v. Böhmen, Hg. 79
Dorothea, Äbt. v. Q. 125f, 221
Dorothea v. Donyn, Kanonissin in Q. 101
Dorothea Sophia, Äbt. v. Q. 126, 221
Durant, J. S. Jack, Colonel 197f

Eberhard, fränk. Kg. 17
Edgith, Ksn. 30, 38
Egino v. Falkenstein 77f
Eike v. Repgow, Jurist 86f
Eilika, Äbt. v. Q. 219
Einhard, Geschichtsschreiber 12, 14
Eisenhower, D. David, am. General 190f
Ekbert, Mgf. v. Meißen 57ff
Ekkehard, Mgf. v. Meißen 51
Eleonora Sophia, Gräfin v. Schwarzburg-
    Sondershausen 129, 152
Elisabeth v. Donyn, Kanonissin in Q.
    101
Elisabeth I., Äbt. v. Q. 220
Elisabeth II., Äbt. v. Q. 119ff, 122f, 221
Erath, Anton Ulrich, Archivar 155
Erdmann, Prof. Carl, Historiker 185
Ermegard v. Dorstat, Kanonissin in Q.
    101
Ernst, EB v. Magdeburg 104
Ernst, Kf. v. Sachsen 104ff
Ernst d. Ältere, Gf. v. Regenstein 122
Ernst der Jüngere, Gf. v. Regenstein 122
Erwin von Merseburg, Gf. 18
Erxleben, Dorothea Christiane,
    Medizinerin 155
Eugen II., Papst 69

Falkenstein, Grafengeschlecht 77
Farley John R., Bankdirektor 213
Fatima, Mätresse Augusts des Starken
    147
Fischer, SS-Untersturmführer 187
Fogg, Samuel, Londoner Antiquar 202
Folter, Dr. Roland, New Yorker Antiquar
    202
Fontane, Theodor, Schriftsteller 169f
Frank, Bruno, Schriftsteller 158
Frank, Dr. Hans, Reichsminister 182
Frick, Dr. Wilhelm, Reichsminister 182
Friederike Charlotte, Prinzessin v.
    Preußen, Pröpstin v. Q. 165
Friederike Luise Christine 165
Friedrich I., Kg. v. Preußen, Kf. v.
    Brandenburg 136, 138f
Friedrich II., Kg. v. Preußen 150, 157,
    159, 161f, 166, 169
Friedrich I., Barbarossa, Ks. 67, 72
Friedrich II., Kf. v. Sachsen 103
Friedrich II., Ks. 81f, 83
Friedrich, Mgf. v. Meißen 79

Friedrich v. Brehna, Gf. 79, 81
Friedrich d. Schöne, Gegenkg. 99
Friedrich v. Staufen, Hg. 67
Friedrich d. Weise, Kf. v. Sachsen 112
Friedrich Wilhelm I., Kf. v. Brandenburg
    135
Friedrich Wilhelm III., Kg. v. Preußen
    166, 170
Friedrich Wilhelm IV., Kg. v. Preußen
    172ff, 175ff
Friedrich Wilhelm v. Sachsen-Altenburg,
    Hg. 124ff
Fromholt, Münzmeister 128

Georg, Hg. v. Sachsen 110, 112
Georg Wilhelm v. Hannover 196
Gerberga (Tochter Heinrichs I.) 25, 30
Gerburg, Äbt. v. Q. 65ff, 219
Gerburg, Dekanissin in Q. 39
Gertrud v. Ampfurth, Äbt. v. Q. 94f, 99,
    220
Giesebrecht, Wilhelm v., Historiker 177
Gille, Archivverwalter 188, 194
Giselbert von Lothringen, Hg. 25f, 30
Goßlau, Quedlinburger Pfarrer 215
Gottfried v. Kappenberg, Hl., Gf. 65
Grimm, Wilhelm, Reichsleiter 182
Gustav III., Kg. v. Schweden 163f

Hans Christoph v. Königsmarck, Gf. 140
Hartwig, EB v. Magdeburg 59
Hatheburg 18f
Hedwig v. Sachsen, Äbt. v. Q. 103, 106ff,
    221
Heinrich I., Kg. 11, 15ff, 25, 27, 29ff, 34,
    50ff, 53f, 55, 160, 179, 181, 185f, 194f,
    196
Heinrich (Sohn Heinrichs I.) 30
Heinrich II., Ks. (= Herzog H. v. Bayern,
    = H. d. Zänker) 48, 51
Heinrich III., Ks. 55
Heinrich IV., Ks. 55, 57f, 60f, 180
Heinrich V., Ks. 60f, 63f
Heinrich VI., Ks. 75f
Heinrich d. Fromme, Hg. v. Sachsen 112f
Heinrich d. Löwe, Hg. v. Bayern u.
    Sachsen 69f, 180, 187, 203
Heinrich d. Stolze, Hg. v. Bayern 68f
Heinrich d. Zänker, Hg. 38f
Heinrich v. Halle, Dominikaner 98
Heinrich v. Plauen, Gf. 103
Heinrich v. Wettin, Mgf. v. Meißen 59
Helfa, Kloster 98
Hermann II., Gf. v. Winzenburg 68f
Heydrich, Reinhard, Polizeichef 182
Hierl, Konstantin, Reichsleiter 182
Himmler, Heinrich, Reichsführer SS
    179ff, 182ff, 186
Hitler, Adolf 189, 191

Höhne, Dr. Rolf 185, 187
Honan, William H., Journalist 206, 210, 213
Hoyer v. Falkenstein, Gf. 86f, 88
Hoyer v. Mansfeld, Gf. 61

Innozenz III., Papst 76, 81
Irmgard v. Stolberg, Äbt. v. Q. 100f, 221

Jérôme, Kg. v. Westfalen 167ff, 170
Johann d. Beständige, Kf. v. Sachsen 112
Johann d. Blinde v. Luxemburg, Kg. 174
Johann Ernst, Gf. v. Regenstein 122
Johann Ernst, Hg. v. Sachsen-Weimar 131
Johann Georg II., Kf. v. Sachsen 132
Johann Friedrich, Kf. v. Sachsen 114
Johann ohne Land, Kg. 83
Johannes I. Tzimiskes, byzantinischer Ks. 41
Jucundus, Priester 26
Juliana v. Stolberg, Gräfin 109, 115f
Jutta v. Kranichstein, Äbt. v. Q. 99f, 220
Jutta v. Lychen, Kanonissin in Q. 101

Karl der Große, Ks. 12ff, 19, 50
Karl, Prinz v. Preußen 174
Karl III., Kg. 27
Karl IV., Ks. 49, 174
Karl V., Ks. 114
Karl XI., Kg. v. Schweden 142
Karl XII., Kg. v. Schweden 147f
Karl Friedrich, Hg. v. Holstein-Gottorp 153
Karl Otto, Pfalzgraf v. Birkenfeld 128
Katharina, Hl. 92
Katharina, Zarin v. Rußland 153
Kersten, Felix 186
Kline, Thomas, Rechtsanwalt 215
Klopstock, Friedrich Gottlieb, Dichter 155f
Konrad, Kg. 17f
Konrad d. Große, Mgf. v. Meißen 71f
Konrad III., Kg. 67f, 69
Konrad v. Krosigk, B. v. Halberstadt 89f
Korte, Willi M., Historiker 210ff, 213, 215
Kratzenstein, Heinrich 134
Kunigunde, Ksn. 51
Kunigunde v. Kranichsfeld, Äbt. v. Q. 93f, 220

Leopold I., Ks. 138
Lessing, Gotthold Ephraim, Dichter 155
Ley, Dr. Robert, Reichsleiter 182
Liudolfinger, sächs. Geschlecht 12, 16, 21
Liutprand, Geschichtsschreiber 23
Loewe, Carl, Komponist 16
Lothar III. v. Supplinburg, Ks. 61, 64ff, 67f
Lucht, Walter, General 188, 190

Ludolf v. Koppenstedt, EB v. Magdeburg 75
Ludwig XIV., Kg. v. Frankreich 136
Ludwig d. Bayer, Ks. 99
Luise Ulrike, Kgn. v. Schweden 158, 163f, 169, 173
Lutgard, Äbt. v. Q. 220
Luther, Dr. Martin, Reformator 112

Magdalena, Äbt. v. Q. 221
Margarethe, Äbt. v. Q. 220
Margarethe, Prinzessin v. Preußen 197
Margarethe Magdalena, Gräfin v. Schwarzburg-Sondershausen 129, 152
Maria, Äbt. v. Q. 124ff, 221
Maria v. Brabant, Ksn. 83
Maria Aurora, Gräfin v. Königsmarck, Pröpstin v. Q. 140f, 143ff, 146ff, 149, 151, 153, 163
Maria Elisabeth, Äbt. v. Q. 151ff, 155ff, 163, 222
Maria Magdalena, Gräfin v. Schwarzburg-Sondershausen 129
Martianus Capella, Neuplatoniker 74
Martin, Gf. v. Regenstein 122
Marwitz, General v. 162
Mathilde, Kgn. 19, 21, 30ff, 33ff, 37, 50, 182, 185
Mathilde, Äbt. v. Q. 37ff, 40, 43f, 45, 47, 51, 219
Maurice, Dr. Klaus, Kunsthistoriker 205f, 207, 210, 216
Meador, Jack 200
Meador, Jane 201
Meador, Joe Tom 192ff, 195, 199f, 209, 213, 215f
Mechthild v. Hackeborn, Mystikerin, Äbt. v. Helfa 98, 101
Mechthild v. Magdeburg, Mystikerin 98
Meinhard v. Kranichsfeld, B. v. Halberstadt 94
Meregart, Äbt. v. Q. 219
Moritz v. Sachsen, Feldmarschall 145, 148f
Moritz, Hg. u. Kf. v. Sachsen 113f, 116
de la Motte-Fouquet, Friedrich, Schriftsteller 173
Mountbatten of Burma, Louis, General 197
Müntzer, Thomas, Bauernführer u. Geistlicher 110

Napoleon, frz. Ks. 166
Nash, Kathleen Burke, Captain 197f
Norbert v. Xanten, Hl., EB v. Magdeburg 65

Osterlindis, Äbt. v. Q. 94, 220

Otto I., Ks. 11, 20f, 26f, 28f, 30ff, 34ff, 38, 41f, 46, 54, 139
Otto II., Ks. 29, 38f, 40f
Otto III., Ks. 40, 43f, 45f, 47f, 49ff, 95
Otto IV., Ks. 75f, 79ff, 82ff, 84ff
Otto v. Brandenburg, Mgf. 94
Otto v. Northeim, Hg. v. Bayern 55ff

Peter I., Zar v. Rußland 153
Peter III., Zar v. Rußland 153
Philip, Gf. v. Königsmarck 142f
Philipp, Bruder d. Sophie v. Griechenland 197
Philipp II. August, frz. Kg. 83
Philipp v. Schwaben, Kg. 76, 80, 82
Plattner, Dr. Tileman, Reformator 110f
Pöllnitz, Karl Ludwig v., Schriftsteller 149f

Quast, Ferdinand v., Konservator 177
Quentin, Jacques, Genfer Kunsthändler 204
Quitilinga, thüring. Fürst 12

Ranke, Gymnasialdirektor, Bruder d. Historikers Leopold v. Ranke 176
Reinerth, Prof. Hans, Historiker 187
Reischle, Dr. Hermann, SS-Brigadeführer 179
Richard Löwenherz, Kg. 76
Richenza, Ksn. 68
Rikdag, Mgf. in Sachsen 39
Rosenberg, Alfred, Reichsleiter 182
Roth, Geschichtsschreiber 118
Rudolf, Kg. 22f, 37
Rudolf v. Habsburg, Kg. 96
Rudolf v. Schwaben (Rheinfelden), Gegenkg. 57
Rust, Bernhard, Reichsminister 182, 187

Samuhel, Presbyter 36
Schellenheim, v., preuß. Stiftshauptmann 156
Schinkel, Friedrich, Baumeister 162, 174
Schirach, Baldur v., Reichsleiter 182
Schmidt, E., SS-Oberscharführer 188
Schmidt, Superintendent 171
Schmidt, Superintendent 187
Scholtz-Klinck, Gertrud, Reichsfrauen-führerin 182
Schultz, Magdalena 134
Selig, SS-Obersturmbannführer 187
Servatius, Hl., Bischof 22f, 24ff, 27f, 45, 125
Sigismund, Ks. 103
Sophia, Äbt. v. Gandersheim, Schwester Ks. Ottos III. 41, 44, 51

Sophia, Schwester v. Äbt. Beatrix II. 67
Sophia v. Brehna, Äbt. v. Q. 78, 82, 84ff, 87, 95, 220
Sophia Albertina, Äbt. v. Q. (= Josephine Albertine) 164f, 166, 169f, 222
Sophie, Kurfürstin v. Sachsen 125
Sophie v. Griechenland, Prinzessin 196
Spener, Philip Jakob 134
Stalin, J. W. 191
Steuerwaldt, Wilhelm, Harzmaler 176

Tenschert, Heribert, niederbayerischer Antiquar 204f, 206ff, 209f, 216
Thankmar 19
Theophanu, Ksn. 39f, 41f
Thietmar I., B. v. Halberstadt 59
Thietmar von Merseburg, Geschichts-schreiber 32, 38f, 40f, 45, 51
Torigian, John S., Rechtsanwalt in Houston 202f, 204f, 208f, 212, 216
Trenck, Friedrich Freiherr v. 157, 159f
Turner, D. H., 202

Ulrich, Hl., Bischof 36
Ulrich, B. v. Halberstadt 70f
Ulrich v. Lichtenstein, Minnesänger 97
Ulrich v. Regenstein, Gf. 96
Ulrich VI. v. Regenstein-Reinstein u. Blankenburg 119, 121

Veit, Hl. 28
Verdi, Giuseppe, Komponist 164
Vogl, Johann Nep., Komponist 16
Volrad v. Kranichsfeld, B. v. Halberstadt 94
Voltaire, Philosoph u. Schriftsteller 141

Walburger, Hans, Apotheker 125
Watson, David, Major 197f
Wenck, Walter, General 189
Werner, EB v. Magdeburg 59, 96
Werner, Johann Gottfried, Baumeister 177f
Wichmann, EB v. Magdeburg 70, 72, 75
Widukind von Corvey, Geschichts-schreiber 20, 27f, 31ff, 41
Wilhelm I., Kg. v. Preußen, dt. Kaiser 177f
Wilhelm, EB v. Mainz 29
Wilhelm v. Grumbach, Ritter 119
Wilhelm v. Nassau, Gf. 115
Wilhelm v. Nassau-Oranien, Prinz 116
Wilhelmine, Markgräfin v. Bayreuth 150
Wille, Rudolf, Prof., Architekt 181
Willigis, EB v. Mainz 42f
Wiprecht. v. Groitzsch, Gf. 61
Wolfgang v. Stolberg-Wernigerode, Gf. 115

Stammtafel

STAMMTAFEL
Übersicht zur Genealogie der wichtigsten Ottonen
und der wichtigsten frühen Salier

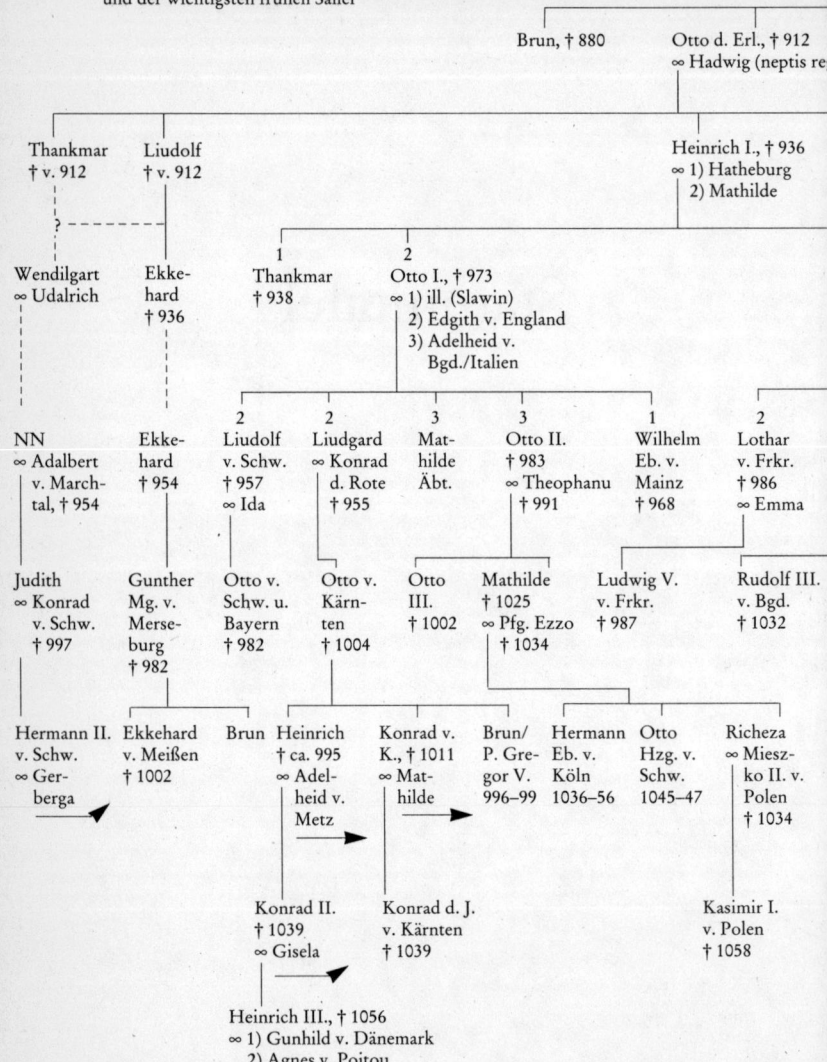

Brun, † 880

Otto d. Erl., † 912
∞ Hadwig (neptis reg...

Thankmar † v. 912

Liudolf † v. 912

Heinrich I., † 936
∞ 1) Hatheburg
2) Mathilde

? - - - - -

Wendilgart ∞ Udalrich

Ekke-hard † 936

1 Thankmar † 938

2 Otto I., † 973
∞ 1) ill. (Slawin)
2) Edgith v. England
3) Adelheid v. Bgd./Italien

NN
∞ Adalbert v. March-tal, † 954

Ekke-hard † 954

2 Liudolf v. Schw. † 957 ∞ Ida

2 Liudgard ∞ Konrad d. Rote † 955

3 Mathilde Äbt.

3 Otto II. † 983 ∞ Theophanu † 991

1 Wilhelm Eb. v. Mainz † 968

2 Lothar v. Frkr. † 986 ∞ Emma

Judith ∞ Konrad v. Schw. † 997

Gunther Mg. v. Merse-burg † 982

Otto v. Schw. u. Bayern † 982

Otto v. Kärn-ten † 1004

Otto III. † 1002

Mathilde † 1025 ∞ Pfg. Ezzo † 1034

Ludwig V. v. Frkr. † 987

Rudolf III. v. Bgd. † 1032

Hermann II. v. Schw. ∞ Ger-berga ▶

Ekkehard v. Meißen † 1002

Brun

Heinrich † ca. 995 ∞ Adel-heid v. Metz ▶

Konrad v. K., † 1011 ∞ Mat-hilde ▶

Brun/ P. Gre-gor V. 996–99

Hermann Eb. v. Köln 1036–56

Otto Hzg. v. Schw. 1045–47

Richeza ∞ Miesz-ko II. v. Polen † 1034

Konrad II. † 1039 ∞ Gisela

Konrad d. J. v. Kärnten † 1039

Kasimir I. v. Polen † 1058

Heinrich III., † 1056
∞ 1) Gunhild v. Dänemark
2) Agnes v. Poitou

olf, † 866
a

Liudgard
∞ Ludwig d. J., † 882

Oda, † n. 952
∞ 1) Zwentibold, † 900
2) Gerhard

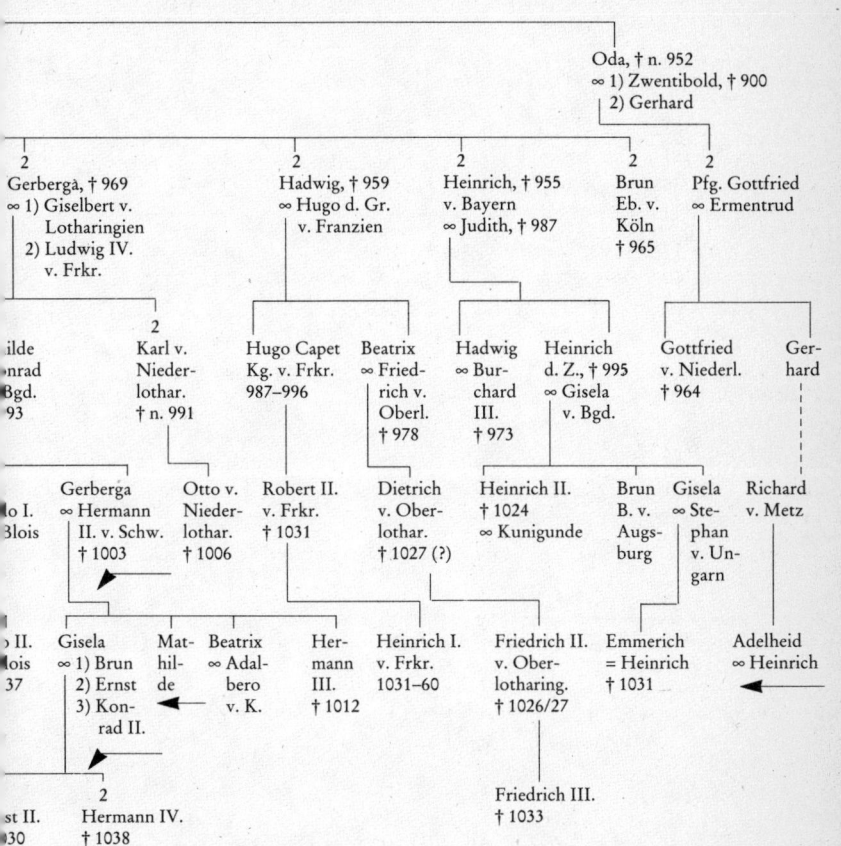

| 2 | | 2 | | 2 | | 2 | 2 |

Gerberga, † 969
∞ 1) Giselbert v.
Lotharingien
2) Ludwig IV.
v. Frkr.

Hadwig, † 959
∞ Hugo d. Gr.
v. Franzien

Heinrich, † 955
v. Bayern
∞ Judith, † 987

Brun
Eb. v.
Köln
† 965

Pfg. Gottfried
∞ Ermentrud

ilde
nrad
Bgd.
93

Karl v.
Niederlothar.
† n. 991

Hugo Capet
Kg. v. Frkr.
987–996

Beatrix
∞ Friedrich v.
Oberl.
† 978

Hadwig
∞ Burchard
III.
† 973

Heinrich
d. Z., † 995
∞ Gisela
v. Bgd.

Gottfried
v. Niederl.
† 964

Gerhard

o I.
Blois

Gerberga
∞ Hermann
II. v. Schw.
† 1003

Otto v.
Niederlothar.
† 1006

Robert II.
v. Frkr.
† 1031

Dietrich
v. Oberlothar.
† 1027 (?)

Heinrich II.
† 1024
∞ Kunigunde

Brun
B. v.
Augsburg

Gisela
∞ Stephan
v. Ungarn

Richard
v. Metz

o II.
lois
37

Gisela
∞ 1) Brun
2) Ernst
3) Konrad II.

Mathilde

Beatrix
∞ Adalbero
v. K.

Hermann
III.
† 1012

Heinrich I.
v. Frkr.
1031–60

Friedrich II.
v. Oberlotharing.
† 1026/27

Emmerich
= Heinrich
† 1031

Adelheid
∞ Heinrich

st II.
030

2
Hermann IV.
† 1038

Friedrich III.
† 1033

Arno Borst

Lebensformen im
Mittelalter

Ullstein Buch 34004

Wie verhielten sich
mittelalterliche Menschen in
ihrem Lebenslauf zwischen
Geburt und Tod? Wie
richteten sie ihre Lebens-
räume zwischen Landstraße
und Gaststube ein, wie lebten
sie zusammen zwischen
Knechtschaft und Krieg?
Worin unterscheidet sich das
Mittelalter von unserer
Welt? Diesen und vielen
anderen Fragen geht der
Historiker Arno Borst in
seinem großen Standardwerk
anhand der Quellen jener
Epoche nach.
»Mit der unvergleichlichen
Belesenheit und dem
direkten Zugang zur
vergangenen Lebens-
wirklichkeit... breitet Borst
eine Fülle von Hinweisen auf
die Existenz des
mittelalterlichen Menschen
aus.«
Neue Zürcher Zeitung

Sachbuch